本书由内蒙古自治区"草原英才"工程青年创新人才培养计划、国家自然科学基金项目"产权激励还是围栏陷阱？草原确权颁证对牧户草地管护、投资及流转的影响评价研究"（编号：71863026）、教育部霍英东基金会青年教师基金项目"草原确权颁证政策对牧民生产性行为影响评估研究"（编号：171108）、内蒙古自治区发展和改革委员会委托课题"宏观政策外溢性风险研究"（编号：NMGZCS-C-F-220042）资助。

The Change and Effect of
Macro Policy under
the New Development Pattern:
Evidence from Inner Mongolia

新发展格局下
宏观政策的演进及其影响

—— 以内蒙古为例

侯建昀　杜凤莲　著

中国社会科学出版社

图书在版编目（CIP）数据

新发展格局下宏观政策的演进及其影响：以内蒙古为例/侯建昀，杜凤莲著 . —北京：中国社会科学出版社，2023.7
ISBN 978-7-5227-2158-3

Ⅰ.①新… Ⅱ.①侯… ②杜… Ⅲ.①区域经济—宏观经济—经济政策—研究—内蒙古 Ⅳ.①F127.26

中国国家版本馆 CIP 数据核字（2023）第 119001 号

出 版 人	赵剑英
责任编辑	王 衡
责任校对	朱妍洁
责任印制	王 超

出　　版	中国社会科学出版社
社　　址	北京鼓楼西大街甲 158 号
邮　　编	100720
网　　址	http://www.cssspw.cn
发 行 部	010-84083685
门 市 部	010-84029450
经　　销	新华书店及其他书店

印　　刷	北京明恒达印务有限公司
装　　订	廊坊市广阳区广增装订厂
版　　次	2023 年 7 月第 1 版
印　　次	2023 年 7 月第 1 次印刷

开　　本	710×1000 1/16
印　　张	14
插　　页	2
字　　数	188 千字
定　　价	75.00 元

凡购买中国社会科学出版社图书，如有质量问题请与本社营销中心联系调换
电话：010-84083683
版权所有　侵权必究

前　言

　　我国经济进入新常态以来，宏观政策目标较从前发生了明显变化，开始关注"促改革""惠民生""防风险"等目标。党的二十大报告指出："高质量发展是全面建设社会主义现代化国家的首要任务。发展是党执政兴国的第一要务。没有坚实的物质技术基础，就不可能全面建成社会主义现代化强国。必须完整、准确、全面贯彻新发展理念，坚持社会主义市场经济改革方向，坚持高水平对外开放，加快构建以国内大循环为主体、国内国际双循环相互促进的新发展格局。"[①] 这也表明新时期我国宏观政策的目标更加突出强调推动高质量发展的主题，需要进一步把实施扩大内需战略同深化供给侧结构性改革有机结合起来，增强国内大循环内生动力和可靠性，提升国际循环质量和水平，加快建设现代化经济体系，着力提高全要素生产率，着力提升产业链供应链韧性和安全水平，着力推进城乡融合和区域协调发展，推动经济实现质的有效提升和量的合理增长。

　　鉴于宏观政策目标的重要性，有必要从现代宏观经济理论的视角出发，分析新常态以来特别是党的十九大以来宏观政策演进的路径及其内

---

① 习近平：《高举中国特色社会主义伟大旗帜　为全面建设社会主义现代化国家而团结奋斗——在中国共产党第二十次全国代表大会上的报告》，人民出版社2022年版，第28页。

生逻辑，并在此基础上评估新发展格局下宏观政策的外溢性风险对地区经济产生的影响。这也是本书的研究目的所在。

本书的总体目标是进一步探索与落实宏观政策"三策合一"的协调机制，在"三策合一"理论框架下，以内蒙古为例，基于内蒙古经济发展历程与特征，识别宏观政策对内蒙古经济增长、稳定和结构的外溢性风险，并通过分析各类宏观政策的外溢性传导机制，提出政策间协调配合路径和降低宏观政策外溢性风险建议。

在本书中，宏观经济政策的外溢性风险是指国家为了推动整体经济平稳、持续、协调发展制定和实施一系列促进经济增长、稳定和结构调整的政策，由于政策本身的普惠性和刚性与地区差异之间的矛盾以及经济政策的相互交叉和重叠，所产生宏观政策实施的综合性、复杂性和不确定性而导致不同地区经济发展难以达到预期的目标甚至停滞等的溢出效应和风险。

以此为背景，实证研究结果显示，内蒙古自治区未来发展面临的风险主要包括经济增长失速的风险、地方债务风险、资本外流风险以及持续增长、战略安全（包括粮食安全、产业安全和能源安全）与低碳发展三者构成的不可能三角风险。

围绕防范和破解上述风险的重大战略命题，要求区域发展政策在创新思路上进一步强化顶层设计；在现代能源经济、清洁制造业方面进行超前布局；在生产性服务业方面提质增效，推动内蒙古自治区经济社会高质量发展。

目　　录

第一章　国家宏观经济政策演进与经济发展 …………………… 1
　第一节　国家宏观经济政策演变 ……………………………… 1
　第二节　国家宏观政策典型实践省份经验 …………………… 27
　第三节　国家宏观政策下内蒙古经济表现与应对 …………… 40

第二章　宏观政策外溢性风险识别 …………………………… 50
　第一节　风险类型 ……………………………………………… 50
　第二节　宏观政策对内蒙古经济增长的影响 ………………… 68
　第三节　宏观政策对内蒙古经济增长稳定性的影响 ………… 81
　第四节　内蒙古经济结构与宏观政策调整存在偏差 ………… 99

第三章　外溢性风险传导机制 ………………………………… 111
　第一节　经济失速风险的传导机制 …………………………… 111
　第二节　地方债务风险的外溢传导机制 ……………………… 124
　第三节　资金外流风险的传导机制 …………………………… 134
　第四节　不可能三角风险传导机制 …………………………… 148

第四章　大宗商品价格波动对内蒙古经济的影响 …………… 153
第一节　能源格局趋势分析 …………………………………… 154
第二节　冶金产业发展趋势 …………………………………… 165
第三节　大宗商品价格波动对内蒙古经济的影响 …………… 171

第五章　政策建议 ………………………………………………… 194
第一节　强化顶层设计 ………………………………………… 194
第二节　发展现代能源经济 …………………………………… 198
第三节　实现制造业强区 ……………………………………… 201
第四节　打造绿色农畜产品生产加工集散基地 ……………… 203
第五节　稳步防范化解地方政府性债务风险 ………………… 206
第六节　加强生产性服务业提质增效 ………………………… 210
第七节　积极争取国家政策 …………………………………… 212

参考文献 …………………………………………………………… 217

后　记 ……………………………………………………………… 218

第一章　国家宏观经济政策演进与经济发展

第一节　国家宏观经济政策演变[①]

一　国家宏观政策"三策合一"的发展脉络与主要内容

近十年来，面对国内外经济运行的新特点以及中国经济运行过程中出现的新问题，中国既没有固守传统的宏观调控思路，又没有简单照搬西方理论和政策操作，而是基于中国实践，不断创新和完善宏观调控。在此过程中，"区间调控+定向调控+相机调控""供给侧结构性改革+需求侧管理""逆周期调节+跨周期调节"[②] 等多项具有鲜明中国特色

[①] 陈小亮、刘玲君、陈彦斌：《创新和完善宏观调控的整体逻辑：宏观政策"三策合一"的视角》，《改革》2022年第3期；刘伟、陈彦斌：《新时代宏观经济治理的发展脉络和鲜明特点》，《中国经济评论》2022年第Z1期；庞明川：《建党百年宏观经济政策的探索与创新》，《财经问题研究》2021年第7期；陈彦斌、刘哲希：《宏观政策"三策合一"应对"三重压力"》，《财经问题研究》2022年第3期；陈彦斌、刘哲希、陈小亮：《稳增长与防风险权衡下的宏观政策——宏观政策评价报告2022》，《经济学动态》2022年第1期。

[②] 逆周期调节，即采用货币政策和财政政策平抑短期经济波动，从而让产出缺口稳定在零附近。跨周期调节，即综合考量引起经济周期性波动的内外因素，统筹长期供给管理和短期需求管理，在熨平经济波动和促进持续增长的基础上，推动实现各类政策在时序上协同。

的宏观调控创新举措应运而生。

然而，每一创新举措都是针对一个特定的经济问题而设定的，但不同举措并不是相互独立的，会产生相互影响和外溢效应。在实操中，各类创新举措由于缺乏整体逻辑，会在调控目标、政策力度、调控期限等方面出现潜在矛盾。为高效协同各类创新举措，以陈彦斌为代表的学者提出宏观政策"三策合一"的新理论框架，如图 1-1 所示。

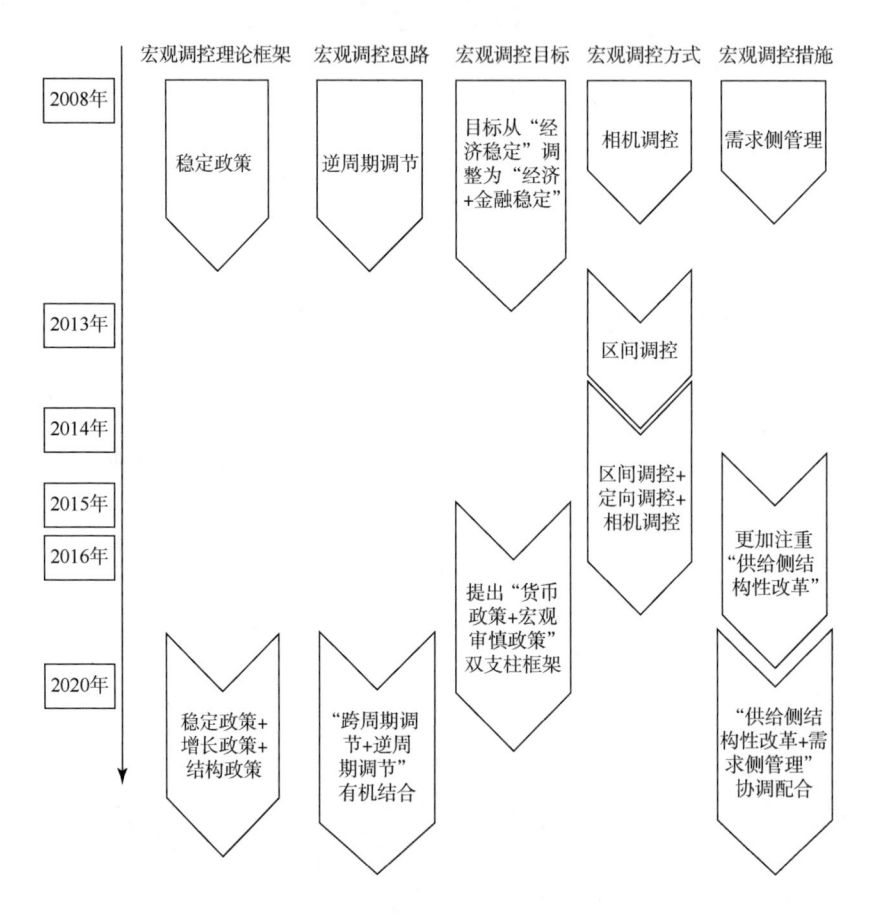

年份	宏观调控理论框架	宏观调控思路	宏观调控目标	宏观调控方式	宏观调控措施
2008年	稳定政策	逆周期调节	目标从"经济稳定"调整为"经济+金融稳定"	相机调控	需求侧管理
2013年				区间调控	
2014年				区间调控+定向调控+相机调控	
2015年					更加注重"供给侧结构性改革"
2016年			提出"货币政策+宏观审慎政策"双支柱框架		
2020年	稳定政策+增长政策+结构政策	"跨周期调节+逆周期调节"有机结合			"供给侧结构性改革+需求侧管理"协调配合

图 1-1 国家宏观经济政策演变

资料来源：笔者根据陈彦斌、谭涵予《宏观政策"三策合一" 加强政策协调 着力推动中国经济高质量发展》，《政治经济学评论》2023 年第 1 期的研究结果整理所得。

在该理论框架中，纳入了稳定政策、增长政策和结构政策这三大类最重要的宏观政策，从而搭建起新的宏观调控理论框架。其中，"区间调控＋定向调控＋相机调控""货币政策＋宏观审慎政策"双支柱调控框架、"跨周期调节＋逆周期调节"属于稳定政策范畴，主要追求经济稳定和金融稳定目标；增长动力转换、长期和超长期发展规划属于增长政策范畴，主要追求长期经济增长目标；"供给侧结构性改革＋需求侧管理"属于结构政策范畴，主要追求优化经济结构的目标。宏观政策"三策合一"新理论框架较好地涵盖并协调近年来中国特色宏观调控的各项创新举措，从而调和各项政策之间的潜在矛盾。

（一）经济稳定政策

1. "区间调控＋定向调控＋相机调控"的新调控方式

在进入新常态之前的很长一段时间，中国宏观调控采取的是保底线（但不设上限）的调控方式，以往各界频频提及的"保八""保七"就是保底线调控方式的直观体现。保底线而不设上限的调控思路，具有较为突出的优点，即各级地方政府通常会超额完成目标。但是，其不足之处也较为明显。其一，一旦经济遭遇冲击，各级政府就会出台大量刺激政策，以确保底线目标的顺利完成。这样很容易导致过度刺激，不利于经济结构调整和市场化改革的推进。其二，过度刺激会损耗宝贵的政策空间，导致政策可持续性下降。其三，强刺激政策的频繁出台与退出很容易扰乱市场预期，不利于市场平稳运行。

为摆脱底线目标调控方式的缺陷，2013年以来，中央提出了区间调控的新思路。在区间调控的基础上，2014—2015年，中央多次强调要加强定向调控和相机调控。其中，定向调控的目的是针对经济中的薄弱环节和关键领域定向施策、精准发力，从而避免大水漫灌式的宏观调控。定向降准等新举措就是定向调控新思路的具体实践。相机调控则是要增强宏观调控的前瞻性、针对性和灵活性，根据经济运行状况适时适度预调微调，从而及时防控风险。由此，形成了"区间调控＋定向调控＋相机调控"的新调控方式。

"区间调控＋定向调控＋相机调控"的新调控方式能够在避免大水漫灌的同时，提高宏观调控的效率。区间调控有助于明确宏观政策什么时候需要有所作为、什么时候需要保持定力。其核心要义在于，当经济运行处于合理区间时，宏观调控不需要有大动作，只有当经济偏离合理区间时，才需要宏观调控有所作为。在明确宏观调控需要有所作为的前提下，采取定向调控与相机调控新思路，可以进一步决定货币政策和财政政策等宏观政策需要"做什么"和"如何做"。其关键在于针对经济中的薄弱环节和关键领域进行前瞻性、针对性和灵活性的调控。

2. "货币政策＋宏观审慎政策"的双支柱调控框架

2008年国际金融危机之后，学术界和政策界达成的一项重要新共识就是，宏观政策只追求经济稳定目标是不够的，还要追求金融稳定目标。但是，只依靠货币政策无法同时实现经济稳定和金融稳定的双稳定目标，还需要宏观审慎政策的协调配合。在此情形下，"货币政策＋宏观审慎政策"的双支柱调控思路应运而生，其中货币政策主要锚定经济稳定目标，宏观审慎政策主要锚定金融稳定目标。

中国人民银行基于中国国情和国际经验，在双支柱框架建设方面进行了探索。中国人民银行发布的《2016年第四季度中国货币政策执行报告》首次明确提出"资产价格泡沫离不开宏观审慎政策和货币政策的配合，需要更好地发挥'货币政策＋宏观审慎政策'双支柱政策框架的作用"，这是官方首次提出"双支柱"概念。2017年党的十九大报告正式提出，要"健全货币政策和宏观审慎政策双支柱调控框架"。2019年，国家批准设立了宏观审慎管理局，负责牵头建立宏观审慎政策框架和基本制度，这意味着我国的双支柱框架基本建成。

"货币政策＋宏观审慎政策"的双支柱框架之所以比货币政策单支

柱框架能够更好地实现双稳定目标，主要有两条核心机理。第一，在双支柱框架下，宏观审慎政策重点应对金融冲击，货币政策重点应对总需求冲击等经济冲击，二者各有侧重、各司其职。第二，宏观审慎政策有助于改善货币政策有效性，从而提高双支柱框架的效果。金融市场过度放松会导致流动性过剩，显著降低经济体中的稳态利率，每单位货币政策操作的调控效果降低，从而削弱货币政策在经济稳定方面的效果。换言之，宏观审慎政策在促进金融稳定的同时，还能改善货币政策有效性，进而促进经济稳定。需要说明的是，上述机理（主要是第二条机理）成立的关键前提是经济处于没有资产泡沫的环境。当经济处于资产泡沫环境时，仅依靠双支柱框架可能难以实现双稳定目标。在衰退式泡沫环境下，紧缩的宏观审慎政策在控制金融风险的同时会降低货币政策的有效性，从而与经济稳定目标产生矛盾，此时双支柱框架难以实现双稳定目标。要想顺利实现双稳定目标，除了健全双支柱框架，还要设法帮助经济摆脱衰退式泡沫。

3. "逆周期调节 + 跨周期调节" 的新调控思路

传统的宏观调控采取的是逆周期调节的思路，即采用货币政策和财政政策平抑短期经济波动，从而让产出缺口稳定在零附近。在过去数十年中，欧美国家的逆周期调节政策实践取得了一定成效，但也面临一定的挑战。尤其是当经济体遭遇 2008 年国际金融危机和 2020 年新冠疫情这样的巨大冲击时，逆周期调节的不足之处凸显无疑。

为了防范逆周期调节所引发的政策"急转弯"和不连续现象，中国提出了跨周期调节的新思路。2020 年 7 月 30 日召开的中共中央政治局会议首次提出，"完善宏观调控跨周期设计和调节，实现稳增长和防风险长期均衡"。2021 年 7 月 30 日召开的中共中央政治局会议再次强调，要"做好宏观政策跨周期调节，保持宏观政策连续性、稳定性、可持续性"。2021 年中央经济工作会议专门强调，"跨周期和逆周期宏观调控政策要有机结合"。

"逆周期调节＋跨周期调节"的新思路具有四方面的重要意义和价值。首先，"逆周期调节＋跨周期调节"有助于避免新冠疫情等巨大冲击带来的干扰，从而增强宏观经济的中长期稳定性。在巨大冲击的影响下，基数效应的扰动很容易导致经济指标大起大落，如果宏观调控仅遵循逆周期调节思路，就会被经济指标的短期大幅波动"牵着鼻子走"，导致政策反复剧烈变化。"逆周期调节＋跨周期调节"有助于摆脱基数效应带来的短期干扰，从而防止政策"急转弯"。其次，"逆周期调节＋跨周期调节"有助于宏观政策更好地应对"稳增长"与"防风险"的双重压力。在"逆周期调节＋跨周期调节"框架下，除了使用货币政策和财政政策等短期稳定政策之外，还可以使用增长政策为经济增长注入活力，使用结构政策优化经济结构，从而扭转资金"脱实向虚"等不利局面，更好地兼顾"稳增长"与"防风险"两大目标。再次，"逆周期调节＋跨周期调节"避免了短期内宏观政策过度频繁地调整，有助于预留宏观政策空间，以应对全球经济不确定性对中国经济的冲击。最后，"逆周期调节＋跨周期调节"有助于创新与完善中国特色宏观调控理论，具有重要的理论意义。

在"逆周期调节＋跨周期调节"新思路的指导下，宏观政策的力度将更加平滑，不会过度地追求将产出缺口或通胀缺口在短期内一直保持在零附近，而是更多地兼顾长期增长路径，从而有助于促进经济更加平稳地发展。

（二）经济增长政策

1. 增长动力转换

经济增长的动力主要包括资本积累、劳动投入增加、人力资本积累和TFP增速提升等。近年来，资本积累和劳动投入两大"老动力"对经济增长贡献率显著减弱。党的十九大报告指出，"我国经济已由高速增长阶段转向高质量发展阶段,正处在转变发展方式、优化经济结构、转换增长动力的攻关期"①,由此强调了增长动力转换的必要性和重要性。增长动力转换,不仅有助于加速提升人力资本和TFP两大"新动力"对经济增长的贡献率,弥补"老动力"减弱带来的缺口;同时,有助于经济早日实现创新驱动型增长。

2. 长期和超长期发展规划

相较于注重对经济进行短期调节的凯恩斯主义,中国特色宏观调控更注重制订长期和超长期发展规划,进而更好地引导公众预期,充分发挥规划对宏观经济的战略导向作用。党的十九大以来,除了政府工作报告、国民经济和社会发展五年规划对未来经济工作进行了1—5年的规划,国家还有针对性地对经济发展的中期("十四五"时期,即2021—2025年)、长期("两步走"战略首个目标的完成期,即2021—2035年)以及超长期(第二个百年奋斗目标的完成期,即2021—2050年)目标进行了科学规划,形成了多层次的目标体系,明确了宏观调控的阶段性任务。

(三) 经济结构政策

"供给侧结构性改革+需求侧管理"的调结构新举措。经济进入新常态后,中国面临经济增长速度换挡期、结构调整阵痛期、前期刺激政策消化期"三期叠加"的复杂局面,其中经济结构失衡问题日趋严重,无论是供给结构还是需求结构都亟待优化。传统的总需求管理调控思路注重对短期经济波动进行逆周期调节,难以优化经济结构。为了打通供给结构与需求结构失衡对国民经济循环的阻碍,促进经济发展提质增效,中国分别于2015年和2020年提出了供给侧结构性改革和需求侧管理的新思路。其中,供给侧结构性改革旨在从供给侧出发,"减少无效

---

① 习近平:《决胜全面建成小康社会 夺取新时代中国特色社会主义伟大胜利——在中国共产党第十九次全国代表大会上的报告》,人民出版社2017年版,第30页。

和低端供给，扩大有效和中高端供给，增强供给结构对需求变化的适应性和灵活性"，促进体制机制创新，推动供给体系质量和效率的提高；需求侧管理旨在建立扩大内需的有效制度，优化需求结构，从而培育消费与投资需求旺盛的强大国内市场。

"供给侧结构性改革+需求侧管理"有助于从供给侧和需求侧同时发力，优化经济结构，推动形成"需求牵引供给、供给创造需求"的良性循环。一方面，供给侧结构性改革有助于促进"供给创造需求"，从而扩大国内总需求。随着经济社会的发展，人们对高品质、高科技含量、高附加值产品的需求不断提升，而国内生产的许多产品已经难以有效满足消费者的消费需求。深化供给侧结构性改革，能够有效淘汰落后产能，推动产业结构优化升级，实现高质量产品的生产要求，从而满足人民日益增长的美好生活需要。另一方面，需求侧管理有助于"需求牵引供给"，从而优化供给结构。需求侧管理能够改善总需求结构失衡的困境，提升居民消费的规模和质量，并提升企业的有效投资需求，从而对供给侧形成牵引作用。有了需求侧管理的配合，供给侧结构性改革才能真正落实到位。"需求牵引供给、供给创造需求"的良性循环有助于畅通国民经济循环，从而更好地构建"以国内大循环为主体、国内国际双循环相互促进的新发展格局"。

二 国家宏观经济政策导向及举措

（一）稳健偏松的货币政策

自 2008 年国际金融危机以来，中国经济下行压力不断增大，为应对金融危机、刺激经济增长，从 2008 年下半年到 2010 年，我国货币政策以适度宽松为导向。2015 年之后经济发展进入"新常态"，货币政策随之在稳增长的同时，兼顾"去杠杆"和控通胀等多重任务，政策发力在多个目标之间徘徊。2016—2017 年货币政策主要基调为"适时适度逆周期调节",2018年主要基调转变为"动态优化和逆周期调节",2019年则又为"加强逆周期调节,在多重目标中寻求动态平衡"。

回顾2008年以来的货币政策实践,其导向不断调整,经历了"偏紧""稳健宽松""稳健中性""稳健偏松"直至当前宽松力度边际加大的过程,见表1-1。

表1-1　　　　　　　　2008—2021年中国货币政策

时间	货币政策	时间	货币政策	
2008年1月	从　紧	2015年1月	稳健	松紧适度,适时适度预调微调,多种工具调节银行体系流动性,5次下调人民币存贷基准利率,多次实施定向降准
2008年2月	从　紧	2015年2月	稳健	
2008年3月	适度宽松	2015年3月	稳健	
2008年4月	适度宽松	2015年4月	稳健	
2009年1月	适度宽松	2016年1月	稳健	加强预调微调
2009年2月	适度宽松	2016年2月	稳健	
2009年3月	适度宽松	2016年3月	稳健	
2009年4月	适度宽松	2016年4月	稳健	
2010年1月	适度宽松	2017年1月	稳健	加强预调微调
2010年2月	适度宽松	2017年2月	稳健	
2010年3月	适度宽松	2017年3月	稳健	
2010年4月	适度宽松	2017年4月	稳健	
2011年1月	稳　健	2018年1月	稳健	动态优化和逆周期调节,不搞"大水漫灌"。三次定向降准,推进债转股,出台《关于进一步深化小微企业金融服务的意见》
2011年2月	稳　健	2018年2月	稳健	
2011年3月	稳　健	2018年3月	稳健	
2011年4月	稳　健	2018年4月	稳健	

续表

时间	货币政策	时间	货币政策	
2012年1月	稳健	2019年1月	稳健	加强逆周期调节,在多重目标中寻求动态平衡
2012年2月	稳健	2019年2月	稳健	
2012年3月	稳健	2019年3月	稳健	
2012年4月	稳健	2019年4月	稳健	
2013年1月	稳健	2020年1月	稳健	三大方向:总量政策适度,融资成本明显下降,支持实体经济
2013年2月	稳健	2020年2月	稳健	
2013年3月	稳健	2020年3月	稳健	
2013年4月	稳健	2020年4月	稳健	
2014年1月	稳健	2021年1月	稳健	灵活精准,合理适度,强化跨周期调节
2014年2月	稳健	2021年2月	稳健	
2014年3月	稳健	2021年3月	稳健	
2014年4月	稳健	2021年4月	稳健	

资料来源:笔者根据历年政府工作报告整理所得。

(二) 积极有为的财政政策

自2008年国际金融危机以来,为应对经济下行压力,2008年,国务院出台了规模为"四万亿"的宏观刺激政策。为进一步稳定经济增长,从2016年"全面降税"到2017—2019年国家开始实施更大规模的减税降费政策,再到2020年一系列的支持实体经济发展的实施意见和方法,以实现"六稳""六保"工作为目标。具体政策实施如表1-2所示。

表 1-2　　　　　　　　　2008—2021 年中国财政政策

年份	财政政策	主要举措			
		财税收入	财政支出	政府性债务	财政管理
2008	稳健	减税降费：1. 提高个人所得税工薪所得减除费用标准；2. 降低住房交易环节税收负担；3. 允许困难企业阶段性缓缴社保费用、降低四项社保费率。财税改革：1. 统一内外资企业所得税；2. 增值税转型改革试点范围扩大等	1. 适当减少赤字；2. 加大农资综合补贴和良种补贴	—	预算管理不断加强，实施国有经营预算制度试点
	2008 年10月后实施积极的财政政策	适当减税降费，多次提高出口退税率	实施"四万亿"投资计划，加大基础设施建设	—	—
2009	积极	减税降费：1. 调整增值税小规模纳税人的划分标准，并降低征收率；2. 取消和停征 100 项行政事业性收费；等等。财税改革：1. 全面实施增值税转型改革，消除重复征税因素；2. 顺利推进成品油税费改革；3. 全面实施修订后的营业税暂行条例及其实施细则；等等	增加政府公共投资，加强各项重点项目建设	—	完善边疆地区转移支付制度
2010	积极	减税降费：1. 对部分小型微利企业实施所得税优惠政策；2. 对 1.6 升及以下排量乘用车降低车辆购置税率。财税改革：巩固增值税转型改革和成品油税费改革成果	加强保障和改善民生支出，覆盖城乡的社会保障制度框架基本形成	—	全面编制中央和地方政府性基金预算，继续扩大国有资本经营预算制度试点范围，启动试编社会保险基金预算

续表

年份	财政政策	主要举措			
		财税收入	财政支出	政府性债务	财政管理
2011	积极	减税降费：1. 完善结构性减税政策，对部分小型微利企业继续实行所得税优惠政策，出台提高增值税、营业税起征点等政策；2. 取消和减免77项收费和基金；3. 将个人所得税工薪所得减除费用标准由2000元/月提高至3500元/月；等等。 财税改革：1. 出台营改增试点方案；2. 实施原油、天然气资源税从价计征改革；等等	1. 加大对保障和改善民生的投资；2. 加大农资综合补贴、良种补贴；3. 落实对城乡低收入群体的各项补助政策等；4. 严格控制一般性支出和"三公"经费	—	全面取消预算外资金，将所有政府性收入纳入预算管理
2012	积极	减税降费：1. 加大结构性减税力度；2. 清理取消不合理、不合法收费项目；3. 适当降低部分能源资源和关键零部件、原材料产品的进口关税。 财税改革：继续扩大营改增试点范围	1. 保障和改善民生，包括教育经费、医疗卫生支出、保障性安居工程建设等；2. 大力支持科技创新，重点支持基础研究、前沿和共性技术研究等；3. 加大"三农"支出	全面核实地方债，摸清债务底数，出台一系列加强地方政府融资平台、公司债务管理的政策措施	1. 优化转移支付结构，一般性转移支付占比由2007年的50.8%提升至2012年的53.3%；2. 县级基本财力保障机制全面建立；3. "三公"经费公开
2013	积极，但不采取短期刺激政策，明确经济运行合理区间，适度预调微调	减税降费：1. 暂免征收部分小微企业增值税和营业税；2. 取消免征34项中央级行政事业性收费和314项地方行政事业性收费	1. 大力支持科技创新，推进产业结构调整，支持实施"宽带中国"战略和"信息惠民"工程等；2. 注重民生投入绩效；3. 厉行勤俭节约	1. 基本摸清地方债务底数，继续扩大地方政府债券自发自还试点；2. 将土地储备机构融资纳入地方政府债务统一管理	1. 进一步加强预算管理，建立覆盖各级财政的预算执行动态监控体系；2. 加快推进预算绩效管理

续表

年份	财政政策	主要举措			
		财税收入	财政支出	政府性债务	财政管理
2014	积极,经济运行处于合理区间,发展的协调性和可持续性增强	财税改革:1.进一步扩大营改增试点行业范围;2.完善消费税政策;3.实施煤炭资源税从价计征改革;等等	严格执行"三公"经费只减不增	1.进一步健全政府性债务管理制度,开展清理甄别地方债、存量债务工作;2.发行地方政府债券4000亿元,在10个地区开展自发自还试点;3.推广运用PPP模式	1.深化预算管理制度改革,全国社会保险基金预算首次编入预算草案;2.预算约束强化
2015	积极并适当加大力度,在区间调控基础上实施定向调控和相机调控,加强预调微调	减税降费:1.扩大小型微利企业所得税、固定资产加速折旧优惠政策范围;2.对小微企业免征42项行政事业性收费;3.降低失业保险、工伤保险和生育保险费率;4.完善企业研发费用加计扣除政策。 财税改革:1.全面推开营改增试点方案;2.稀土、钨等资源税改革	1.加大公共科技活动特别是基础研究的支持力度;2.保障和改善民生,包括教育、社会保障、卫生等;3.加强环境保护和节能减排支出;4.加大"三农"支出;5.完善住房保障政策	1.置换3.2万亿元地方债;2.推广PPP模式;3.将地方政府债务纳入预算,实行限额管理;4.地方政府债券全面实现省级政府自发自还	1.实施新预算法,硬化预算约束;2.落实八项规定,严格控制一般性支出
2016	积极有效	减税降费:1.扩大企业研发费用加计扣除范围;2.取消、停征和归并一批政府性基金,扩大18项行政事业性收费免征范围。 财税改革:1.全面推开营改增试点;2.全面推进资源税从价计征改革;3.推动出台环境保护税法	1.着力推动"三去一降一补";2.加大扶贫投入,大力支持棚户区改造、基础设施建设等重点领域支出	1.置换4.9万亿元地方债务;2.大力推广PPP模式;3.完善地方政府一般债务和专项债务预算管理制度	1.推动财税立法;2.调整中央对地方增值税返还办法,一般性转移制度占比提高至60.6%;3.提高财政支出绩效

续表

年份	财政政策	主要举措			
		财税收入	财政支出	政府性债务	财政管理
2017	更加积极有效,支持推进供给侧结构性改革,促进经济运行保持在合理区间	减税降费:1.扩大享受企业所得税优惠的小型微利企业范围;2.提高科技型中小企业研发费用加计扣除比例;3.取消、停征或减免城市公用事业附加等5项政府性基金等。财税改革:1.完善增值税制度,简化增值税税率结构;2.扩大水资源税改革试点	1.扎实推进供给侧结构性改革,拨付专项资金落实"三去一降一补"重点任务;2.加强对公共科技活动支持,支持"中国制造2025";3.大力支持脱贫攻坚;4.保障和改善民生;5.支持生态环境保护建设	1.依法规范地方政府举债融资,全年发行地方政府新增债券1.59万亿元;2.着力发展地方政府专项债券品种,启动发行土地储备、政府收费公路专项债券;3.设定"正面清单"和"负面清单",严禁各种形式的变相举债;4.规范PPP模式	1.加快税收立法工作;2.改进预算管理制度
2018	积极有效	减税降费:1.降低制造业、交通运输、基础电信服务、农产品等增值税税率;2.对装备制造等先进制造业和电网企业的期末留抵税额予以一次性退还;3.提高个人所得税基本减除费用标准;4.加大小微企业和高新技术企业的税收支持力度;5.降低汽车整车及零部件、部分日用消费品关税等。财税改革:1.初步建立综合和分类相结合的个人所得制;2.完善增值税制度	1.推动三大攻坚战;2.支持制造业转型升级;3.设立国家融资担保基金,提升服务小微企业和"三农"等的能力;4.继续支持"三去一降一补";5.继续改善民生	规范有序推进PPP模式	1.出台央地共同财政事权和支出责任划分改革方案;2.贯彻落实《中共中央国务院关于全面实施预算绩效管理的意见》;3.加快税收立法进程

续表

年份	财政政策	主要举措			
^	^	财税收入	财政支出	政府性债务	财政管理
2019	积极有效，扎实做好"六稳"工作	减税降费：1. 实施小微企业普惠性减税、个人所得税专项附加扣除；2. 降低制造业、交通运输业、建筑业等增值税税率；3. 降低社会保障费率；4. 规范行政事业性收费和政府性基金	1. 大力支持三大攻坚战。2. 巩固"三去一降一补"成果，拨付专项补贴资金；深入推进重大技术装备保险补偿试点；将使用固定资产加速折旧优惠的行业范围扩大至全部制造业。3. 支持能源汽车推广应用。4. 提高基本民生保障水平，重点支持保障性安居工程。5. 加大"三农"建设、重大基建、创新驱动和结构调整、社会事业等方面投资	新增地方政府专项债2.15万亿元，强化重点在建项目和补短板工程资金保障	1. 建立实施县级财政工资保障检测预警和风险评估机制；2. 强化预算约束；3. 理顺央地财政关系，保持增值税"五五分享"比例稳定，完善增值税留抵退税分担机制等
2020	更加积极有为，加大逆周期调节力度，支持"六稳"工作，落实"六保"任务	减税降费：1. 实施阶段性大规模减税降费，支持纾解企业经营困难；2. 加大对集成电路、软件等产业税收优惠力度；3. 延长新能源汽车购置补贴和免征车辆购置税政策	1. 全力支持抗击新冠疫情；2. 支持三大攻坚战；3. 大力支持科技创新；4. 强化粮食能源安全保障；5. 持续保障和改善民生	1. 发行1万亿元抗疫特别国债，用于保就业、保基本民生、保市场主体等；2. 新增地方政府专项债券1.6万亿元，适当拓宽使用范围，并安排2000亿元支持化解中小银行风险	1. 创新实施新增财政资金直达机制；2. 推进预算管理一体化建设；3. 契税法、城市维护税法出台等

续表

年份	财政政策	主要举措			
		财税收入	财政支出	政府性债务	财政管理
2021	更加积极有为,提质增效、更可持续	减税降费:1.提高小规模纳税人增值税起征点、小微企业所有税优惠、扩大先进制造业增值税留抵退税政策使用范围。2.取消、免征部分政府性基金和行政事业性收费。财税改革:土地出让金转由税务部门征收	1.加大对基础研究支持力度;2.启动专精特新中小企业奖补政策;3.继续实施新能源汽车推广应用补贴政策;4.加大民生投入;5.加强生态环境保护;6.推进乡村振兴补助资金;等等	新增地方政府专项债额度3.65万亿元,扩大有效投资	1.落实税收法定原则,印花税法正式公布;2.完善绩效管理体制;3.研究完善省以下财政体制;等等

资料来源:笔者根据历年政府工作报告整理所得。

(三) 不断转型与优化结构的产业政策

为实现中国特色社会主义现代化,2009年以来,我国的产业政策主要以"提质""绿色低碳"等优化、升级产业结构为导向(见表1-3)。以制造业为例,近些年为实现中国制造向中国创造、中国速度向中国质量、中国产品向中国品牌三大转变,针对制造业相关产业的产业政策和措施较多。从战略性新兴产业发展规划到高端装备制造业发展规划,再到"中国制造2025"计划等一系列相关配套政策与实施方案意见被提出。

表1-3　　　　　　2009—2020年中国产业政策

年份	产业政策
2009	《十大重点产业调整与振兴规划》
	《国家产业技术政策》

续表

年份	产业政策
2010	《关于加快培育和发展战略性新兴产业的决定》
	《关于企业兼并重组的意见》
2011	《产业结构调整指导目录（2011年本）》
2012	《"十二五"国家战略性新兴产业发展规划》
	《高端装备制造业"十二五"发展规划》
2013	《国务院关于加快发展节能环保产业的意见》
2014	以"加快结构调整，推动产业转型升级"为主题，发改委印发了《关于重点产业布局调整和产业转移的指导意见》，明确要求"充分利用西部地区资源、市场、物流、劳动力等比较优势，发挥市场主导作用，积极承接东部地区产业转移"
	《关于调整排污费征收标准等有关问题的通知》
2015	《中国制造2025》
	《关于积极开发农业多种功能大力促进休闲农业发展的通知》
2016	《装备制造业标准化和质量提升规划》
	《关于支持老工业城市和资源型城市产业转型升级的实施意见》
	《中共中央 国务院关于深入推进农业供给侧结构性改革加快培育农业农村发展新动能的若干意见》
2017	《关于做好2017年钢铁煤炭行业化解过剩产能实现脱困发展工作的意见》
	《关于印发"十三五"节能减排综合工作方案的通知》
	《国务院关于深化"互联网+先进制造业"发展工业互联网的指导意见》
	《关于深入推进农业供给侧结构性改革加快培育农业农村发展新动能的若干意见》
	《关于加快构建政策体系培育新型农业经营主体的意见》
2018	产业政策聚焦"提质"和"民生"，包括制造业/医疗养老产业/农业/环保清洁产业/房地产业/金融业
	《中共中央、国务院关于实施乡村振兴战略的意见》
	《国务院关于构建现代农业体系深化农业供给侧结构性改革工作情况的报告》

续表

年份	产业政策
2019	《产业结构调整指导目录（2019 年本）》
	《关于促进制造业产品和服务质量提升的实施意见》
	《关于推动先进制造业和现代服务业深度融合发展的实施意见》
	《关于促进小农户和现代农业发展有机衔接的意见》
2020	《关于开展 2020 年国家现代农业产业园创建工作的通知》

资料来源：http://zc.wefore.com/。

（四）区域政策

"十四五"规划提出，深入实施区域重大战略、区域协调发展战略、主体功能区战略，健全区域协调发展机制，构建高质量发展的区域经济布局和国土空间支撑体系。其中，区域重大发展战略包括京津冀协同发展、长江经济带发展、粤港澳大湾区建设、长三角一体化发展和黄河流域生态保护和高质量发展。区域协调发展战略包括"西部开发、东北振兴、中部崛起、东部率先"。现就涉及对内蒙古发展的重要区域政策进行梳理和归纳。

1. 区域协调发展战略

（1）西部大开发战略

为缩小地区差距，实现东西部地区协调发展，中央政府于 1999 年作出实施西部大开发的重大战略决策，国务院于 2000 年出台关于实施西部大开发若干政策措施的通知。至此，西部大开发战略正式拉开帷幕。截至目前，西部大开发共经历两个阶段。2001—2010 年，为奠定基础阶段，重点是调整结构，搞好基础设施、生态环境、科技教育等基础建设；2010 年至今，为加速发展阶段，巩固基础，培育特色产业，实现经济增长的跃进。现以五年规划为划分依据，将相应时间段的目标和重要措施梳理如表 1-4 所示。

表 1-4　　　　　　西部大开发战略的目标和措施演进

阶段	时期	主要目标	重要措施
奠定基础阶段	"十一五"规划	经济又好又快发展,人民生活水平持续稳定提高。基础设施和生态环境建设实现新突破,重点地区和重点产业的发展达到新水平,基本公共服务均等化取得新成效,构建社会主义和谐社会迈出扎实步伐	1. 推进社会主义新农村建设。实施"商品粮基地建设工程""节水示范工程""基本口粮田建设工程"等十大重点工程。 2. 加强基础设施建设。"包头至茂名"等国家高速公路网络西部路段、"包头至西安"铁路线等列为交通基础设施建设重点工程;内蒙古河套大型灌区改造工程等列为主要水利建设工程。 3. 大力发展特色优势产业。"煤炭生产及煤电一体化、大型石油""天然气开采及加工""煤化工""可再生能源""有色金属综合开发利用""稀土开发、研究和生产""钢铁""畜产品工业""制糖工业""中(民族)医药工业""淀粉加工业""重型工程机械装备"等成为内蒙古重点发展产业。 4. 引导重点区域加快发展,推进"兴边富民"工程。 5. 坚持抓好生态保护和建设、环境保护和资源节约。"退耕还林还草""退牧还草""防护林体系"等列为生态保护重点工程。 6. 着力改善基本公共服务。 7. 加强人才队伍建设
加速发展阶段	"十二五"规划	经济保持又好又快发展,基础设施更加完善,生态环境持续改善,产业结构不断优化,公共服务能力显著增强,人民生活水平大幅提高	1. 完善基础设施建设。完善综合交通运输网络,强化西部地区全国性综合交通枢纽建设,加强水利、能源通道和通信等基础设施建设,主要包括"蒙西至华中地区煤运通道""蒙东煤炭外运通道""北京至呼和浩特铁路""包兰铁路""锡林浩特至乌兰浩特铁路"以及改扩建呼和浩特、海拉尔等北方机场群。建立西部大开发重大项目储备库,每年新开一批重点工程。 2. 加强环境保护和生态建设。树立绿色、低碳发展理念,加大生态建设和环境保护力度,强化节能减排,大力发展循环经济,包括继续推进"退牧还草"等重点生态工程,开展包头、鄂尔多斯、乌海等资源型城市循环经济试点建设。 3. 继续优化产业结构。一是优化调整资源加工业,实施国家战略矿产资源勘查储备计划,形成一批重要矿产资源开发后备基地,如内蒙古包头稀土高新区稀土深加工基地建设。二是改造提升装备制造业。三是积极培育战略性新兴产业,如内蒙古稀土功能材料产业基地等。四是有序承接产业转移。五是加快发展现代能源产业。六是大力发展现代服务业。 4. 建设美好新农村,包括振兴牧业经济、提高林业发展水平、拓宽农民增收渠道等。 5. 城镇化与城乡统筹,增强中心城市辐射带动作用,如支持"呼和浩特—包头—鄂尔多斯"城市一体化发展等

续表

阶段	时期	主要目标	重要措施
加速发展阶段	"十三五"规划	到2020年如期全面建成小康社会,西部地区综合经济实力、人民生活水平和质量、生态环境状况再上新台阶	1. 牢筑国家生态安全屏障,促进能源资源节约集约循环利用。 2. 增加公共服务供给,包括提升国民教育质量、健全社会保障制度、提高群众健康水平、丰富群众文化生活等。 3. 打赢脱贫攻坚战,包括实施产业扶贫脱贫、支持转移就业脱贫、实施易地搬迁脱贫、推进教育支持脱贫、实施社保兜底脱贫、生态保护脱贫等。 4. 促进创新驱动发展,包括拓展创新领域、培育壮大创新主体、搭建创新平台体系、构建创新体制机制等。 5. 坚持开放引领发展,积极参与和融入"一带一路"建设等。 6. 完善基础设施网络,着力构建"五横四纵四出镜"综合运输大通道。 7. 培育现代产业体系,包括增强产业发展的要素之城,推动传统产业转型升级、促进战略性新兴产业突破发展等。 8. 大力发展特色优势农业,包括完善农业基础设施、优化特色农业结构布局、大力发展安全农产品生产、完善现代农业服务体系等。 9. 推进新型城镇化

资料来源:http://zc.wefore.com/。

(2) 振兴东北老工业基地战略

2002年,党的十六大报告中首次正式提出振兴东北老工业基地;2003年3月,政府工作报告中提出了支持东北地区等老工业基地加快调整和改造的思路;同年12月,国务院专门设立振兴东北地区等老工业基地领导小组。在此阶段,国家在资金和政策上对东北地区作出很大倾斜,主要聚焦在解决东北地区长期形成的国企改革、产业结构、资源环境等历史遗留问题上,重点振兴东北经济。

党的十八大以后,新一轮东北振兴战略正式启动实施,并对振兴工作提出"四个着力"的要求,即着力完善体制机制、着力推进结构调整、着力鼓励创新创业、着力保障和改善民生,以从根本上解决体制性、机制性和结构性矛盾(见表1-5)。

表 1-5　　　　　　　　　振兴东北老工业基地战略相关政策

年份	重要政策文件	主要目标和任务
2003	《中共中央 国务院关于实施东北地区等老工业基地振兴战略的若干意见》	解决老工业基地历史遗留问题、产业结构优化问题、资源环境与可持续发展问题以及就业和社会保障问题等
2009	《国务院关于进一步实施东北地区等老工业基地振兴战略的若干意见》	优化经济结构,建立现代产业体系;加快企业技术进步,全面提升自主创新能力;加快发展现代农业,巩固农业基础地位;加强基础设施建设,为全面振兴创造条件;积极推进资源型城市转型,促进可持续发展;切实保护好生态环境,大力发展绿色经济;着力解决民生问题,加快推进社会事业发展;深化省区协作,推动区域经济一体化发展;继续深化改革开放,增强经济社会发展活力
2012	《东北振兴"十二五"规划》	1. 保持经济平稳较快发展和价格总水平基本稳定;2. 产业转型升级达到新水平,研究与试验发展经费支出占地区生产总值比重达到2%,基本建成具有国际竞争力的装备制造业基地、国家新兴原材料和能源保障基地等;3. 资源型城市可持续发展,资源开发补偿和衰退产业援助机制进一步完善;4. 加强生态建设和环境保护;5. 民生改善取得新成效;6. 继续深化国企改革,把东北地区建成向东北亚开放的重要枢纽
2013	《发展改革委关于印发全国老工业基地调整改造规划（2013—2022年）的通知》	改造对象包括内蒙古包头、赤峰等120个老工业城市。主要任务包括产业结构优化升级,高新技术产业增加值、服务业增加值占地区生产总值的比重分别达到17.8%和45%;城市内部空间布局得到优化,城区老工业区调整改造全面展开,基础设施得到改善,服务功能明显提升;节能减排取得明显成效,与2012年相比,单位工业增加值用水量降低32%,单位地区生产总值能源消耗降低18%,化学需氧量、二氧化硫排放分别减少10%、9%;科技创新能力得到增强,人才队伍建设得到加强,创新体系进一步完善,研究与试验发展经费支出占地区生产总值比重达到2.2%,每万人口发明专利拥有量提高到3.1件;人民生活持续改善,居民收入增长和经济发展同步,城镇居民人均可支配收入达到2.99万元,城镇参加基本养老保险人数达到1亿人,城镇累计新增就业人数1300万人,城镇保障性安居工程累计建设680万套;改革开放取得新进展,国企改革基本完成,多种所有制经济协调发展,对外开放的广度和深度不断拓展,经济发展的活力动力明显增强。到2022年,老工业基地现代产业体系基本形成,自主创新和绿色低碳发展水平显著提升,城区老工业区调整改造基本完成,城市综合功能基本完善,辐射带动作用显著增强,基本公共服务体系趋于健全,良性发展机制基本形成,为建设成为产业竞争力强、功能完善、生态良好、和谐发展的现代化城市奠定坚实基础

续表

年份	重要政策文件	主要目标和任务
2014	《国务院关于近期支持东北振兴若干重大政策举措的意见》	着力激发市场活力、进一步深化国有企业改革、紧紧依靠创新驱动发展、全面提升产业竞争力、增强农业可持续发展能力、推动城市转型发展、加快推进重大基础设施建设、切实保障和改善民生、加强生态环境保护、全方位扩大开放合作、强化政策保障和组织实施
2016	《中共中央 国务院关于全面振兴东北地区等老工业基地振兴战略的若干意见》	到2020年,东北地区在重要领域和关键环节改革上取得重大成果,转变经济发展方式和结构性改革取得重大进展,经济保持中高速增长,与全国同步实现全面建成小康社会目标。产业迈向中高端水平,自主创新和科研成果转化能力大幅提升,重点行业和企业具备较强国际竞争力,经济发展质量和效益明显提高;新型工业化、信息化、城镇化、农业现代化协调发展新格局基本形成;人民生活水平和质量普遍提高,城乡居民收入增长和经济发展同步,基本公共服务水平大幅提升;资源枯竭、产业衰退地区转型发展取得显著成效。在此基础上,争取再用10年左右时间,东北地区实现全面振兴,走进全国现代化建设前列,成为全国重要的经济支撑带,具有国际竞争力的先进装备制造业基地和重大技术装备战略基地,国家新型原材料基地、现代农业生产基地和重要技术创新与研发基地
	《东北振兴"十三五"规划》	到2020年,东北地区全员劳动生产率年均增长6.2%,为东北地区走进全国现代化建设前列、成为全国重要的经济支撑带奠定坚实基础;研究与试验发展经费投入强度达到2.1%,每万人口发明专利拥有量达到6.9件,重要技术创新与研发基地建设取得阶段性进展;城镇化质量稳步提升,资源枯竭、产业衰退、生态严重退化等特殊困难地区转型发展取得显著成效;服务业增加值比重达到47.4%,初步建成具有国际竞争力的先进装备制造业基地和重大技术装备战略基地、国家新型原材料基地、现代农业生产基地
	《推进东北地区等老工业基地振兴三年滚动实施方案》	着力完善体制机制、着力推进结构调整、着力鼓励创新创业、着力保障和改善民生四大核心任务;拟于2016—2018年开工建设的对东北振兴有全局性重要影响的,能够有效弥补短板和培育新动能的重大项目,共127项,主要涉及交通(含铁路、高速公路、机场、轨道交通)、能源、水利、工业、农业、城乡建设等多个领域

续表

年份	重要政策文件	主要目标和任务
2017	《东北地区与东部地区部分省份对口合作工作方案》	到2020年，东北地区与东部地区部分省份对口合作取得重要实质性成果，建立起横向联动、纵向衔接、定期会商、运转高效的工作机制，构建政府、企业、研究机构和其他社会力量广泛参与的多层次、宽范围、广领域的合作体系，形成常态化干部交流和人才培训机制，在东北地区加快复制推广一批东部地区行之有效的改革创新举措，共建一批产业合作园区等重大合作平台，实施一批标志性跨区域合作项目，形成一套相对完整的对口合作政策体系和保障措施
2021	《东北全面振兴"十四五"实施方案》	到2025年，东北振兴重点领域取得新突破，维护"五大安全"的能力得到新提高，国家粮食"压舱石"地位更加巩固，祖国北疆生态安全屏障更加牢固；一批国有企业改革取得实质性进展，发展质量和效益显著增强；民营经济体量和比重持续提升，活力和竞争力明显提高；融入国内大循环更加深入，国内国际双循环相互促进更加有力；创新驱动作用充分发挥，产业结构进一步优化；优势互补、高质量发展的区域经济布局初步建立，城市群和都市圈的辐射带动作用进一步增强；基础设施网络进一步完善，统筹城乡的基本公共服务均等化水平明显提高，就业、社保等民生保障能力稳步提升

资料来源：http://zc.wefore.com/。

2. 区域协调发展战略

2019年9月，习近平总书记在河南召开座谈会时将黄河流域生态保护和高质量发展定位为国家战略。2021年10月，中共中央国务院印发《黄河流域生态保护和高质量发展纲要》，构建形成黄河流域"一轴两区五极"的发展动力格局，促进地区间要素合理流动和高效聚集。"一轴"，是指依托新亚欧大陆桥国际大通道，串联上中下游和新型城市群，以先进制造业为主导，以创新为主要动能的现代化经济廊道，是黄河流域参与全国及国际经济分工的主体。"两区"是指以黄淮海平原、汾渭平原、河套平原为主要载体的粮食主产区和以山西、鄂尔多斯盆地为主的能源富集区，加快农业、能源现代化发展。"五极"是指山东半岛城市群、中原城市群、关中平原城市群、黄河"几"字弯都市圈和兰州—

西宁城市群等，是区域经济发展增长极和黄河流域人口、生产力布局的主要载体。

其中，黄河"几"字弯都市圈所涵盖的呼包鄂榆城市群位于全国"两横三纵"城市化战略格局包昆通道的北端。2018年2月，国家发展改革委印发《呼包鄂榆城市群发展规划》，呼包鄂榆城市群建设正式落地实施，规划期到2035年。2019年3月，国家发展改革委印发《2019年新型城镇化建设重点任务》，提出有序推动呼包鄂榆等城市群发展规划实施，建立健全城市群协调协商机制。2020年4月，国家发展改革委发布《2020年新型城镇化建设和城乡融合发展重点任务》，推动呼包鄂榆等城市群健全一体化发展工作机制。

3. 主体功能区战略

主体功能区战略是形成国土空间开发保护总体格局的基本依据和完善区域治理体系的重要指引。2006年3月，国家"十一五"规划中首次提出"主体功能区"的概念。2007年7月，国务院发布了《关于编制全国主体功能区规划的意见》。2010年12月，《全国主体功能区规划》发布，规划推进实现主体功能区目标的时间节点为2020年。2012—2014年，各省主体功能区规划陆续发布（见表1-6）。2018年，主体功能区规划与土地利用规划、城乡规划等空间规划被整合为统一的国土空间规划，成为高质量国土空间格局构建的主要抓手。党的十九届五中全会明确主体功能区战略对新时代经济高质量发展的重要作用。

表1-6　　　　　　　　主体功能区规划演进

阶段	全国统筹规划	西部地区具体规划
"十一五"规划	提出"两横两纵"（沿海及京广京哈线为纵轴，长江及陇海线为横轴）的城镇化发展格局	—

续表

阶段	全国统筹规划	西部地区具体规划
"十二五"规划	结合《全国主体功能区规划》的实施,提出"两横三纵"(增加包昆轴带)城镇化格局、"七区二十三带"①的农业格局和"两屏三带"的生态安全战略格局	1. 支持"呼包银榆地区"等11个重点经济区率先发展。 2. 支持"河套灌区"等8个农产品生产区优化发展。 3. 支持"西北草原荒漠化防治区"等5个重点区可持续发展。 4. 支持"鄂尔多斯盆地"等8个资源富集区集约发展。 5. 支持"向北开放桥头堡"等沿边开放区加快发展。 6. 支持"乌蒙山区"等集中连片特殊困难地区跨越发展
"十三五"规划	基本延续了"十二五"规划时期的基本格局	1. 构建"五横两纵一环"的总体空间格局。"五横"包括路桥通道西段、京藏通道西段、长江—川藏通道西段、沪昆通道西段、珠江—西江通道西段;"两纵"为包昆通道、呼(和浩特)南(宁)通道。 2. 建设重点创新试验区,发挥创新集聚和示范引领作用,包括包头稀土综合利用创新示范区、呼和浩特大数据产业技术创新试验区等。 3. 培育绿色发展引领区,加强生态环境综合治理和国土综合整治,促进能源资源集约节约利用,包括西北草原荒漠化防治区、河套灌区等。 4. 打造内陆和沿边开放试验区,深入推进内陆地区和沿边地区开发开放,包括满洲里、二连浩特重点开发开放试验区等。 5. 支持全面小康攻坚区发展,确保如期实现全面建成小康社会目标
"十四五"规划	城镇化布局方面,增加了"黄河流域生态保护和高质量发展""京津冀协同发展""长江经济带""粤港澳大湾区"等区域重大战略。同时把西部陆海通道南端融合到西部的纵轴。生态空间格局方面,由"两屏三带"优化为"三区四带"②	—

注:需要参考"西部大开发'十四五'规划实施方案"进行补充,目前未找到实施方案原材料。

资料来源:笔者根据国家"十一五"至"十四五"规划整理所得。

---

① "七区"指东北平原、黄淮海平原、长江流域、汾渭平原、河套灌区、华南和甘肃新疆等农产品主产区;"二十三带"指小麦、玉米、棉花等总计23个农产品。
② "三区四带"指青藏高原生态屏障区、黄河重点生态区、长江重点生态区;东北森林带、北方防沙带、南方丘陵山地带、海岸带。

(五) 深度参与到重构全球贸易体系的对外贸易政策

自 2001 年中国加入世界贸易组织以来,中国开始全方位地融入多边贸易体制,并在世界市场上逐步做大做强。截至 2007 年,中国加入世界贸易组织承诺的 100 个服务业部门全部开放,开放方式由履行承诺转变为主动开放。但自 2008 年国际金融危机,到"十三五"时期面临美国单边主义、保护主义等外部环境考验不断加剧,中国不断调整外贸政策,从深度参与逐步向重构全球贸易体系迈进(见图 1-2)。

2008 年
- 提出"稳外需、保市场、保份额"的贸易政策。
- 出口激励措施主要体现在加大出口信用保险和出口信贷力度,清理出口各环节收费,取消或降低包括农产品、化肥、钢铁等商品的出口税,调高出口退税率,支持企业"走出去"以带动出口,促进以海关通关服务为主的贸易便利化,积极培育跨境电子商务等对外贸易新业态等。
- 与此同时,也采取了一些临时性的进口保护措施,如取消部分商品的临时优惠关税率、增加自动许可的商品清单等

2011 年
- 提出"稳增长、调结构、促平衡"的贸易政策。
- 坚持进出口并重,提高利用外资效率,加快走出去的步伐,统筹双边、多边、区域开放合作。
- 随后,国务院颁布《关于扩大进口促进对外贸易平衡的指导意见》和《关于促进外贸稳定增长的若干意见》,提出将积极扩大先进技术设备、关键零部件和能源原材料进口作为外贸发展的一个基本任务

2013 年
- 提出"一带一路"倡议,形成了以"一带一路"建设为重点,坚持"引进来"和"走出去"并重,遵循共商、共建、共享原则,加强创新能力开放合作,陆海内外联动、东西双向互济的开放新格局。
- 《中共中央关于全面深化改革若干重大问题的决定》提出实施新一轮高水平对外开放,构建开放型经济新体制和全方位对外开放新格局,重点举措包括深化贸易与投资自由化、创立与建设自由贸易试验区、形成面向全球的高标准自贸区网络、参与国际贸易与投资新规则与新议题谈判等

2015 年
- 《中共中央、国务院关于构建开放型经济新体制的若干意见》明确了构建开放型经济新体制的具体目标与内容。
- 《中华人民共和国国民经济和社会发展第十三个五年规划纲要》勾勒出构建开放型经济新体制的蓝图和愿景

2017 年
- 党的十九大报告提出"全面开放"的新思想、新理念与新战略,为中国迈向更高层次开放型经济发展的指导方针和路线构建了一个比较完备的政策框架与体系

图 1-2 2008 年以来对外贸易政策演进

资料来源:笔者根据殷晓鹏、肖艺璇、王锋锋《中国共产党对外贸易政策演进:成就与展望》,《财经科学》2021 年第 5 期的研究结果整理所得。

第二节　国家宏观政策典型实践省份经验

2008年国际金融危机以来，内蒙古GDP增速由2008年的17.20%下降到2021年的6.30%，增速排名由2008年的第1位滑落到2020年的第30位，在研究期间内蒙古GDP增速排名一直下降。对比分析内蒙古历年GDP增速与全国GDP增速第一省份的发展差距，找出经济增速较高省份的发展经验，对于内蒙古用足用好国家宏观政策具有重要的借鉴意义。按照历年中国各省份GDP增速排名第一的数据画出经济增速的包络线，确定可以借鉴的省份，如图1-3所示。

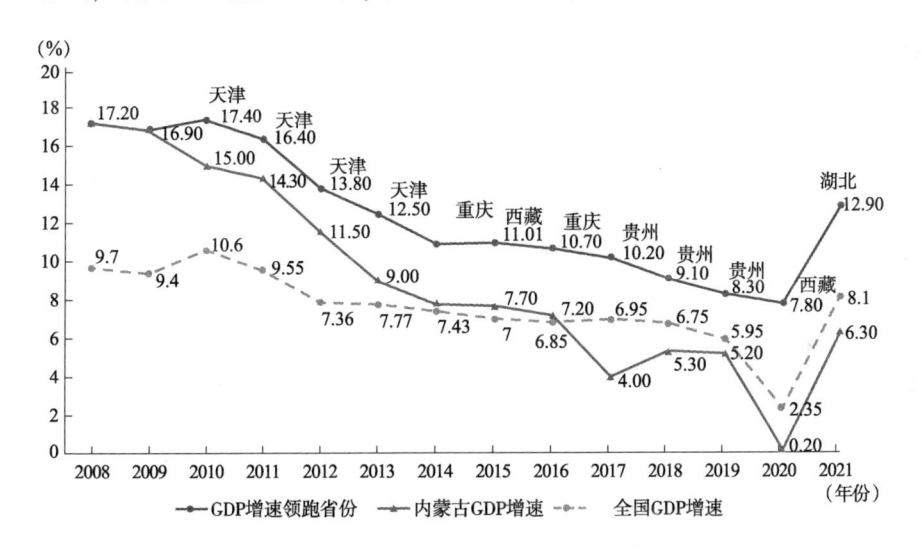

图1-3　历年中国各省份GDP增速比较情况

资料来源：《中国统计年鉴》及政府统计公报。

一　依托外向型经济和制造业的天津经验

内蒙古在2008年经济进入持续下行轨道，与之形成鲜明对照的是天津，2008 年，尤其是 2009 年以来，经济加速上升，与内蒙古形成截然对比。2013 年之前，天津一直是中国各省份经济增长最快的地区之一。研究天津经验，对内蒙古的发展有较强借鉴之处。

(一) 以滨海新区为依托，积极发展外向型经济

2006 年，国务院出台《国务院推进滨海新区开发开放有关问题的意见》，天津滨海新区正式成立。当时天津滨海新区包括塘沽区、汉沽区、大港区三个行政区和天津经济技术开发区、天津港保税区、天津港区以及东丽区、津南区的部分区域，规划面积 2270 平方千米。滨海新区位于环渤海地区的中心位置，内陆腹地广阔，区位优势明显，产业基础雄厚，增长潜力巨大，是我国参与经济全球化和区域经济一体化的重要窗口。

在滨海新区的发展中，天津市制定了较为积极和宽松的发展政策，迅速推进了滨海新区的发展，带动了天津市经济的高速增长。鼓励天津滨海新区进行金融改革和创新。在天津滨海新区先行先试金融重大改革，在产业投资基金、创业风险投资、金融业综合经营、多种所有制金融企业、外汇管理政策、离岸金融业务等方面进行改革试验。优化土地利用结构，创新土地管理方式，加大土地管理改革力度。开展农村集体建设用地流转及土地收益分配、增强政府对土地供应调控能力等方面的改革试验。设立天津东疆保税港区，重点发展国际中转、国际配送、国际采购、国际转口贸易和出口加工等业务，积极探索海关特殊监管区域管理制度的创新，以点带面，推进区域整合。同时给予天津滨海新区一定的财政税收政策扶持。

(二) 以制造业以依托，进一步发展优势支柱产业

作为我国重要的重工业基地之一，2008 年以后，天津立足优势，积极发展大飞机、大火箭、直升机等航空航天产业，乙烯、炼油等大型石化项目，机车车辆、中船重工、长城汽车等装备制造项目，成为重要的

绿色能源生产基地和风力发电设备生产基地。2008年后我国应对国际金融危机出台了一揽子政策，天津紧抓发展机遇期，壮大发展优势产业，推动了国民经济的迅速发展。

（三）以基建为动力，推动国民经济迅速增长

2008年前后，天津一直注重基础设施建设对经济的拉动作用。2008年以后，在国家财政支持明显增强的前提下，天津进一步夯实基础设施建设，迅速带动经济发展，并同时为下一步的发展奠定基础。到2010年，蓟港铁路改造工程建成通车，京沪高速铁路天津段铺轨，津秦客运专线等5条铁路加快建设。建成津汕天津段等7条高速公路，全市通车里程达到1000千米。地铁1号线开通运营，2号、3号、9号线铺轨，5号、6号线启动建设。西站综合交通枢纽工程进展顺利。中心城区快速路网基本形成。建成区排水管网覆盖率达到90%。南水北调天津境内干线工程主体完工，城市防洪圈全线封闭。2011年，天津进一步开工建设天津港30万吨级深水航道一期工程和临港港区10万吨级航道、南港港区5000吨级航道、滨海国际机场二期开工建设、京津城际铁路延长线、于家堡铁路中心站等项目。大规模基础设施建设的投资，为天津发展注入了新的动力。

二 依托数字经济和旅游业的贵州经验

（一）用好国家支持政策，落实项目推进完成

2012年1月12日，《国务院关于进一步促进贵州经济社会又好又快发展的若干意见》（国发〔2012〕2号）（以下简称《意见》）颁布实施，这是首个从国家层面全面系统支持贵州省发展的综合性政策文件，是指导贵州省经济社会发展的纲领性文件。明确了促进贵州经济社会又好又快发展的主要任务，提出了一系列含金量高、操作性强的政策措施，给予了贵州有力支持，为贵州加快发展提供了前所未有的

战略机遇。

《意见》从全国大局明确了贵州"三区一屏障""四基地一枢纽"的战略定位和"十二五""十三五"的发展目标、空间布局、重点任务,从财税、投资、金融、产业、土地、人才、对口支援7个方面提出了一系列含金量很高的支持政策。经梳理,文件提出的176个重大工程项目,已完成160项,正在建设10项(6项因宏观政策调整和市场变化等因素尚未实施),提出的73项重大政策已全部落实。对贵州如期打赢脱贫攻坚战、彻底撕掉千百年来绝对贫困标签、同步全面建成小康社会、接续创造"黄金十年"起到了十分重要的推动作用,极大地提升了贵州在全国发展大局中的战略地位和"走遍大地神州、醉美多彩贵州"的美誉度和影响力。

(二)依托大数据先行优势,大力发展数字产业

贵州紧紧依托大数据先行优势,大力推进数字产业化、产业数字化,充分释放数字赋能发展的放大、叠加、倍增效应,做大做强数字经济,做优做好数字治理,全力把贵州打造成为"中国数谷",抢占新一轮发展制高点。具体而言,围绕数据中心集群,向上游走,发展服务器生产、数据中心安装维护等相关产业;向下游走,发展中国南方最大的云计算产业集群,发展数据标注、数据加工等相关产业。

2022年1月18日,国务院印发《关于支持贵州在新时代西部大开发上闯新路的意见》(国发〔2022〕2号),明确了贵州西部大开发综合改革示范区、巩固拓展脱贫攻坚成果样板区、内陆开放型经济新高地、数字经济发展创新区、生态文明建设先行区等战略定位,提出了到2025年、2035年的发展目标。

(三)挖掘文化价值,大力推进旅游产业

自2003年起,贵州省深入挖掘旅游文化价值,树立了"多彩贵州"的品牌形象,同时丰富旅游产品,并不断加大宣传力度,通过开展主题

活动将贵州省旅游品牌推向全国乃至走向世界。自2015年,贵州省先后出台了多项支持旅游业发展的政策文件,主要措施包括加快旅游基础设施建设,加大对旅游专项资金的投入,强化人才培养,提升旅游产品,通过建立健全旅游带动信用评价体系加大对旅游经营主体的金融支持力度等。

通过各类政策的支持,贵州省旅游业保持良好的发展势头。截至2019年贵州省旅游业总收入达到12318.86亿元,同比增长30.07%。从旅游人数来看,2010—2019年,贵州省旅游人数快速增长;尤其2015—2019年,旅游总人数激增,年平均增加15517.9万人次;至2019年,贵州省旅游总人数达到113526.6万人次。

(四) 实施工业强省战略,有序推进新旧动能转化

"工业强省"是贵州经济发展的重要战略。在贵州省黄金发展的几年中,工业是经济增长最重要的动力。供给侧结构性改革以来,贵州通过大力实施"双千工程"、推进"万企融合",促使新旧动能有序转化,逐步由传统工业向新型工业迈进,为经济持续强劲发展提供了强有力的支持。

"双千工程"。作为推进高质量发展的突破口和关键点,2016年开始,贵州先后提出"千企改造"和"千企引进",着力突破实体经济发展的难点和空白点,为实体经济"强筋骨""长肌肉",推动经济高质量发展。2016年8月,《贵州省实施"千企改造"工程促进工业全面转型升级方案》出台,明确"十三五"时期每年完成1000户规模以上企业改造升级任务。同年12月,出台《贵州省工业企业技改指导目录》,重点帮扶和支持各个行业、各个领域的龙头企业或具有核心竞争力的高成长性企业。2017年5月,贵州出台《关于支持"千企改造"工程龙头企业和高成长性企业加快发展的相关措施》,为企业健康发展和项目有序推进保驾护航。2018年,贵州再次印发《关于深入推进"千企改造"

工程的实施意见》，要求按照政府引导、企业主体、市场主导的机制，对全省规模以上工业企业全产业链实施以高端化、智能化、绿色化和安全生产能力提升为重点的技术改造，促进企业提质增效，推动工业全面转型升级，为工业经济高质量发展提供坚实保障。

万企融合。2018年，贵州省人民政府印发《贵州省实施"万企融合"大行动打好"数字经济"攻坚战方案》，围绕国家大数据战略和"数字贵州"建设，以应用为核心，深化云计算、量子通信、人工智能等新一代信息技术在实体经济中的创新融合，运用大数据手段推进全产业链、全生命周期以及企业研发、生产、销售、服务各环节优化重组，持续改造提升传统产业，不断培育壮大新业态，促进实体经济向数字化、网络化、智能化转型，由投资驱动、资源驱动向数据驱动、知识驱动转变，推动经济发展质量变革、效率变革、动力变革，为全省实施大数据战略行动、推进国家大数据综合试验区建设、加快转型升级和新旧动能转换提供强大支撑。

(五) 依托基础设施建设，为经济发展提供动力

贵州在交通、信息基础设施、水源工程、市政公共设施、能源供给五大方面取得了显著成绩。

交通方面，贵州全省高速综合密度全国第一，是西部地区率先实现县县通高速的省份。截至2018年年底，全省高速公路通车里程达6690千米，位居全国第七，高速公路出省通道达到19个。累计建成农村组通硬化路7.87万千米，实现30户以上村民组100%通硬化路，有效改善农村交通基础薄弱、网络不健全的状态。补齐了农村公路"最后一千米"不畅通的短板。全省县乡公路铺装路率达83.93%。高速铁路实现从无到有，截至2018年年底，全省铁路总里程达到3598千米。其中，高速铁路运营里程达到1262千米，铁路省际通道14个。通航机场市州全覆盖，机场总数达到11个。全省高等级航道突破900千米。贵阳进入

"地铁时代"。贵州省西南陆路交通枢纽地位全面巩固提升。

水源工程方面，贵州举全省之力破解工程性缺水难题，建成了黔中水利枢纽等一批骨干水源工程，开工建设了夹岩、马岭、黄家湾、凤山4座大型水利枢纽和一大批中小型水库，供水能力从"十一五"末的92亿立方米提升到2018年年末的120.8亿立方米，累计解决了1700余万农村居民的饮水安全及巩固提升问题。

信息基础设施方面，包括建成贵阳·贵安国家级互联网骨干直联点，跻身全国13大互联网顶层节点，互联网出省带宽超过1万Gbps，是2014年的5倍，信息基础设施水平全国排名由2015年的第29位提升至2018年的第15位。贵阳市成为首批5G试点城市。农村实现行政村4G网络、光纤100%全覆盖。苹果中国（贵安）数据中心、贵安华为云数据中心、"一云一网一平台"等重大项目加快推进。

能源方面，贵州能源供给能力也得到明显加强。电网网架结构持续增强，初步形成了"三横一中心"500千伏电网主网架，农村电网供电可靠率达99.7%，电网供电能力、供电可靠性和综合防灾能力大幅提升。全省电力装机总容量突破6000万千瓦。建成中缅、中贵国家级天然气干线912千米，省级天然气支线管道1023.8千米，输气能力共270亿立方米/年，42个县及贵安新区接通天然气管道。西南地区成品油战略储备基地加快建设。

三 依托成渝经济圈建设和全域开放的重庆经验

（一）扩大高水平开放，更好融入国内国际双循环

重庆是国内国际双循环的重要节点，通过全面融入共建"一带一路"和长江经济带发展，加快建设内陆开放高地。

内陆开放高地建设扎实推进。加快建设中欧班列集结中心示范工程，中欧班列（成渝）开行超过4800班，开行量和货值、货量均位于

全国首位。西部陆海新通道通达全球 107 个国家（地区）、315 个港口，运输箱量增长 54%。获批建设万州综合保税区和永川综合保税区，成为西部首个可办理化学药品进口备案的口岸城市。

提升开放平台能级。加快中新金融科技合作示范区、国际航空物流产业示范区、大数据智能化产业示范园区等项目建设，依托中新国际数据通道促进跨境数字贸易，拓展实施商务、农业、人才培训、文旅等合作计划。加快建设川渝自贸试验区协同开放示范区，推进联动创新区发展，持续开展首创性、差异化探索，全面提升开放度和竞争力。高新区、经开区及各类园区，整合开放通道和口岸资源，加快海关特殊监管区域、保税监管场所创新升级，建设一批跨国产业转移平台。

提升开放型经济质量。促进外贸创新提质，壮大一般贸易规模，推动加工贸易提质升级，建设国家加工贸易产业园，大力发展"保税+商品展示交易""保税+维修"等保税贸易新业态。提高利用外资质量，健全外商投资全流程服务体系，加强重大外资项目落地和重点外资企业服务保障，加大先进制造、现代服务等领域外资引进力度，促进外资企业增资扩产。

（二）推进成渝经济圈建设，形成高质量发展增长极

2020 年 1 月 3 日，中央财经委员会第六次会议提出"推动成渝地区双城经济圈建设"，使成渝地区成为具有全国影响力的重要经济中心、科技创新中心、改革开放新高地、高品质生活宜居地，"两中心、两地"的战略定位精准契合了成渝地区的比较优势。目前成渝地区双城经济圈已上升至和京津冀、长三角、粤港澳等国家重要区域规划同等高度的战略层面，将在双循环新发展格局中承担更重要的角色，成为推动中国经济增长的"第四极"。2021 年 10 月纲领性文件《成渝地区双城经济圈建设规划纲要》出台，明确了将成渝地区双城经济圈建设为具有全国重要影响力的重要经济中心、科技创新中心、改革开放新高地、高品质生

活宜居地的战略定位，提出了加强交通基础设施建设、加快现代产业体系建设、增强协同创新发展能力、优化国土空间布局、加强生态环境保护、推动体制机制创新、强化公共服务共建共享七大战略任务。成渝地区双城经济圈位于"一带一路"和长江经济带交汇处，是西部陆海新通道的起点，区域内生态禀赋优良，在国家发展大局中具有重要战略地位。

全面落实双城经济圈建设规划纲要，设立300亿元双城经济圈发展基金，共同实施85项年度重点任务，推进67个重大合作项目，打造10个区域合作平台。推动基础设施互联互通，多层次轨道交通规划获批启动实施，川渝电网一体化等项目取得积极进展。推动产业发展协同协作，制定汽车、电子、装备制造、工业互联网高质量协同发展实施方案，获批共建工业互联网一体化发展示范区和全国一体化算力网络国家枢纽节点。推动公共服务共建共享，210项"川渝通办"事项全面实施，跨省医疗结算、公积金异地贷款等实现"一地办"，企业和群众享受到更多同城化便利。

（三）推进产业转型升级，增强产业链竞争力

在我国41个工业大类中重庆有39个，尤其是以笔记本电脑、智能手机等为代表的电子信息产业，以及由长安汽车、金康汽车、上汽红岩等领衔的汽车制造业两大支柱产业，在国内国际供应链、价值链上占有一席之地。实施支柱产业提质工程、战略性新兴产业集群发展工程和产业链供应链现代化水平提升工程，"一链一策"建设33条重点产业链，加快推动产业向高端化、智能化、绿色化升级。

四 提升创新能力和主动融入长三角的安徽经验

（一）打造科技创新策源地，提升技术创新能力

2016年以来，安徽实施高新技术企业培育行动，累计扶持320家高层次人才团队携带成果在皖创新创业，高新技术产业产值、增加值持续保持两位数增长，安徽吸纳、输出技术合同成交额已连续5年实现"进"大于"出"，安徽区域创新能力连续10年位居全国第一方阵。截至2021年，安徽高新技术企业数与2016年相比增加了2.94倍，达到11368家。

坚持创新在现代化建设全局中的核心地位，坚持"四个面向"，把科技自立自强作为安徽跨越式发展的战略支撑，深入实施科教兴皖、人才强省、创新驱动发展战略，强化国家战略科技力量，打造"五个一"创新主平台和"一室一中心"分平台升级版，建设"高原""高峰"相得益彰、创新创业蓬勃发展的科技强省。建强以国家实验室为内核、以合肥综合性国家科学中心为基石、以合肥滨湖科学城为载体、以合芜蚌国家自主创新示范区为外延、以全面创新改革试验省建设为网络的支柱和框架，创建基础学科研究中心、国际和区域科技创新中心、国家产业创新中心、国家制造业创新中心、创新联合体、科技大市场等支撑平台。

实施中小微科技型企业梯度培育计划，促进各类创新要素向企业集聚，加快科技成果落地转化。聚焦信息、能源、健康、环境等领域，统筹推进基础研究、应用基础研究和成果转化，促进更多前沿科技研发"沿途下蛋"。支持大中小企业和各类主体融通创新，发展产业共性技术研发平台。建立健全"首台套""首批次""首版次"支持政策，构建有利于科技成果转化落地的支持平台，努力让安徽成为创新动能成长壮大的肥沃土壤。实现一批前瞻性基础研究、关键核心技术重大突破，区域创新能力稳居全国第一方阵，持续争先进位。

(二) 积极融入长三角区域一体化建设

自长三角一体化上升为国家战略以来，安徽根据全省各区域的特色优势，精准推动各地与沪苏浙的产业联动发展。以提升城市发展质量为导向，推动各市及城区与沪苏浙城市城区开展全面合作，深度融入长三角城市群及上海、南京、杭州、苏锡常、宁波、合肥等都市圈。

实施"提质扩量增效"行动计划，联合开展长三角产业链补链、固链、强链，着力加强重点产业跨区域协作，携手打造世界级新兴产业集群。依托长三角自贸试验区联盟，加大与沪苏浙自贸试验区片区结对共建力度。对接服务浦东高水平改革开放，加快建设长三角资本市场服务基地安徽分中心，共建长三角科创金融改革试验区。打造联结长三角和中部地区的国际商协会联盟、资本市场平台、贸易中心、高能级展会等市场化要素对接平台。

共建长三角统一开放的人力资源市场，积极引进沪苏浙优质人力资源服务机构在我省设立分支机构，加强区域内人力资源服务产业园合作交流。大力发展多层次资本市场，引导银行机构依法合规健全联合授信机制，加强省股权托管交易中心与沪苏浙区域性股权市场对接，积极推动企业在上交所科创板首发上市，共建长三角统一开放的资本市场。依托公共资源交易平台，共建长三角产权共同交易市场，推进水权、排污权、用能权、碳排放权及知识产权、数据资产等各类产权公开交易。

(三) 固定资产投资夯实稳增长根基

安徽认真贯彻落实中央扩大内需决策部署，千方百计扩大有效投入，加快推进重点项目建设，全省投资保持稳步增长，对经济增长贡献率稳定在50%左右。"十三五"时期年均增长9.7%，高于全国3.8个百分点。围绕重大战略部署、关键领域和薄弱环节，加快补齐基础设施、市政工程等领域短板，扩大高技术产业和战略性新兴产业投资，加快推进"两新一重"建设。强化项目支撑，大力推进一批强基础、增功能、利长远的重大项目建设。支持有一定收益的基础设施和公共服务项目发行时使用地方政府专项债券。

近年来，安徽民间投资总体呈现稳定发展态势，占比超6成、贡献近七成。2018—2020年，民间投资年均增长9.6%，高于投资增速0.9个百分点，高于全国4.8个百分点，居长三角第1位、中部第2位。积极调动民间投资积极性，支持民营企业创新发展，鼓励民间资本参与"两新一重"及补短板项目建设。增强民间投资能力，支持民营企业上市和再融资，引导民营企业通过增资扩股、债券发行等方式融资。创新民间投资方式，规范推广政府和社会资本合作（PPP）模式，稳妥开展基础设施领域不动产投资信托基金（REITs）试点，盘活基础设施存量资产。

五 改革转型蹚新路的山西经验

（一）国有经济改革稳增长

山西深入贯彻习近平总书记关于国资国企改革发展的重要论述，践行"在转型发展上率先蹚出一条新路来"的重大历史使命，努力用好改革关键一招、用足先行先试政策，全力推动全省国资国企改革向纵深发展。山西把专业化战略重组作为推动省属企业转型发展蹚新路的重中之重，采取更名重组、整合新设、联合重组、吸收合并、分立设立、调整充实等方式，集中实施了14大板块的改革重组，煤炭企业数量从7家调整至2家，新兴产业企业大幅增加，为山西全方位推动高质量发展奠定了坚实的基础。

在优化国有资本布局、组织实施战略重组基础上，对省属企业穿透式监管，推行企业"六定"改革，"腾笼换鸟"，建立煤电联营优化与政策等方面推出了一系列的改革，成效正在逐步释放，转化为转型效能和企业效益。新一轮国资国企改革，国有资本坚持向国计民生、基础设施倾斜，向"六新"领域布局，从战略层面优化国有资本布局结构，确保国有资本保值增值，国有企业经济运营出现上升拐点。

新一轮改革重组朝着"专业化重组、市场化整合、板块化经营"的方向推进，不是简单的"归大类"和"拉郎配"，而是依托山西比较优势进行科学的顶层设计，通过一系列战略性重组，国有企业在传统产业上迭代升级、凤凰涅槃。省属企业在做强做优钢铁、煤炭、装备制造、建筑等传统优势产业的同时，加快向信创、大数据、半导体光伏、光电、碳基新材料、特种金属材料、节能环保、生物基因、先进轨道交通、煤机智能制造、通用航空等领域发展，培育形成新兴产业集群。2021 年，山西省国有企业营业总收入累计完成 16361 亿元，同比增长 13.16%；利润总额 661 亿元，同比增长 230.93%；上交税费 1403 亿元，同比增长 46.74%。

(二) 能源转型促高质量发展

2010 年 12 月，山西省成为国家资源型经济转型综合配套改革试验区。党的十八大以来，山西坚持以"四个革命、一个合作"能源安全新战略为引领，推动能源产业高质量发展。目前，山西初步形成以煤、电为龙头，风、光、气、氢、新等齐头并进的多元能源供给体系。

在传统能源领域，大力去产能的同时，试点煤矿绿色开采技术，建设电力现货市场。制定发布《智能煤矿建设规范》《智能化露天煤矿建设规范》等系列标准，在全国率先形成了从建设到评定的标准体系。塔山煤矿等 10 座国家首批示范建设煤矿全部建成，累计建成 24 座智能化煤矿和 612 处智能化采掘工作面，煤炭产业与数字技术一体化发展走在全国前列。

同时，建立全国首个实现不间断运行的电力现货市场。自 2019 年开始试运行，先后进行了七次结算试运行，市场规则已滚动更新至第 12 版，累计试运行天数全国第一。首创开展中长期逐日分 24 个时段交易，实现了由"电量"交易向"电力"交易的转变。截至 2021 年年底，山西市场主体数量达到 11051 户，2021 年市场化电量规模 1375 亿千瓦时，占全社会比重达53%。

在新能源领域，风电、光伏已成为山西第二、第三大电源。同时，山西抓住氢能机遇，布局氢能赛道，大同、太原、长治、晋中等市氢能产业集群正加速形成。长治经开区成为全国唯一的省级氢能安全装备工程中心。山西省"十四五"规划中，氢能将作为山西"七大先导性未来产业"进行重点培育。当前，山西正有序推进甲醇、地热能、生物质能发展，预计"十四五"时期末，新能源和清洁能源装机容量占比将达到50%，发电量占比达到30%。

第三节 国家宏观政策下内蒙古经济表现与应对

2008年以来，内蒙古外部先后遭遇了次贷危机冲击、新冠疫情冲击，内部面临产业结构转型挑战。在此种状况下，内蒙古坚定贯彻中央部署，努力学习兄弟省份发展经验，响应国家宏观调控政策，冷静施策。一手抓基础设施建设，一手抓产业转型升级，更加注重经济发展质量。经济增长稳中有进，产业升级效果明显，虽然总量排名有所下降，但是产业质量实现了跨越式上升，描绘出了一幅新时代生态优先、绿色发展的美丽画卷。

一 夯基建、调结构，内蒙古经济大局持稳

21世纪前十年，内蒙古经济一直处于高速增长状态。2008年以来，在国际金融危机的影响之下，内蒙古煤炭收入锐减。与此同时，国家对煤炭和钢铁、有色金属行业的调整和环保力度的加大，进一步加重了内蒙古经济的下行压力，内蒙古经济增长率由2007年的19%下降到2010年的16.9%。在这种情况下，内蒙古自治区政府加大基础设施建设力度、积极进行产业转型，取得了明显成效。

（一）财政货币双发力维持经济平稳运行

2001年以来，中国经济增长速度长期维持高位运行，社会投资积极性不断高涨，经济预期不断加速。2002年，国家计委取消对电煤的国家指导价，导致煤炭价格迅速上升，进一步引致作为煤炭资源大省的内蒙古经济进入快速上升通道，保持了连续8年的高速增长，2007年增速高达19%。在此种形势下，2007年中央经济工作会议指出，经济增长由偏快转为过热的趋势尚未缓解，价格上涨压力加大。因此，2008年前半年实行的是稳健的财政政策和从紧的货币政策，在此种政策的作用之下，2008年前半年，经济过热的势头得到有效抑制。2008年下半年，美国次贷危机引发全球经济危机。一方面导致国际煤炭价格下跌；另一方面导致中国出口量锐减，用电量下降。这对内蒙古经济形成下行压力。但是，2008年下半年开始，国家开始调整宏观政策，出台了一系列刺激政策，对经济进行了有力托底。这一系列政策使内蒙古在2008年虽然遭受经济危机影响而受到下行压力，但是内蒙古经济的增长并未出现大幅度下跌，如图1-4所示。

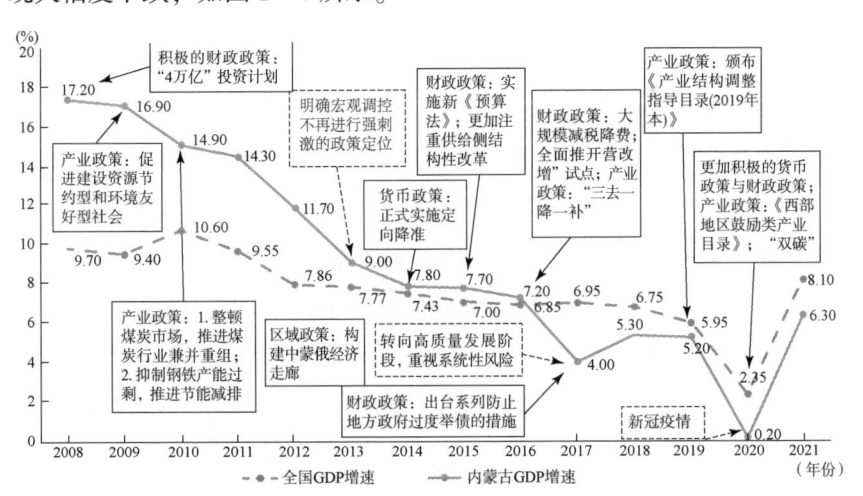

图1-4　GDP增速与宏观经济政策

资料来源：笔者根据各年度《中国统计年鉴》和政府工作报告整理所得。

(二) 结构环保双调整"倒逼"内蒙古结构转型

随着中国经济的迅速发展，长期以来的高成本、高投入、高污染、低效率的粗放式经济发展方式日益引起了国家的重视。党的十六大以来，国家强调以科学发展观为指导，以新型工业化为主要发展目标。2009年，国家相继出台了《国务院办公厅关于应对国际金融危机保持西部地区经济平稳较快发展的意见》《国务院批转〈发展改革委等部门关于抑制部分行业产能过剩和重复建设引导产业健康发展若干意见〉的通知》《国务院办公厅关于〈印发2009年节能减排工作安排〉的通知》《有色金属产业调整和振兴规划》，在《国务院办公厅关于应对国际金融危机保持西部地区经济平稳较快发展的意见》中指出，要加大环境保护和生态建设力度，促进建设资源节约型和环境友好型社会。这成了长期依赖能源开采和加工为主要经济来源的内蒙古利空。同时，在《国务院批转〈发展改革委等部门关于抑制部分行业产能过剩和重复建设引导产业健康发展若干意见〉的通知》和《有色金属产业调整和振兴规划》中明确指出，钢铁、水泥、平板、煤化工、多晶硅、风电等产业要严格执行国家产业政策，今后三年原则上不再核准新建、扩建电解铝项目。现有重点骨干电解铝厂吨铝直流电耗要下降到12500千瓦时以下。作为内蒙古的支柱产业，钢铁、电解铝、煤化工产业受到较大影响。

另外，2001年之后，中国经济的快速增长带来了煤炭的黄金十年，也带来了煤炭无序开采、管理混乱、事故频出等一系列问题。2010年，国家出台了《国务院办公厅转发发展改革委关于加快推进煤矿企业兼并重组若干意见的通知》，整顿煤炭市场，推进煤炭行业的兼并重组。在重组过程中，资金实力雄厚、生产管理流程规范的中央企业大量进驻煤炭领域，并以其低成本优势将大量小煤炭企业挤出市场，同时，使煤炭利润大幅度下降，并进一步导致大量与煤炭相关行业的连锁反应，对经济发展造成了巨大下行压力。2010年，国家进一步发布了《国务院办公厅关于进一步加大节能减排力度加快钢铁工业结构调整的若干意见》《国务院关于进一步加强淘汰落后产能工作的通知》，坚决抑制钢铁产能过快增长，进一步推进节能减排，这对内蒙古的钢铁工业也造成了较大影响，叠加经济危机的影响并未消除，内蒙古经济发展面临较大压力。

在这种情况下，内蒙古积极应对，一方面，大力投资，推进基础设施建设；另一方面，努力推进产业转型，推动新能源、装备制造、现代煤化工等新兴产业快速发展。"十一五"时期，内蒙古全面加强公路、铁路和电网三大通道建设。累计完成公路建设投资1470亿元，建成赤峰至通辽、呼和浩特至大饭铺至东胜等一批高速公路，开工建设赤峰至承德等9条连接区外的高速公路，公路通车总里程达到15.7万千米，其中高速公路2365千米，实现12个盟市高速公路全覆盖。累计完成铁路建设投资555亿元，建成临河至策克、包头至西安等30个重点项目，铁路运营里程达到10789千米。开工建设锡林浩特至乌兰浩特、赤峰至锦州等35个重点项目，在建铁路总规模5980千米。累计完成民航机场建设投资50亿元，建成鄂尔多斯、二连浩特和阿尔山机场，机场总数达到12个。开工建设海勃湾水利枢纽等一批重点水利工程，完成134座病险水库除险加固。产业转型方面，以新能源、现代煤化工等为主的战略性新兴产业快速发展，风电装机由20万千瓦增加到1000万千瓦，居全国首位；煤制油、煤制烯烃、煤制二甲醚、煤制甲烷气和煤制乙二醇五大示范工程取得突破性进展。以装备制造业为主的非资源型产业加快发展，装备制造业增加值年均增长23%以上。产业发展水平进一步提高，30多项技术、工艺和设备处于国内外领先水平。

二 去产能、"去杠杆"，内蒙古经济减负换挡

2011年起，中国经济步入新常态。在"三期"叠加的复杂局面下，受到财政政策和产业政策的影响，内蒙古经济增速于2017年首次低于

全国水平，仅为4%，比全国低2.95个百分点。在这种情况下，内蒙古更加注重去产能、"去杠杆"，转变经济发展方式。

（一）积极"去杠杆"，遏制系统性金融风险发生

后国际金融危机时代，内蒙古积极学习天津、四川等省份的经验，基础设施建设逐渐成为内蒙古经济增长的主要动力，且严重依赖于政府投资。随着积极财政政策力度不断加大以及预算软约束等问题，内蒙古财政税收增长乏力而支出不断扩张。在上述因素的综合影响下，内蒙古的地方债规模不断扩大，并对平衡财政收支乃至经济发展变得愈加重要。而在防风险、"去杠杆"的导向下，一系列针对地方债的财政改革政策对内蒙古经济产生了重要的影响。

2015年，新《中华人民共和国预算法》正式实施，且明确地方政府必须以预算约束下自发自还政府债券的方式举债。《国务院关于加强地方政府性债务管理的意见》（国发〔2014〕43号）明确划清地方政府与融资平台公司的界限，政府部门不得通过企事业单位等举债。至此，地方政府举债的"正门"完全打开，"后门"（通过融资平台公司举债）逐步关闭，地方政府债务治理进入一个新时期。但在这一时间节点上，一些新的投融资模式（包括PPP——政府与社会资本合作、政府投资基金等）推广实施，融资平台公司抓住机会并利用相关过渡性政策，借助PPP和政府投资基金等进行不规范甚至违法违规举债，导致2015年至2017年上半年融资平台公司债务大幅上升。2017年下半年以来，得益于《关于进一步规范地方政府举债融资行为的通知》（财预〔2017〕50号）、《关于坚决制止地方以政府购买服务名义违法违规融资的通知》（财预〔2017〕87号）等针对性强的系列文件，及时有效地制止了地方政府通过融资平台公司违法违规举债等行为。

在此背景下，2017年，内蒙古依据中央指示制定了规范政府债务管理、防范财政金融风险的意见措施，摸清了政府债务底数，停建、缓

建、"瘦身"了一批过度举债的政府投资项目，遏制了过度投资，有效防范了系统性金融风险的发生，成效显著。从PPP项目入库情况来看，2017年虽然较2016年项目数量有所增加，但这一年内清退项目数量可观。6月末，PPP项目入库管理项目累计566个，投资需求额6394亿元；9月末，PPP项目入库管理项目累计577个，投资需求额6265亿元；12月末，PPP项目入库管理项目减至509个，投资需求额随之降为5465亿元。

（二）积极去产能，推进产业合理布局

2016年，针对产能过剩、楼市库存大和债务高企三个方面，中央政府提出"三去一降一补"政策，去产能是改革任务之首。其中，2008—2020年房地产固定投资增速情况，如图1-5所示。

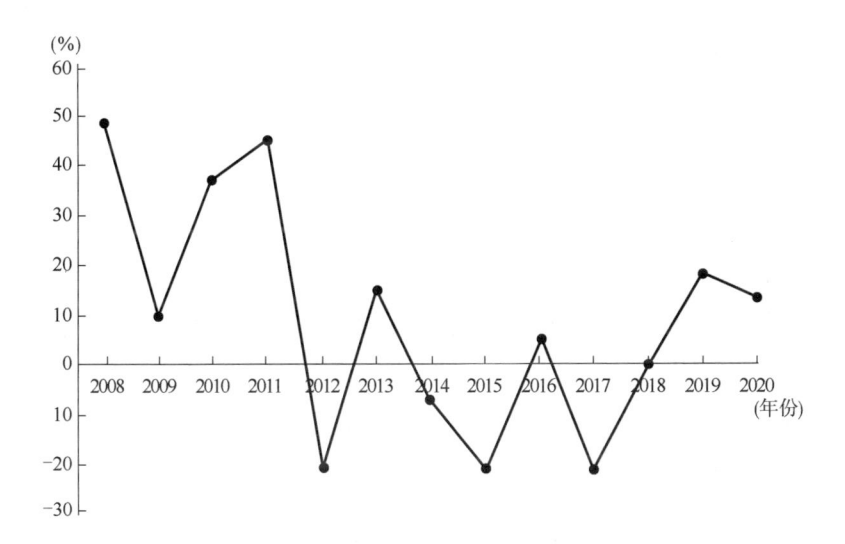

图1-5 2008—2020年房地产固定投资增速

资料来源：2009—2012年《中国统计年鉴》。

长期以来，内蒙古存在结构不合理、产业链条短、附加值低等问题。内蒙古属于资源型省份，经济增长动力主要来源于煤炭、电解铝等高排放、高耗能的工业产业。2014—2016 年，第二产业占生产总值一半左右。去产能凸显了内蒙古产业新旧动能转换中存在的问题，包括结构不合理、产业链条短、附加值低等。在政策落实过程中，内蒙古经济增长迅速步入换挡期。

在此背景下，内蒙古积极响应国家部署，通过去产能推进产业合理布局。2017 年，内蒙古加大落实"三去一降一补"政策力度，用市场化、法治化手段化解过剩产能，完成 55 万吨钢铁和 810 万吨煤炭去产能任务，提前实现"十三五"时期钢铁、煤炭行业去产能目标。一系列举措，推进了经济发展质量和效益的稳步提高。内蒙古经济轻装上阵，为产业结构绿色转型奠定了良好的基础。

三　抗疫情、促升级，内蒙古经济稳中有进

2020 年，中国遭遇新冠疫情重大外部冲击，国民经济出现了较大下行压力。在此背景下，2020 年国家加大货币政策力度，不仅采取了多轮降准和降息操作，而且适度强化了对结构性货币政策工具的运用。同时也加大了财政政策力度，不仅预算财政赤字率有所提高、减税降费力度加大，而且为了应对新冠疫情冲击，中央专门发行 1 万亿元抗疫特别国债，并且安排地方政府新增专项债券 3.75 万亿元。此外，宏观审慎政策框架继续完善，宏观审慎管理进一步强化，重点健全了房地产金融、外汇市场、债券市场、影子银行以及跨境资金流动等重点领域的宏观审慎监测、评估和预警体系。

（一）抗击疫情取得重大成果

在新冠疫情的严重冲击下，2020 年，内蒙古坚持人民至上、生命至上，全力以赴抗击疫情，有力地遏制了疫情扩散蔓延势头，55 天实现本土确诊病例首次清零。当然，疫情对内蒙古造成了一定冲击，2020 年，按可比价格计算，内蒙古 GDP 增速仅 0.2%，较上年回落 5 个百分点，

低于全国平均增速2.1个百分点,居全国第30位,仅高于湖北省,排名较2019年下降两位。

但是,总体来看,内蒙古新冠疫情暴发以来,经济发展取得的成效是明显的。2020年,内蒙古一般公共预算收入完成年度预算的105.2%,全区规模以上工业企业复工率、产销率分别达到95.8%和99.7%,市场主体数量增长7.2%。2021年,内蒙古着力扩大有效投资,实施重大项目3074个、完成投资4658亿元,工业投资、民间投资分别增长21.1%、14.4%。新设市场主体38.6万户,工业企业利润总额突破3000亿元,创历史新高。落实资金直达机制,支出直达资金758亿元,保障了实体经济发展和基本民生、基层运转。全区地区生产总值突破2万亿元、增长6.3%,经济持续稳定恢复、稳中向好。

(二) 推进产业转型升级,内蒙古经济呈现新气象

长期以来,内蒙古产业结构表现出较为粗放的特征,高能耗、高污染和低端产业、产能比重较大,导致资源环境代价偏高,安全生产事故多发,可持续发展受到严峻挑战。2019年8月27日,国家发改委出台了《产业结构调整指导目录(2019年版)》。2020年9月,中国明确提出2030年"碳达峰"与2060年"碳中和"目标。在两大政策指引下,内蒙古积极促进产业升级,呈现出了新气象。

《产业结构调整指导目录(2019年版)》鼓励传统产业改造提升,注重鼓励运用互联网、物联网、大数据、云计算、人工智能等新一代信息技术改造传统产业,推广先进适用、绿色工艺技术,促进传统产业安全、绿色、集聚、高效发展和数字化、网络化、智能化升级。与上一版相比,淘汰类新增"采矿"行业的相关条目。在鼓励类目录中,新增涉及绿色发展的相关条目,涵盖环境保护与资源节约综合利用、水利、煤炭、电力、新能源、核能、钢铁、有色金属、建材、建筑、城镇基础设施等领域;新增涉及安全发展的相关条目,涵盖建筑、公路及道路运输

（含城市客运）、公共安全与应急产品等领域。

内蒙古作为全国重要的能源大省，积极响应国家号召，借鉴参考贵州转换新动能宝贵经验，积极实施创新驱动发展战略，着眼能源结构和产业结构调整，摆脱传统能源依赖，大力发展新能源，推动经济社会绿色低碳转型。到2021年年底，全区高新技术企业和科技型中小企业分别达到1220家、828家。组织科技重大专项47项，实施技术攻关计划445项，促成首批"揭榜挂帅"项目12项，遥感卫星"内蒙古一号"成功发射。设立内蒙古科学技术研究院，成立稀土、5G产业创新联盟，加入国家区域创新发展联合基金和黄河流域科创联盟，与国内高校院所共建新型研发机构24家，国家乳业技术创新中心和乳制品产业计量测试中心成功获批。

同时，内蒙古产业绿色升级取得重大成效，风电光伏项目获批规模突破4000万千瓦，可再生能源发电量增长27.5%，引进远景等15家头部企业，制造业、高新技术业分别增长11.3%、22.4%。在鄂尔多斯建立了世界上首个零碳园区，在零碳经济发展模式探索方面迈出了重要步伐。完成工业园区优化整合，机构数量压减一半，规划面积缩减30%，产值超千亿元园区达到3个。促进服务业回稳提质，新创建3个国家级夜间文旅消费集聚区和9个全国乡村旅游重点村镇，包头市入选国家级文旅消费试点城市。全区存贷款增速增量均创4年来新高，银行业不良贷款率降至6年来最低水平；4家企业成功上市，打破了内蒙古企业9年A股上市"零纪录"。

2021年，习近平总书记在参加十三届全国人大四次会议内蒙古代表团审议时指出，要把内蒙古建设成为我国北方重要生态安全屏障、祖国北疆安全稳定屏障，建设国家重要能源和战略资源基地、农畜产品生产基地，打造我国向北开放重要桥头堡。内蒙古深入贯彻落实习近平总书记对内蒙古重要讲话重要指示批示精神，全面贯彻新发展理念。面临新冠疫情重大冲击和内蒙古产业结构调整阵痛，服从国家战略布局，积极借鉴参考兄弟省份的先进发展经验，冷静施策，夯实基础、推进转型，在生态优先、绿色发展的道路上迈出了稳健步伐，取得了绿色转型的重大成效。

总体来看，内蒙古积极响应国家宏观经济调控政策，在各个经济发展阶段都保持了经济发展大局稳定，并实现了结构调整的持续推进，取得了较好的发展成绩。但是，在充分肯定成绩的同时，也要清醒看到内蒙古在应对国家宏观经济决策部署过程中存在的问题和不足。少数地方和部门在理解贯彻党中央、国务院决策部署上还有差距，推动改革发展举措落地见效仍有不足。形式主义、官僚主义仍然存在，重发文开会、轻落实现象依旧突出，行动缓慢、反应迟滞、弄虚作假，政策执行"一刀切"、"跃进式"、层层加码时有发生。不合理行政审批事项仍然较多，公平公正监管仍有薄弱环节，营商环境还需要进一步改善。这些问题的存在严重影响了内蒙古应对国家宏观政策的效果，对内蒙古经济的长远发展起到了负面作用，必须坚持不懈予以纠正和克服。

第二章　宏观政策外溢性风险识别

第一节　风险类型

一　什么是外溢性风险

风险是事件未来可能结果的不确定性（可能是收益，可能是损失或损害）即实际与预期结果的偏差，"风险"一词本身是中性的，但是，对于任何的主体而言，关注的只是这种不确定性带来的损失，因此，风险是在一定条件下和一定时期内由于各种结果发生的不确定性，而导致行为主体遭受损失的大小及损失发生可能性的大小；一项经济活动的不确定性如果给其他主体带来损害或者损失，这就形成了外溢性风险。从理论上讲，外溢性风险主要包括由于经济活动的外部性造成的外溢性风险、基于经济活动的高度关联性通过传导机制形成的外溢性风险、由于经济主体之间的信息不对称产生的外溢性风险、金融活动的风险转移或者风险转嫁形成的外溢性风险四种理论基础。因此，外溢性风险可以理解为在一个经济主体采取经济行为或者从事经济活动的过程中，由于经济活动本身的外部性，通过高度关联的经济活动之间的传导机制，以及信息不对称和风险转移（转嫁）等经济行为等因素，给其他经济主体带来损害或者损失的现象。外部性和关联传导机制导致的风险是属于经济活动本身的规律性产生的外溢性风险，而信息不对称和风险转移策略产生的风险是属于经济主体行为选择产生的外溢性风险。

(一) 经济活动的外部性形成的外溢性风险

当某一经济主体的活动以没有反映在市场价格中的某种方式直接影响他人的福利时，这种影响就被称为外部性。外部性包括正的外部性（外部经济）和负的外部性（负外部经济）。正的外部性就是市场主体在消费或生产某一产品时，为其他相关主体带来收益的情况，即经济行为带来的社会边际收益大于私人边际收益；负的外部性就是市场主体在消费或生产某一产品时，为其他相关主体带来成本增加的情况，即经济行为带来的社会边际成本大于私人边际成本。在存在外部性的情况下，经济行为主体并未为引起的外部性付出成本或者获取收益，当负的外部性存在的情况下，使社会边际成本大于私人边际成本，由于负外部性的存在，一项经济活动往往会产生外溢性风险。比如地方政府债务规模存在较大的风险隐患，有可能将债务风险外溢到与之具有借贷关联的银行从而形成外溢性风险。

(二) 经济活动之间的关联传导形成的外溢性风险

经济活动之间高度的关联性会导致一项经济活动或者经济政策在实施过程中通过和不同主体之间的传导，对其他主体产生影响。比较典型的理论就是蒙代尔的货币政策外溢性理论和新开放经济宏观经济学理论。世界上各经济体不同领域之间的交流合作日益密切、经济活动高度关联，这使一国的货币政策不仅会对本国的经济产生影响，还会影响其他国家的经济运行状况，对其他国家的金融市场和实体经济产生影响。蒙代尔—弗莱明—多恩布什模型对溢出效应的解释有两种渠道，分别是支出转换效应和收入吸收效应，两种效用对他国总产出的作用方向是相反的。所以，本国货币政策的实施会对他国产生正的溢出效应还是负的溢出效应，取决于两种传导渠道作用的相对大小。新开放经济宏观经济学模型中引入了微观经济基础，将名义价格黏性和垄断竞争加入一般均衡模型，如果发生未预期到的货币扩张，国内和国外产品的需求会增加相同的幅度，使垄断竞争时的均衡产出水平上升，扩张的货币政策不仅会使本国居民的福利增加，还会对国外居民的福利产生溢出效应，且该溢出效应是正向的。

（三）信息不对称条件下经济主体行为产生的外溢性风险

由于获取和搜寻信息需要支付高额的交易成本，在市场交易和经济活动过程中，经济主体往往不具备完全信息而形成了信息不对称。对于掌握信息的主体称为代理人，不掌握信息的主体称为委托人，现实的经济活动绝大多数在本质上就是一种信息不对称状态下的委托代理关系。出于自身利益的目标，对于信息委托人和代理人之间是冲突的，代理人往往会利用其信息优势刻意隐瞒信息而采取损害委托人利益的行为，而产生经济行为的外溢性风险。在市场交易达成之前存在信息不对称，代理人隐瞒信息的行为为逆向选择，如二手车市场交易是典型的逆向选择；在交易达成之后存在信息不对称，代理人隐瞒信息或者隐藏行动的行为为道德风险，如车辆保险市场股东和职业经理人之间都存在道德风险的问题。从理论上讲，可以采取信号传递、信号甄别、激励机制等机制设计的方法解决逆向选择和道德风险等问题，但是，由于经济主体具备完全理性以及机制本身的不完善和应用条件环境等因素的影响，机制并不具备完全有效性。因此，信息不对称往往会产生外溢性风险的问题。

（四）金融风险管理策略产生的外溢性风险

金融风险是在金融活动中，由于某种经济变量，主要是金融变量的不确定性而导致相关国家或地区、机构及个人损益的不确定性。金融风险管理是指，各类经济主体在金融运行的过程中，通过对各种金融风险的识别、度量和分析，采取相应的风险管理措施，以最低成本即最经济合理的方法来实现最大保障、获得最大收益，避免可能发生的损失的金融管理方法。金融风险管理主要包括风险规避、风险分散、风险转移（转嫁）和风险留存等策略。其中风险转移（转嫁）策略是指通过购买某种金融产品或采取其他合法的经济措施把超出自身承担能力或无法预防的风险转移给其他愿意主动留存的投资者或者经济主体的一种策略性选择。经济主体可向保险公司投保，以保险费为代价，将风险转移给保险公司。经济主体还可以通过设定保证担保，将其承受的信用风险向第三方转移。也可以通过金融期货为现货市场提供了一条转移价格风险的渠道。因此，从严格意义上说，这种风险转移（转嫁）是一种"风险外溢"。

二 宏观经济政策外溢性风险的内涵

宏观经济政策的外溢性风险是指国家为了推动整体经济平稳、持续、协调发展而制定和实施的一系列经济增长、稳定和结构调整政策，由于政策本身的普惠性和刚性与地区差异之间的矛盾以及经济政策的相互交叉和重叠，所产生宏观政策实施的综合性、复杂性和不确定性而导致不同地区经济发展难以实现预期的目标甚至停滞等的溢出效应和风险。实质上宏观经济政策的外溢性风险主要是指由于经济政策本身的外部性和经济活动的关联性传导机制形成的外溢性风险。

（一）经济稳定政策

经济稳定政策追求经济稳定和金融稳定目标，主要依靠"区间调控＋定向调控＋相机调控"、"货币政策＋宏观审慎政策"双支柱调控、"跨周期调节＋逆周期调节"予以实现。逆周期调节追求短期目标，旨在让产出缺口与通胀缺口迅速回归至零附近。但如果经济的实际增速和潜在增速同时放缓，负向产出缺口并不明显，对此无须过多采取货币政策和财政政策予以应对。但从长期来看，会导致更加严重的经济下行压力和就业压力，进而产生经济增长失速等风险。尽管已提出跨周期调节以平衡逆周期调节的此类问题，但尚缺乏整体逻辑和理论支撑，如何落实"逆周期调节+跨周期调节"仍有待进一步研究。

（二）经济增长政策

经济增长政策的目标是追求长期经济增长，主要采取增长动力转换、长期和超长期发展规划等政策。但由于与其他政策的目标矛盾和期限错配，产生一系列外溢性风险。

增长动力转换有助于提高经济内生增长动力，通过技术进步和效率提升来推动经济增长。但是，就短期而言，增长动力转换可能带来经济波动，不利于经济稳定和金融稳定目标的实现。有的企业因为自身行业属性无法转型，如煤炭、钢铁、水泥等一些高投入、高污染、高耗能行业的低效率企业。还有一些企业会因为短期内难以做到技术进步和效率提升而难以成功转型。一方面，这些企业将在增长动力转换过程中淘汰，由此带来的产出"空缺"短时间内很难被新兴企业所填补，从而造成了短期经济失速。另一方面，增长动力转换所淘汰的企业会加剧不良贷款风险和债务违约风险。[1]

（三）经济结构政策

经济结构政策主要追求优化经济结构，依靠"供给侧结构性改革+需求侧管理"等举措实现。而供给侧结构性改革会间接影响经济稳定目标，进而产生外溢性风险。

供给侧结构性改革的主要目标之一是淘汰落后产能进而优化供给结构，在此过程中很可能带来低效率企业的集中性退出和集中性失业问题，既不利于经济稳定，也不利于金融稳定。产能过剩的低效率企业虽然会拉低全社会的资源配置效率，但也会带来一定的产出增量。并且，产业往往是根据地区自身的资源禀赋、产业基础发展起来的主导和支柱

---

[1] 陈小亮、刘玲君、陈彦斌：《创新和完善宏观调控的整体逻辑：宏观政策"三策合一"的视角》，《改革》2022年第3期。

产业，而产业转型需要时间和成本，相关规制政策，尤其是环境红线约束类（如"双碳"、环保等）政策对于资源型产业的发展影响巨大。如果供给侧结构性改革导致大量企业短时间集中性退出，那么就容易使实际产出明显下降，导致经济失速等风险。同时，还将会引发不良贷款和违约债务问题的爆发，导致金融系统的不稳定。[①]

三 宏观经济政策外溢性风险类型

（一）经济增长失速风险

1. 经济增长失速

根据内蒙古自治区 2035 远景规划目标，根据以 2018 年的经济总量为基期测算，以 2000 年不变价计算，到 2035 年内蒙古 GDP 总量目标达到 14826 亿元，GDP 平均年增长率需要达到 4.7% 才能实现这个目标，而实际上从 2019 年到 2021 年内蒙古 GDP 分别增长 5.8%、0.2%、6.1%，三年 GDP 年均增速仅有 1.92%，明显出现了经济增长的失速。如图 2-1 所示，按照 2018 年不变价计算，根据实现 2035 远景规划目标的要求，到 2021 年内蒙古 GDP 要达到 19843.37 亿元，而实际的 GDP 为 19446.62；如果按照实现 2035 远景目标的要求，2022 年内蒙古 GDP 需要增长 6.84%，按照目前第一季度的数据，内蒙古 GDP 同比增速为 5.8%，与目标值还相差一个多百分点。

2. 需求拉动持续性动力不足

从拉动经济增长的消费需求来看（见表 2-1），2019 年内蒙古社会商品零售总额增速只有 4.1%，明显低于全国平均水平，与山西、贵州和云南这三个和内蒙古经济发展水平相近的省份相比也存在较大的差距；2020 年内蒙古社会商品零售总额下降 5.8%，下降的幅度也明显高

---

① 陈小亮、刘玲君、陈彦斌：《创新和完善宏观调控的整体逻辑：宏观政策"三策合一"的视角》，《改革》2022 年第 3 期。

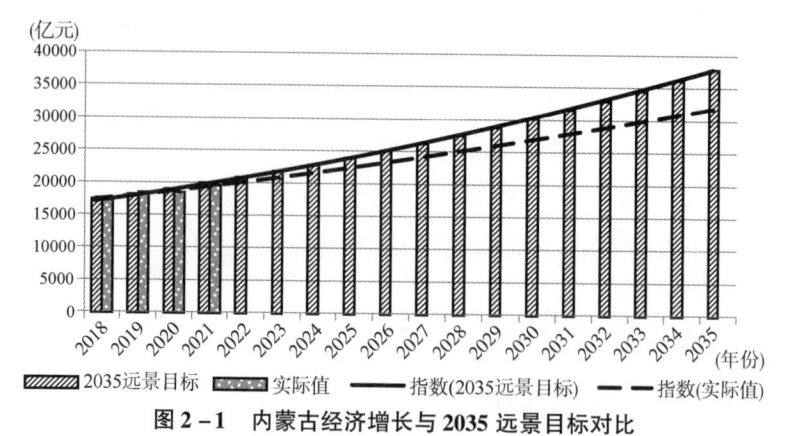

(亿元)
图 2-1　内蒙古经济增长与 2035 远景目标对比

资料来源：杜凤莲：《2035 的内蒙古》，内蒙古大学出版社 2022 年版，第 65 页。

于全国平均水平，与其他三个省相比下降幅度也是最大的，消费需求对于经济增长的拉动能力明显不足。

表 2-1　　　　　内蒙古与其他省份社会商品零售总额比较

地区	社会消费品零售总额(亿元) 2019 年	2020 年	社会消费品零售总额增速(%) 2019 年	2020 年
内蒙古	5051.10	4760.50	4.10	-5.80
山西	7030.50	6746.30	7.80	-4.00
贵州	7468.20	7833.40	5.10	4.90
云南	10158.20	9792.90	10.40	-3.60
全国	408017.20	391980.60	8.00	-3.90

资料来源：历年《中国统计年鉴》。

一方面，内蒙古的第一、第二产业的产业结构侧重于初级产品，相应的最终消费产品较少，同时在产品数量、质量、品牌等方面的竞争力较弱，而目前旨在拉动内需的建立全国统一大市场的政策会进一步加剧区域间消费市场的竞争，电商、物流等配套问题也对内蒙古在全国统一大市场格局下的竞争带来较大的压力。

另一方面，第三产业中内蒙古的生活性服务业占了主要份额，而生活性服务业受人口、就业、区域生活环境、市场条件差异等影响明显，加之疫情等突发公共事件的影响，对经济的拉动效果充满了不确定性。从投资需求来看，内蒙古的产业结构决定了拉动就业和内需的中小企业、民营企业投资相对薄弱；内蒙古出口以过境贸易和初级产品出口为主，真正能够大幅拉动经济增长的高附加值出口商品较少，同时受到国际政治、经济环境的影响，出口难以形成拉动经济增长的重要动力。

3. 固定资产投资扩展空间不足

2019年和2020年内蒙古固定资产投资增速及结构与全国及其他省份相比（见表2-2），2019年内蒙古固定资产投资增速达到6.7%，高于全国平均水平。从结构上看，基础设施的固定资产投资内蒙古2019年下降了2%，低于全国平均水平，制造业和房地产开发均高于全国平均水平，但明显低于贵州和云南。2020年内蒙古固定资产投资整体上下降了1.5%，而全国平均增长2.9%；尤其是基础设施和制造业下降幅度较大。2020年内蒙古基础设施投资下降了18.9%，制造业下降了9.6%，不论和全国还是其他省份相比，降幅都是最大的；房地产开发投资增长了12.9%，但2020年内蒙古的房地产市场的销售数量和价格均出现了下降。

表2-2　　内蒙古与全国及其他省份固定资产投资增速比较　　（单位:%）

地区	固定资产投资 2019年	固定资产投资 2020年	基础设施 2019年	基础设施 2020年	制造业 2019年	制造业 2020年	房地产开发 2019年	房地产开发 2020年
内蒙古	6.70	-1.50	-2.00	-18.90	9.10	-9.60	17.80	12.90
山西	9.30	10.60	13.90	-1.60	0.10	25.90	20.30	10.50
贵州	0.90	3.20	-15.50	-7.80	16.10	-0.80	27.30	14.30
云南	8.50	7.70	5.50	7.40	11.90	5.90	27.80	8.50
全国	5.40	2.90	3.80	0.90	3.10	-2.20	10.00	7.00

资料来源：历年《中国统计年鉴》。

曾经推动内蒙古经济快速增长的包括房地产开发、城市基础设施等在内的固定资产投资未来拓展的空间有限，受房地产市场库存压力、开发商土地储备、房地产政策转向等因素的影响，房地产开发投资的增速会大幅下降；同时城市基础设施建设配套已接近饱和仅存在适度更新和改造的空间。国家固定资产投资政策的导向更倾向于新基建项目，而内蒙古在这方面缺乏产业基础和有竞争力的企业，即使是未来内蒙古新基建的投资加大，也只是给其他三省份的基建企业提供了一个市场，和房地产基建市场一样，本土企业不论从资质上、质量上、规模上都形不成一个完整的有竞争力的产业。

4. 生产要素驱动力不足

从经济增长的驱动因素来看，2011—2016 年 GDP 年均增长 8.14%，其中，固定资本存量增长 13.75%，劳动力增长 3.5%，人力资本存量增长 4.78%，相应的固定资本存量对 GDP 增长的贡献率是 7.53%，劳动力的贡献率是 0.77%，人力资本的贡献率是 3.17%；与 2006—2010 年相比，固定资本存量和人力资本对 GDP 的贡献率分别由年均 6.12% 增加到 7.53%；劳动力的贡献率则由年均 2.99% 增加到 3.17%。与同期相比，GDP 增速由年均 15.92% 下降到 7.18%，同期的固定资本存量增长率也由年均 23.77% 下降到 13.75%，人力资本增速也由年均 6.06% 下降到年均 4.78%；相反，劳动力的年均增速则由年均增长 2.94% 增加到年均增长 3.5%。可以看出，内蒙古经济增长的主要因素之一是包括人力资本存量在内的资本存量的增加。另外，2000—2011 年全要素生产率对 GDP 增长的平均贡献率是 1.76%，相比之下，2011—2016 年全要素生产率对 GDP 增长的贡献率为 –2.91%，即时剔除了经济景气波动水平其贡献率也是 –2.45%。由于全要素生产率贡献的下降和劳动力贡献的下降，进一步突出了资本存量对 GDP 增长的贡献率。而全要素生产率的提升和劳动力增长对 GDP 贡献率的增加更多地依赖于产业结构、技术水平和经济增长方式,也更能反映宏观经济政策的实施效率。

如果按照 2035 远景目标要求所实现 GDP 增长速度的目标,从全要素生产率、劳动增长和固定资本存量增长几个方面看,未来劳动力的增长空间几乎没有。人口老龄化和劳动力人口的外流两方面的原因导致未来劳动力负增长的趋势明显,如果按照劳动力下降1%,按照最乐观的估计人力资本增加3%计算,要想保持4.7%的年均增速,在全要素生产率保持不变的情况下资本存量年均需要增长 8%;如果能使全要素生产率增长1%,在相同情况下,固定资本存量需要增长 6%;如果能使全要素生产率增长 2%,在相同情况下,固定资本存量需要增长 4%。那么 2019 年内蒙古固定资产投资增长 5.8%,如果按照 8% 的折旧计算资本存量增长率为 5.3%;2020 年内蒙古的固定资产投资下降 1.7%;即使 2021 年内蒙古固定资产投资增加 9.5% 的情况下,固定资本存量增长率为 8.74%,仅能达到在现有全要素生产率不提高的情况下的水平。现实的问题是人力资本存量水平能否始终保持3%的增速;全要素生产率的提高则更多地依赖技术水平、产业结构、经济增长方式等多方面的因素,如果这些条件不具备即使有推动经济增长的宏观政策其实施效率也会打折扣。因此,在现行经济结构、产业结构、经济增长方式下,未来经济增长失速的风险比较明显。

5. 自身技术创新能力不足

经济持续发展的核心动力是创新,而创新的主体是企业,表 2-3 表明了内蒙古与山西、贵州、云南四省的企业创新能力指标,2020 年开展创新活动的企业占比内蒙古仅为 28.6%,而贵州达到了近 40%;实现创新的企业占比内蒙古只有 27.9%,而贵州达到了 38.6%,高出内蒙古近 10 个百分点;同时实现四种创新的企业占比内蒙古仅有 2.4%,而贵州为 7.5%,是内蒙古的三倍多,说明内蒙古企业自主创新能力远远落后于其他省份。根据表 2-4,高技术产业企业的数量和科技研发力度也明显落后于贵州、云南，2020 年内蒙古的高技术产业企业仅有 105 家，贵州有 339 家；高技术产业的研发机构内蒙古有 20 家，贵州有 119 家，与内蒙古产业结构十分相近的山西省则有 130 家；有效发明专利个数内蒙古有 671 件，而贵州有 3078 件，是内蒙古的近五倍。内蒙古在企业自主创新能力和高技术产业研发的力度和能力方面与贵州、山西和云南相比差距较大。

表 2-3　　　　　　内蒙古与其他地区企业创新活动比较

地区	开展创新活动的企业占比(%) 2019 年	开展创新活动的企业占比(%) 2020 年	实现创新的企业占比(%) 2019 年	实现创新的企业占比(%) 2020 年	同时实现四种创新企业占比(%) 2019 年	同时实现四种创新企业占比(%) 2020 年
内蒙古	31.8	28.6	30.6	27.9	3	2.4
山西	32.6	32.3	31.4	31	4	4.3
贵州	42.7	39.4	39.1	38.6	7.6	7.5
云南	42.8	39.6	40.8	38.7	8.5	7.4

资料来源：《全国企业创新调查年鉴》。

表 2-4　　　　　内蒙古与其他地区高技术产业企业状况比较

地区	高技术产业企业数(家) 2019 年	高技术产业企业数(家) 2020 年	高技术产业企业营业收入(亿元) 2019 年	高技术产业企业营业收入(亿元) 2020 年	高技术产业研发机构数(个) 2019 年	高技术产业研发机构数(个) 2020 年	研发人员折合全时当量(人年) 2019 年	研发人员折合全时当量(人年) 2020 年	有效发明专利数(件) 2019 年	有效发明专利数(件) 2020 年
内蒙古	99	105	364	420	11	20	949	1527	394	671
山西	180	206	1274	1389	77	130	4582	6502	1138	1365
贵州	428	339	1151	975	97	119	5601	7483	3044	3078
云南	256	279	854	1193	66	61	4080	5157	1237	1426

资料来源：《全国企业创新调查年鉴》。

内蒙古的能源、冶金等主导产业结构，一方面，导致企业依靠资源的专属性和规模优势形成的集聚优势能够获得相对稳定的利润来源，但缺乏技术创新的原动力；另一方面，这部分企业大多是大型央企、国企，即使有技术创新也属于央企和国企，没有形成本土企业的技术进步和技术创新。同时，地方政府在招商引资的过程中形成大企业、央企国企的偏好也进一步挤压了本土企业的生存和发展空间，没有形成推动内蒙古本土企业技术创新和技术进步的充分竞争氛围。

（二）地方财政累积债务的风险

1. 地方政府累积债务水平提高

内蒙古自治区各盟市及旗县地方政府，一方面，面临着民生保障、基础设施建设改造、交通医疗教育、乡村振兴等一些刚性政策执行项目需要大量投入，同时上级政府的转移支付不够，由于产业结构、经济基础等因素导致地方财政收入难以满足需求，不得不举债而导致地方政府债务负担加重；如表2-5所示，2019年和2020年内蒙古政府债务还本比例均超过了64.35%，明显高于其他三个省份，同时债务利息占财政支出的比重2020年内蒙古达到了3.4%，仅次于贵州的3.75%，显著高于其他两个省份，内蒙古地方政府的累积债务水平较高。另一方面，国家对于地方政府举债的渠道、方式等有明确的限制，大大降低了政府债务的规模，即使有国家给予的低息专项债务额度，但是，由于地方政府缺少符合专项的项目储备，无法有效利用专项债券资金，同时还要承担债务利息从而加重地方财政负担。

表2-5 内蒙古与其他省份当年债务状况

年份	债务状况	内蒙古	山西	贵州	云南
2019	地方债务(亿元)	791.81	355.91	971.94	734.21
	债务还本(亿元)	509.52	115.34	498.70	376.35
	还本债务比(%)	64.35	32.41	51.31	51.26
	债务利息占财政支出比重(%)	3.25	1.44	3.29	1.87

续表

年份	债务状况	内蒙古	山西	贵州	云南
2020	地方债务（亿元）	1094.24	586.06	990.87	647.75
	债务还本（亿元）	709.27	233.10	809.87	411.73
	还本债务比（%）	64.82	39.77	81.73	63.56
	债务利息占财政支出比重（%）	3.40	1.48	3.75	2.74

资料来源：历年《中国财政年鉴》。

2. 土地财政收入来源受限

很长一段时间房地产开发、土地出让成为各盟市尤其是旗县政府财政收入的主要来源之一，目前房地产市场面临新的问题，一方面，经过了二十多年的开发，各地区商品房的存量明显增加，库存压力增大，开发商土地储备较为充足，进一步拿地的空间大幅度压缩；另一方面，中小城市尤其是旗县城市住房的刚性需求已经大量释放，未来商品房市场需求主要来自改善型需求和新增人口，而当前对于住房"只住不炒"的定位，以及大力发展保障性住房、租赁住房，推动老旧小区改造的政策导向导致新开发商品住房的空间大幅减少，同时对于盟市旗县城市人口大量外流，部分旗县城镇甚至出现了空心化趋势，使新增人口拉动住房需求根本不可能，房地产市场面临价量齐跌的风险。

从表2-6和表2-7可以看出，与其他省份相比，2019—2020年，内蒙古在涉及房地产的五项税收当中主要税依赖于土地资源的出让，相关的城镇土地使用税、土地增值税和耕地占用税，而与房地产市场交易直接相关的契税，内蒙古是最低的，是贵州和云南的一半左右，这说明内蒙古房地产市场的交易已经明显下降，未来房地产市场存量的压力较大。

表 2-6　　　　2019 年内蒙古与其他省份地方税收结构　　　　（单位：%）

地区	增值税	企业所得税	资源税	城建税	房产税	城镇土地使用税	土地增值税	耕地占用税	契税	与房地产有关的五项税收占比
内蒙古	36.76	11.80	19.64	4.68	3.33	4.95	4.01	4.49	3.38	20.16
山西	40.29	15.22	21.47	4.37	2.42	1.96	3.41	0.59	4.21	12.59
贵州	39.39	17.89	2.82	6.88	3.06	2.64	7.41	3.71	8.61	25.43
云南	41.80	13.83	2.04	9.15	3.27	2.74	5.99	2.30	8.18	22.49

资料来源：历年《中国财政年鉴》。

表 2-7　　　　2020 年内蒙古与其他省份地方税收结构　　　　（单位：%）

地区	增值税	企业所得税	资源税	城建税	房产税	城镇土地使用税	土地增值税	耕地占用税	契税	与房地产有关的五项税收占比
内蒙古	31.28	11.05	20.63	4.55	3.52	5.66	5.18	5.06	4.28	23.70
山西	38.65	14.14	22.06	4.46	2.81	1.76	3.25	1.09	4.86	13.77
贵州	38.45	19.00	2.72	7.72	3.44	2.71	5.79	2.59	8.68	23.21
云南	38.75	14.98	2.17	8.94	3.48	2.95	7.13	1.73	8.31	23.60

资料来源：历年《中国财政年鉴》。

从目前的实际数据看，2020 年内蒙古土地出让收入 396.38 亿元，山西 844.91 亿元，贵州 949.81 亿元。2021 年内蒙古土地出让收入 222.74 亿元，下跌 43.81%；山西 470.91 亿元，下跌 44.27%；贵州 767.33 亿元，下跌 19.21%。即使当前出台的促进房地产市场稳定的宽松政策也很难奏效。

3. 国企央企占比高不利于内蒙古地方财政收入增长

在内蒙古从事煤炭、电力、能源等资源型产业的企业绝大多数是属于国企央企，一方面，主要是国企央企拿走了税收的绝大部分，对地方贡献很小；同时资源型产业的特点也决定了对地方财政和就业贡献较大的民营和中小微企业很难进入。另一方面，内蒙古各盟市在资源型产业发展过程中的高度同质化和重复建设与当前结构政策、产业政策、环境政策的矛盾也阻碍了地方财政收入的增长。

（三）生产要素外流的风险

1. 区域性差异导致人才要素外流

一方面，内蒙古与其他地区之间经济社会发展水平的差异性、产业结构的差异性，造成对人才和劳动力的数量、结构需求的差异，同时我国经济发展已经从增量时期转变成存量经济时期，经济区和城市群的集聚发展也带来了人才、劳动力、资本等生产要素的集聚；同时人口老龄化和产业结构变化导致各地区为大量吸引人才和劳动力出台大力度优惠政策；加上交通、教育、医疗、社保等相关条件措施的便利程度和通用程度不断提高，进一步加速了人才和劳动力的流动。另一方面，内蒙古能够吸纳劳动力的民营企业、中小微企业发展滞后也造成了人才和劳动力外流。宏观经济增长政策和结构调整政策进一步推动了地区之间经济发展水平的分化和差异，也加剧了内蒙古人才和劳动力外流的风险。

从第七次全国人口普查的数据看，自2001年后内蒙古的人口增长速度低于全国水平。2020年与2010年第六次全国人口普查相比，内蒙古人口减少了657166人，2020年内蒙古人口自然增长率高于全国，但人口总量下降，进一步说明内蒙古人口大量流出。全国人口流动趋势特点是，人口由北向南流动，且人口集聚特征明显。2020年，内蒙古第三产业就业比重为47.3%，与全国基本持平；第一产业就业比重35.7%，比全国高12.1个百分点；第二产业就业比重为17%，低于全国11.7个百分点。内蒙古资源型产业产值和投资比重较高，一方面，资源型产业存在资本技术替代劳动现象；另一方面，资源型产业对就业、创业的拉动效应不足，因而导致第二产业就业比重偏低。

由于自然环境、区位条件、经济基础和科研条件的制约，高层次科技领军人才和创新团队缺乏，成为内蒙古创新驱动发展的短板。外地人才引不进、本地人才留不住的问题尚未得到根本缓解。内蒙古入选国家"千人计划"14人，占全国的0.2%，是全国少数几个没有院士的省份之一。

2. 营商环境及投融资环境不健全导致投资外流

根据2020年12月21日粤港澳大湾区研究院、21世纪经济研究院联合发布的2020年中国296个城市营商环境报告结果（如图2-2所示），首府城市中呼和浩特市的营商环境在296个城市中仅排名第105位，而昆明市位列第21位，贵阳市位列第24位，太原市位列第42位，均远远高于呼和浩特市；内蒙古营商环境最好的城市是鄂尔多斯市，位于第56位，是唯一一个位居前一百位的城市，其他城市如包头市位居第106位，乌海和巴彦淖尔位居130位以后，赤峰和呼伦贝尔则均居于180位以后。同时2020年内蒙古行政事业性收入占财政非税收入的22.12%、罚没收入占21.58%，这两项收入占比明显高于贵州、山西和云南，也进一步说明了内蒙古营商环境的不足。图2-3为2020年内蒙古及全国和其他省份的不良贷款率示意图，2020年内蒙古的不良贷款率高达4.7%，远高于全国平均水平的1.86%，也是贵州、云南和山西的2倍多，说明了内蒙古金融市场的投融资环境较差。

内蒙古整体上的营商环境和投融资环境不仅与其他发达地区存在较大的差异，与内蒙古经济发展水平相近的几个省相比，也是明显落后的，对外来投资缺乏足够的吸引力、对本土企业的培育和扶持力度不够造成投资外流。同时，由于营商环境和投融资环境的问题也会影响国家刺激投资的增长政策的实施效果，资源型产业经营主体企业的单一性也将符合国家产业结构调整政策的项目和企业拒之门外。

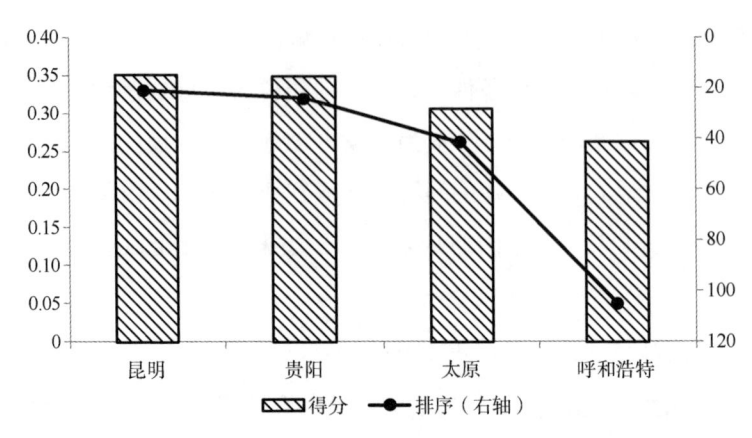

图 2-2　2020 年内蒙古与其他省份营商环境评价对比

资料来源：https：//www.gsm.pku.edu.cn/thought_leadership/info/1007/1946.htm。

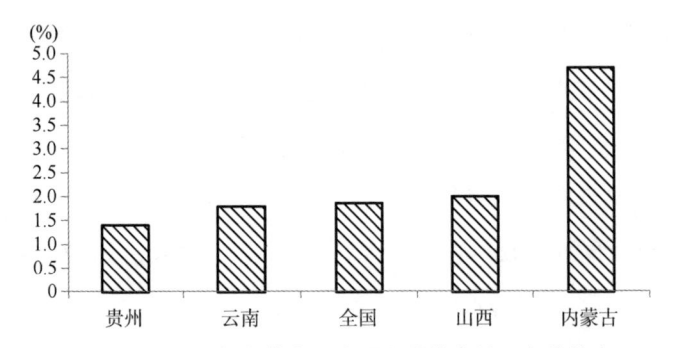

图 2-3　2019 年内蒙古及全国和其他省份不良贷款率

资料来源：《中国金融年鉴》。

（四）"不可能性三角"风险

1."不可能性三角"风险的含义

所谓"不可能性三角"是指经济增长、能源煤炭保供和碳达峰三者的目标不可能同时实现。对于内蒙古而言，这三个方面的目标均属于约束性目标。一方面，按照实现 2035 远景目标，需要年均至少保持 4.7%的经济增速，电力、煤炭等产业是内蒙古经济增长的主导产业，是经济增长的主要贡献部分。国家每年给内蒙古下达了电力和煤炭的保供任务是必须完成的目标，而电力和煤炭的价格低于市场价格，电力和煤炭的生产成本则是市场成本，因此保供部分的电力和煤炭生产对于 GDP 的贡献有限。另一方面，碳达峰目标又规定了每年内蒙古碳排放的整体约束指标，电力煤炭保供部分生产需要占用一部分碳排放指标，剩余的碳排放指标属于保持经济增长的碳排放指标的部分，虽然国家递减一部分电力和煤炭保供部分的碳排放指标，但是包括外送损耗等其他环节的碳排放指标仍然占用内蒙古的碳排放指标，而剔除保供部分的碳排放指标难以满足保持经济增长的碳排放需求，这三个方面目标的冲突制约了经济的增长，因此而导致"不可能性三角"风险。

2. 政策目标的冲突和叠加产生风险

国家从长期经济持续发展、区域分工和协调发展的角度，提出内蒙古是国家重要的粮食和农畜产品输出基地、重要的能源输出基地、重要的绿色生态和安全屏障的发展定位，同时出台了相关扶持和推动政策。这个定位，一方面为内蒙古的经济发展指明了方向，另一方面也提出了发展的要求和目标。内蒙古以此为出发点制定经济发展方式、产业政策等，其优点在于能够充分发挥内蒙古的资源优势和环境优势；不利的方面在于内蒙古的产业结构和经济增长方式容易固化在粮食、农畜产品及能源等相关产业，这些产业处在产业链前端，其附加值低、投资大回收期长，在增量经济时代可以保持较快的增长，随着我国存量经济时代的到来和区域集聚效应的加强，经济增长速度会明显下降。同时保证粮食生产与内蒙古水资源缺乏之间的矛盾、能源保供与绿色发展碳排放等约束性政策之间的矛盾以及以农畜产品生产和传统煤炭为主的能源输出的产业特点与绿色生态发展定位之间存在矛盾，加上结构调整政策的叠加会导致内蒙古经发展失速。

3. 能源保供与"双碳"目标叠加导致能源产业增长乏力

国家从稳定经济增长的目标要求内蒙古作为重要的能源基地实现保证国家煤炭和电力能源供应的目标，一方面，保障能源供应需要付出较大的成本，同时"双碳"目标及产业结构性政策又形成了规制和约束，二者叠加对内蒙古能源产业带来较大压力；另一方面，在一次能源、二次能源市场上的价格扭曲和碳交易市场缺乏议价谈判能力，以及碳排放分配缺乏合理性导致内蒙古能源产业增长乏力。同时，目前内蒙古电力行业的发展在一定程度上依赖于政府的补贴，建立全国统一大市场后，这种补贴优势明显减弱甚至丧失，内蒙古的电力产业也面临着不小的风险。

第二节　宏观政策对内蒙古经济增长的影响

一　财政政策对稳定经济增长的效果有限

改革开放以来，内蒙古的经济总量取得了快速增长。但是，自2008年国际金融危机影响以来，内蒙古经济增速持续快速的下滑与全国经济增速平稳回落形成较为鲜明的对比（如图2-4所示）。为应对国际金融危机的影响，2008年国务院出台了"四万亿"的宏观经济政策，这得全国经济增长在2010年出现了小幅度的回升，但内蒙古的经济增速却持续回落。

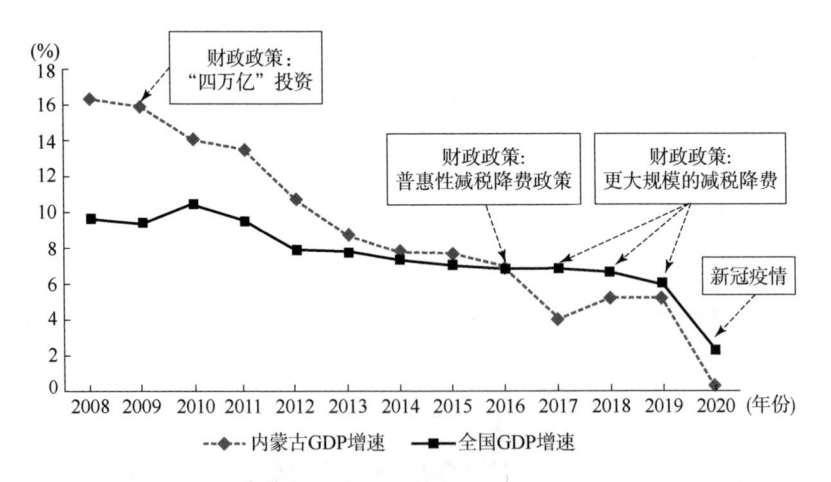

图2-4　2008—2020年内蒙古和全国实际GDP增速

资料来源：《内蒙古统计年鉴2021》《中国统计年鉴2021》。

经过前期的刺激政策，全国经济增速短期内有所回升，但之后也逐渐下降，为了稳定经济增长，2016 年国家开始实施普惠性的减税降费政策，之后又实施了一系列更大规模的减税降费政策，这使全国经济增长稳定运行，但内蒙古经济增速仍然持续下滑。实际 GDP 增长率由 2008 年的 16.5% 下滑到 2020 年的 0.2%，抛开 2020 年新冠疫情的冲击，2019 年内蒙古实际 GDP 增长率也仅为 5.2%。

总体来看，内蒙古经济增长进入了一个经济增速明显下行的阶段。与以往时期经济周期波动不同的是，本次经济增速下滑的持续时间长，从 2008 年开始到 2020 年连续 13 年经济增速持续下降，几乎是每年以一个百分点的速度在下降。这说明当前内蒙古经济发展面临的形势与以往不同，经济下行的压力比较大，较大力度的积极财政政策也未能有效稳定经济增长。

二 货币政策对总投资和消费增长的调控效力有限

从内蒙古投资和消费增速来看，整体而言，自 2008 年以来，内蒙古社会消费品零售总额和固定资产投资增速都在不断下降，如图 2-5 所示。

从货币政策的导向来看，自 2010 年以来，中国经济增长不断下行，而且在 2015 年之后，中国经济发展进入新常态，这使货币政策在稳增长的同时，还要兼顾"去杠杆"和控通胀等多重任务，政策发力在多个目标之间徘徊。因此，我国货币政策的导向不断调整，立场也经历了"稳健偏紧""稳健中性""稳健偏松"直至当前宽松力度边际加大的过程。

可以看到，货币政策对内蒙古总体投资和消费的调控效力有限。这可能主要是由于货币政策导向不断变化和货币政策工具频繁使用会对宏观经济产生合意调控之外的不确定性影响，从而扰动货币政策调控有效性。在经济下行期，货币政策不确定性对经济产出、投资和消费具有"雪上加霜"的抑制作用。

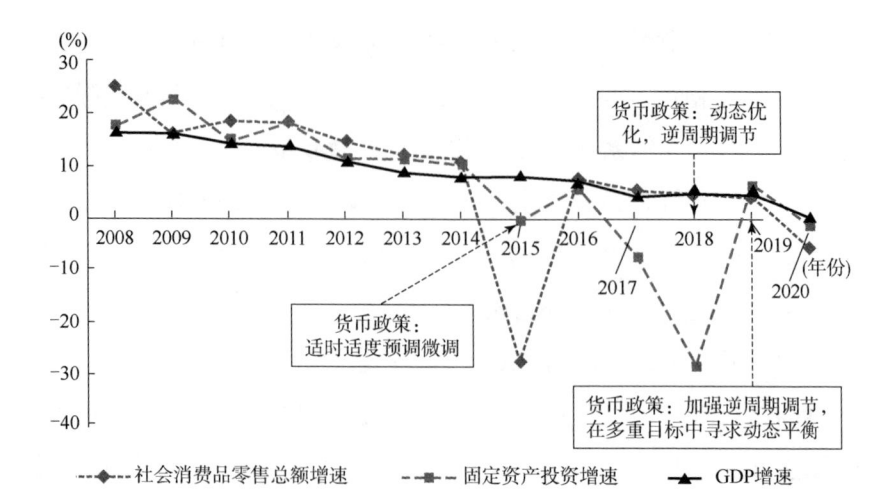

图 2-5　2008—2020 年内蒙古社会消费品零售总额和固定资产投资增速

资料来源：历年《内蒙古统计年鉴》。

需要指出的是，虽然在经济下行期，由于货币政策导向不断变化和货币政策工具频繁使用会对宏观经济产生合意调控之外的不确定性影响，从而对总投资增长的调控效力有限，但是，货币政策对房地产固定资产投资增长的影响作用较强，如图 2-6 所示。

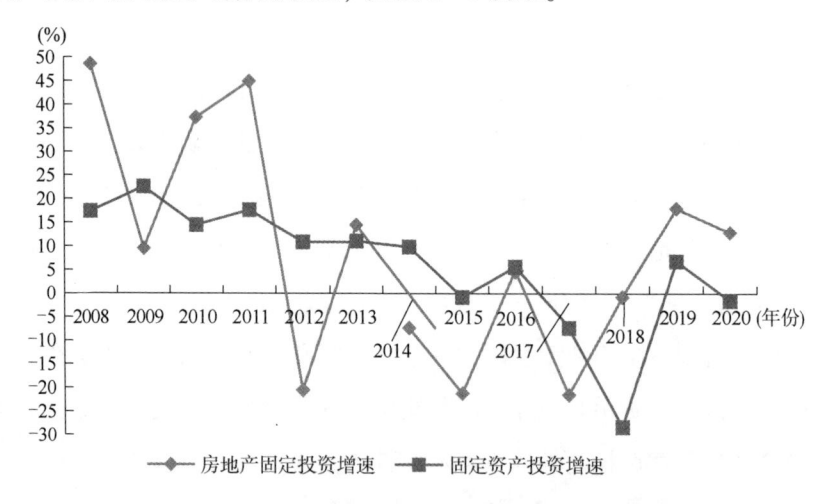

图 2-6　2008—2020 年内蒙古固定资产投资增速和房地产固定投资增速

资料来源：历年《内蒙古统计年鉴》。

三 产业政策短期内对经济增长的促进效果有限

从三次产业对经济增长的贡献率看，内蒙古第二产业和第三产业始终对经济增长具有重要的贡献，在2014年之前，第二产业对GDP增长的贡献率一直大于第三产业，但2014年之后，第三产业对GDP增长的贡献率超过第二产业的贡献率，如图2-7所示。

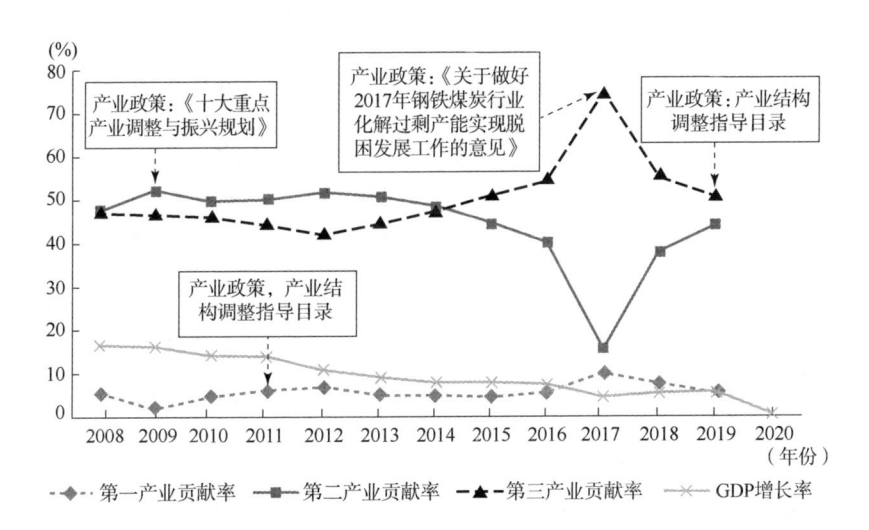

图2-7 2008—2020年内蒙古GDP增长率及三次产业贡献率

资料来源：历年《内蒙古统计年鉴2021》。

内蒙古的主导产业主要以火电、化工以及冶金等高耗能行业为主，这样的产业结构，必然导致内蒙古经济增长路径依赖，从而使绿色发展的产业政策在短期内对产业结构调整优化的效力有限，进而造成内蒙古能源、化工和钢铁等传统产业过快收缩，新动能产业未能接续，产业政策对经济增长的促进作用效果有限。

尤其在2017年，国家发改委发布《关于做好2017年钢铁煤炭行业化解过剩产能实现脱困发展工作的意见》，要求严格淘汰不符合技术、环保、能耗等标准的产能，突出生态环保条件。第二产业对经济增长的贡献率在 2017 年也突然大幅下降，从而使得内蒙古经济增长进一步减缓。这可能主要是由于，一方面，内蒙古适应产业政策落地的产业技术进步以及高端生产要素尚未形成和成熟；另一方面，内蒙古主导产业要素配置效率不高，从而使产业政策促进经济增长的调控效力有限。

四 区域政策对经济增长的带动能力不足

（一）呼包鄂榆城市群带动能力弱

包含内蒙古核心城市的国家级城市群首先是呼包鄂榆城市群。呼包鄂榆城市群是在 2018 年 2 月 27 日国家发展改革委印发《呼包鄂榆城市群发展规划》后，正式批复为国家级城市群，其规划定位是全国高端能源化工基地、向北向西开放战略支点、西北地区生态文明合作共建区、民族地区城乡融合发展先行区。获批国家级城市群以后，呼包鄂榆城市群获得长足发展，但与京津冀、长三角和珠三角等其他主要国家级城市群相比，在经济总量、产业结构、经济集中度、经济外向度、人口规模与密度以及公路、铁路、航空等基础设施建设等方面都处于弱势地位，在我国城市群发展中潜力较小，属于第三梯队，对带动内蒙古经济发展效果较弱，见表 2 - 8。

表 2 - 8　　　　　2019 年中国城市群发展潜力排名

排名	城市群	指数	排名	城市群	指数
1	长三角城市群	92.5	11	北部湾城市群	66.8
2	珠三角城市群	91.3	12	哈长城市群	64.3
3	京津冀城市群	89.6	13	山西中部城市群	62.3
4	成渝城市群	87.7	14	黔中城市群	59.8
5	长江中游城市群	83.8	15	呼包鄂榆城市群	59.4
6	海峡西岸城市群	79.9	16	滇中城市群	57.1

续表

排名	城市群	指数	排名	城市群	指数
7	山东半岛城市群	78.6	17	天山北坡城市群	54.2
8	中原城市群	74.2	18	兰州—西宁城市群	52.8
9	辽中南城市群	71.3	19	宁夏沿黄城市群	50.6
10	关中平原城市群	67.9			

资料来源：恒大研究院：《中国城市群发展潜力排名：2019》。

(二) 黄河"几"字弯都市圈区域协调难度增大

2020年，中央财经委员会第六次会议提出黄河"几"字弯都市圈，2021年10月8日，中共中央、国务院印发了《黄河流域生态保护和高质量发展规划纲要》（以下简称《规划纲要》）。《规划纲要》提出沿黄"一轴两区五极"的发展动力格局，其中"五极"包括山东半岛城市群、中原城市群、关中平原城市群、黄河"几"字弯都市圈、兰州—西宁城市群，这一区域发展规划，把呼包鄂榆城市群、宁夏沿黄城市群、晋中城市群合并为黄河"几"字弯都市圈。为此，包含内蒙古核心城市的区域发展规划从呼包鄂榆城市群建设过渡到了黄河"几"字弯都市圈建设。

不同于长江经济带，《规划纲要》的战略定位是大江大河治理的重要标杆，国家生态安全的重要屏障，高质量发展的重要实验区和中华文化保护传承弘扬的重要承载区，强调生态经济文化的融合发展，这与习近平总书记和中央对内蒙古的战略定位高度吻合。此外，黄河"几"字弯都市圈建设有利于推动区域间开放合作，进一步为内蒙古高质量发展提供了新的机遇。

黄河"几"字弯都市圈建设为内蒙古高质量发展提供了新机遇，但是，黄河"几"字弯区域既有生态环境保护压力大的困扰，也有产业基础水平差、协同联动程度低、公共服务水平不高的问题。

从黄河"几"字弯区域内各城市主导产业看（见表2-9），黄河"几"字弯区域内以第二产业为主导，而且各城市间主导产业同质化程度高，区域大多数城市均以装备制造、传统能源化工为主，而电子、汽车、现代金融等现代服务业和先进制造业发展缓慢，甚至极度缺乏，从而使区域间互补性较弱、协调难度进一步增加。此外，数据显示，2008—2019年，虽然黄河"几"字弯区域GDP年均增长率达到8.77%，但内蒙古核心城市呼和浩特和包头的GDP占比却一直维持在较低水平。

表2-9　　　　黄河"几"字弯区域内各城市主导产业

城市	主导产业
太原	先进装备制造、新材料合成加工、信息技术等
朔州	光电、计算机及通信设备、输配电及控制设备等
忻州	新型综合能源、新型电子产业、煤化工、装备制造等
吕梁	煤炭、焦化、钢铁、水泥四大传统产业等
鄂尔多斯	清洁能源、新材料、能源化工、装备制造等
巴彦淖尔	农牧业、农畜产品加工业、矿山冶金业等
呼和浩特	农畜产品加工、电力能源、石油化工、生物医药、光伏材料等
包头	稀土、铝铜、装备制造业等
乌海	能源化工、冶金等
延安	能源化工、现代绿色产业、红色旅游产业等
榆林	高端煤化工、镁铝产业等
银川	新能源、新材料、高端装备制造、现代纺织等
吴忠	装备制造、新材料、生物医药、能源化工、现代农业等
中卫	旅游、现代物流等
石嘴山	高端装备制造、新材料、精细化工、羊绒亚麻等

资料来源：安树伟、张双悦：《黄河"几"字弯区域高质量发展研究》，《山西大学学报》（哲学社会科学版）2021年第2期。

（三）成熟城市群虹吸效应进一步加剧

中国最具发展潜力的五大城市群依次是长三角、珠三角、京津冀、成渝、长江中游城市群，由此可以看出，南方城市群核心竞争力排名普遍比北方城市群核心竞争力排名要高，说明南方城市群对区域经济增长的带动效应更强，未来这将成为拉大中国经济南北差异的一个重要原因之一，也是导致城市群对区域经济增长的影响具有显著的南北区域性差异的原因之一。

城市或者城市群的竞争力与人力资本密不可分，近些年全国范围内兴起了城市"抢人大战"，常住人口增长的绝大多数城市均属于南方城市群，且对人力资本的集聚效应非常明显。内蒙古的呼包鄂乌城市群和东北地区的哈长城市群不仅没有在"抢人大战"中大显身手，还面临着人口不断流失和城市收缩的局面。从2008—2020年内蒙古年末总人口数可以看出，近些年内蒙古的常住人口不断下降，如图2-8所示。

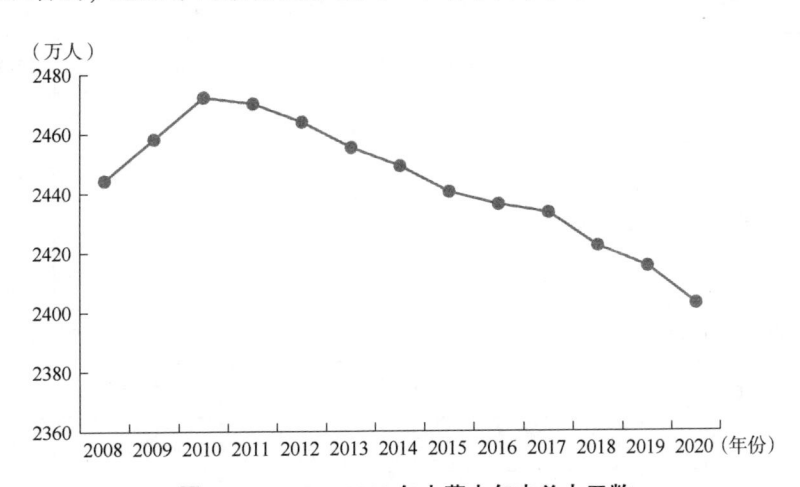

图2-8　2008—2020年内蒙古年末总人口数

资料来源：历年《内蒙古统计年鉴》。

此外，随着我国各大城市交通基础设施建设的完善，空间距离被压缩，人口流动不再是单纯地从城市群内部周边城市流向核心城市，而是出现城市群间的跨区域流动。因此，无论是与长三角、珠三角等南方城市群，还是与京津冀城市群之间的经济差异，都会使这些建设成熟的城市群对内蒙古人口的虹吸效应进一步加剧。

五 对外开放政策对提升经济增长贡献有限

（一）进出口体量小，外贸依存度低

自 2008 年以来，内蒙古对外贸易也取得了稳步发展，规模不断创新高。内蒙古对外贸易进出口总额由 2008 年的 104.34 亿美元增加到 2020 年的 205.8 亿美元，但是，内蒙古进出口规模体量很小，不足全国进出口总额的 0.5%，在全国 31 个省份中排第 23 位。此外，内蒙古的外贸依存度也较低，2020 年其外贸依存度仅为 8.25%，在全国 31 个省份中排第 25 位，见表 2 - 10。

表 2 - 10　2020 年全国 31 省份进出口总额和外贸依存度及其排名情况

地区	进出口总额(亿美元)	地区占比(%)	排名	外贸依存度(%)	排名
全国	46559.1	—	—	31.79	—
北京	1150.1	2.47	10	22.18	10
天津	1257.7	2.70	7	62.19	3
河北	1000.8	2.15	12	19.22	13
山西	219.9	0.47	22	8.51	24
内蒙古	205.8	0.44	23	8.25	25
辽宁	1182.6	2.54	8	32.76	7
吉林	195.9	0.42	25	11.06	20
黑龙江	205.3	0.44	24	10.43	21
上海	4787.8	10.28	3	85.03	1
江苏	6843.7	14.70	2	46.10	5

续表

地区	进出口总额(亿美元)	地区占比(%)	排名	外贸依存度(%)	排名
浙江	4650.4	9.99	4	49.80	4
安徽	752.2	1.62	14	13.69	16
福建	1721	3.70	6	27.32	8
江西	509.3	1.09	18	13.70	15
山东	3534.7	7.59	5	33.60	6
河南	1044.6	2.24	11	13.23	19
湖北	616.5	1.32	16	9.92	22
湖南	478.6	1.03	19	7.97	26
广东	12062.1	25.91	1	75.07	2
广西	667	1.43	15	20.86	11
海南	165.8	0.36	26	20.61	12
重庆	839.8	1.80	13	23.20	9
四川	1173.1	2.52	9	16.73	14
贵州	74.8	0.16	27	2.89	29
云南	343.6	0.74	20	9.67	23
西藏	2.8	0.01	31	1.02	30
陕西	513	1.10	17	13.65	17
甘肃	57	0.12	28	4.39	28
青海	3.1	0.01	30	0.71	31
宁夏	29.3	0.06	29	5.12	27
新疆	270.7	0.58	21	13.60	18

资料来源:《中国经济贸易年鉴》。

（二）外商投资规模小

内蒙古外商投资企业投资总额由 2008 年的 221.55 亿美元增加到 2020 年的 561 亿美元，但是，内蒙古外商投资企业投资总额规模很小，不足全国外商投资企业投资总额的 0.5%，在全国 31 个省份中排第 26 位，见表 2-11。

表 2-11　2020 年全国 31 省份外商投资企业投资总额及其排名情况

地区	外商投资企业投资总额（亿美元）	地区占比（%）	排名	地区	外商投资企业投资总额（亿美元）	地区占比（%）	排名
全国	136437			河南	1119	0.82	22
北京	6469	4.74	6	湖北	2371	1.74	14
天津	3064	2.25	11	湖南	2149	1.58	16
河北	2254	1.65	15	广东	21672	15.88	2
山西	926	0.68	23	广西	2894	2.12	13
内蒙古	561	0.41	26	海南	27450	20.12	1
辽宁	4157	3.05	8	重庆	1239	0.91	21
吉林	708	0.52	25	四川	2963	2.17	12
黑龙江	1686	1.24	18	贵州	836	0.61	24
上海	10334	7.57	5	云南	1424	1.04	19
江苏	13697	10.04	3	西藏	29	0.02	31
浙江	5893	4.32	7	陕西	1833	1.34	17
安徽	3227	2.37	9	甘肃	259	0.19	29
福建	3153	2.31	10	青海	78	0.06	30
江西	1331	0.98	20	宁夏	270	0.20	28
山东	12073	8.85	4	新疆	320	0.23	27

资料来源：《中国经济贸易年鉴》。

(三) 平台建设取得发展，但与发达省份差距较大

近年来，内蒙古先后建立多个跨境电商综试区、开放经济合作区、综合保税区、保税物流中心等开放经济平台（见表2-12），但是，平台总数以及贸易规模与发达省份相比差距较大。

表 2-12　　　　　　　　内蒙古平台建设情况

平台名称	主要内容和目标	责任单位(部门)
呼和浩特国家跨境电子商务综试区	打造跨境电商向北物流通道，提升金融、物流、人才及各功能区的服务能力，构建跨境电子商务支撑体系	自治区商务厅、呼和浩特人民政府
赤峰国家跨境电子商务综试区	推动赤峰生产型企业通过跨境电商新业态开展出口业务，开拓国际市场，支持外贸企业转型升级	自治区商务厅、赤峰人民政府
满洲里国家跨境电子商务综试区	打造成为立足俄罗斯市场、辐射东北亚、欧洲以及全球市场的跨境电商进出口集散中心	自治区商务厅、满洲里人民政府
鄂尔多斯国家跨境电子商务综试区	建立大宗商品出口新模式，打造内蒙古乃至全国大宗工业品跨境出口交易中心	自治区商务厅、鄂尔多斯人民政府
满洲里国家重点开发开放试验区	建成面向东北亚的区域性国际贸易基地、跨境旅游基地、进出口加工基地、能源开发转化基地、国际物流中心和科技孵化合作平台	自治区发改委、满洲里人民政府
二连浩特国家重点开发开放试验区	形成以国际贸易、国际物流、进出口加工、边境特色旅游为主导的产业体系，对沿边地区开发开放起到带头示范作用	自治区发改委、二连浩特人民政府
满洲里边境经济合作区	培育壮大沿边特色优势产业，打造沿边经济增长点	自治区商务厅、满洲里人民政府
二连浩特边境经济合作区	开拓俄蒙以及东欧国际市场	自治区商务厅、二连浩特人民政府
鄂尔多斯综合保税区	完善我国内陆开放格局，建设内蒙古西部地区开放型经济高地	自治区商务厅、鄂尔多斯人民政府
呼和浩特综合保税区	立足呼包鄂，全面拓展首府口岸、进出口加工、国际贸易等	自治区商务厅、呼和浩特人民政府

续表

平台名称	主要内容和目标	责任单位(部门)
满洲里综合保税区	畅通中蒙俄及欧亚国际商贸物流大通道	自治区商务厅、满洲里人民政府
赤峰保税物流中心	推动中欧班列双向常态化开行,打造蒙东地区国际物流分拨集散中心	自治区商务厅、赤峰人民政府
巴彦淖尔保税物流中心	建设河套全域绿色有机高端农畜产品生产加工服务输出基地	自治区商务厅、巴彦淖尔人民政府
包头保税物流中心	承接国际产业转移以及推动加工贸易转型升级,建设内陆地区对外开放新高地	自治区商务厅、包头人民政府
乌兰察布保税物流中心	承接俄蒙高附加值货物落地乌兰察布,培育壮大跨境电商新业态	自治区商务厅、乌兰察布人民政府
中蒙二连浩特—扎门乌德经济合作区	打造中蒙全面战略合作新平台	自治区商务厅、二连浩特人民政府
乌兰察布—二连浩特陆港型国家物流枢纽建设项目	由乌兰察布七苏木中欧班列枢纽物流基地、北方陆港国际物流中心和二连浩特汇通环宇物流园、浩通物流园四个片区构成	乌兰察布、二连浩特人民政府
满洲里陆上边境口岸型国家物流枢纽建设项目	依托沿边陆路口岸,对接国内国际物流通道,组织国内国际一体化公铁联运,提供一体化通关等	通辽市人民政府
通辽国际肉牛博览会	宣传"科尔沁牛"区域公用品牌,促进餐饮文化产业发展	自治区党委宣传部
内蒙古文化产业波兰交易会	打造有利于内蒙古文化产业的综合型产业平台	通辽市人民政府
内蒙古蒙医药博览会	搭建中医药(民族医药)国际交流合作平台	自治区商务厅
中蒙博览会	促进中蒙乃至东北亚经贸合作	—

资料来源:内蒙古政策研究室:《内蒙古深度融入"一带一路"全面提升对外开放水平研究》,中国发展出版社2019年版,第125—205页。

以跨境电商综试区为例,随着我国对跨境电商重视程度日益提高,2017年以来出台了一系列相关政策支持跨境电商发展,主要体现为试点布局进一步扩大,发展跨境电商新模式,大力推进贸易便利化这三个方面。在一系列相关政策支持跨境电商发展背景下,内蒙古跨境电商发展情况如下。

从境内注册的跨境电子商务企业数看，2020年内蒙古自治区境内注册的跨境电子商务企业为150余家，而广东境内注册的跨境电子商务企业高达9291家。

从跨境电商进出口额看，据《中国电子商务发展报告》显示，2020年，中国跨境电商零售进出口总额排名前五的省份为广东、浙江、河南、福建、湖南，其中广东省的总额远超过其他省份。2020年中国跨境电商进出口额1.69万亿元，广东跨境电商进出口额1726.46亿元，位居全国第一，而截至2021年11月末，内蒙古自治区呼和浩特市、赤峰市、满洲里市、鄂尔多斯市累计实现跨境电子商务网购保税进口业务2.68万单，总金额515.2万元。

从跨境电商进出口额增速来看，中国西部地区跨境电商增速领跑全国，2020年中国跨境电商零售进出口增速排名前五的省份为青海、贵州、江西、甘肃、新疆，内蒙古跨境电商零售进出口增速依然不在前列。

第三节　宏观政策对内蒙古经济增长稳定性的影响

经济增长的稳定性是一个国家经济发展稳定的表现，经济增长的稳定性也是衡量国民经济健康发展的重要方面。通常情况下，较大的经济波动通常会破坏经济稳定增长的内在机制，对社会资源产生浪费，对经济的增长持续性产生影响，同时对国民经济的宏观运行产生潜在风险。党的十九大报告指出："创新和完善宏观调控，发挥国家发展规划的战略导向作用，健全财政、货币、产业、区域等经济政策协调机制。"[1] 在经济稳定发展的过程中，货币政策、财政政策和产业政策起到了至关重

---

[1] 习近平：《决胜全面建成小康社会　夺取新时代中国特色社会主义伟大胜利——在中国共产党第十九次全国代表大会上的报告》，人民出版社2017年版，第34页。

要的作用，货币政策和财政政策作为调节宏观经济发展的两大政策工具，虽然作用机制不同，但内在联系紧密，均是通过实施积极、稳健的政策调整社会供给与需求，进而稳定经济发展。同时，产业政策对我国经济发展至关重要。综合运用各种政策保障经济增长速度为中高速、经济结构逐步优化，增长动力由过去的要素驱动、投资驱动转变为创新驱动。

一 经济增长波动大，增长的不稳定性凸显

一般来讲，增长波动幅度的大小与经济运行的稳定程度成反比。根据经济增长率波动系数＝经济增长率标准方差/复合增长率的公式计算，得到的全国及内蒙古自治区的经济增长率波动系数如图2-9和表2-13所示。2008—2020年，全国的平均经济增长率波动系数为20.26%，内蒙古的平均经济增长率波动系数为29.37%。通常来说，经济波动系数小于25%属于宏观稳定；25%—75%属于不稳定，75%以上属于大起大落。

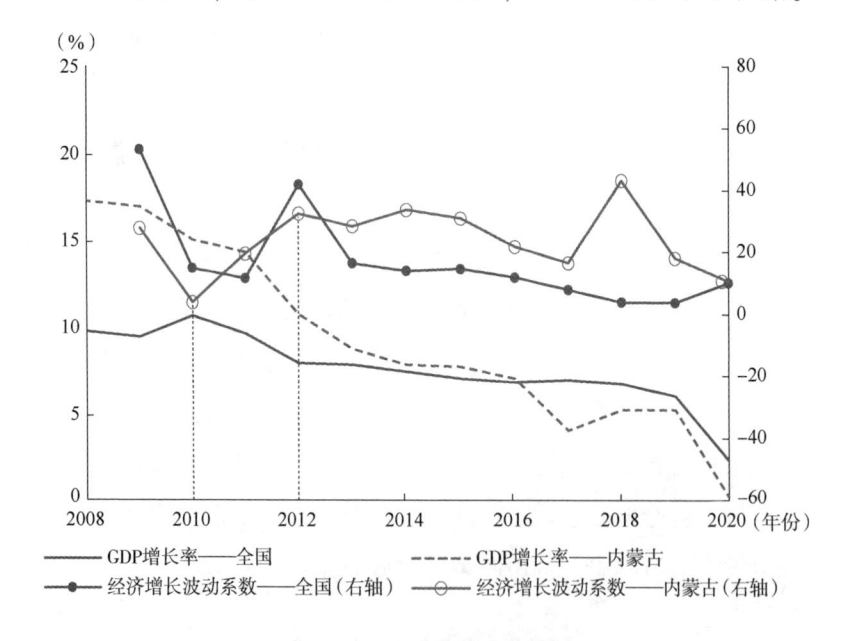

图2-9 经济增长波动情况

资料来源：历年《中国统计年鉴》。

表 2-13　　　　　　　　　经济增长率波动系数　　　　　单位:%

年份	全国	内蒙古	差值
2008	53.02	27.72	-25.3
2009	14.82	3.74	-11.08
2010	11.46	19.51	8.05
2011	41.82	32.45	-9.37
2012	16.31	28.38	12.07
2013	13.91	33.69	19.78
2014	14.55	30.97	16.42
2015	11.84	21.75	9.91
2016	7.86	16.47	8.61
2017	3.90	43.18	39.28
2018	3.74	17.98	14.24
2019	10.18	10.65	0.47
2020	59.93	95.37	35.44

资料来源:历年《中国统计年鉴》。

自2010年实施产业政策调整以来,内蒙古面临着经济增长失速的巨大压力。2010年内蒙古的经济增长率为15%,到2015年降至7.7%。经济增长失速,必然带来内蒙古经济增长率波动的不稳定性。实施产业政策调整后,2011年全国的经济增长率波动从2010年的11.46%增长至41.82%,增幅为30.36%。经过短暂的波动后,2012年,全国经济增长率波动迅速恢复到20%以下,呈现宏观稳定。2011年,内蒙古的经济增长率波动则从2010年的19.51%增长至32.45%,增幅为12.94%。虽然增幅明显小于全国平均水平,但内蒙古直至2015年才将经济增长率波动水平调整到 25% 以下，但仍然高达 21.75%，比全国平均水平高出近 10 个百分点。2016—2019 年，全国的平均经济增长率波动系数为 6.42%，而内蒙古的经济增长波动系数为 22.07%，比全国平均水平高出近 16 个百分点。

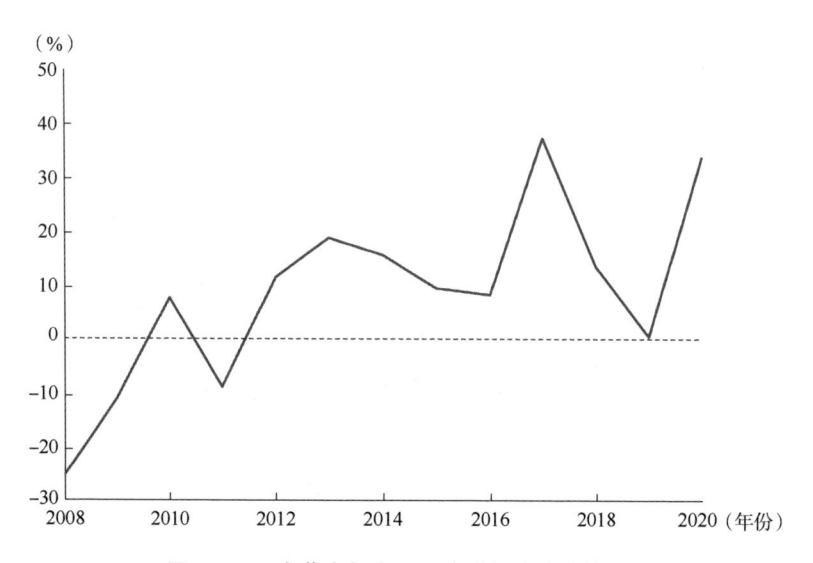

图 2-10 内蒙古与全国经济增长波动性的对比

资料来源：历年《中国统计年鉴》。

图 2-10 给出了内蒙古与全国平均经济增长波动性的对比，可以看出，自 2012 年以后，内蒙古的经济增长波动明显高于全国水平，增长的不稳定性凸显。

二 非税收入占比较高，对经济企稳回升不利

当前经济态势，需营造宽松税费环境，以利于实体经济增长，尤其实体经济普遍不景气及推行"双创"经济战略，更需大幅减税让利以实现"放水养鱼"；而且，简政放权改革终极目标就是减轻企业及一切国民经济负担，非税收入增长则与此目标格格不入。内蒙古及全国非税收入数据如表 2-14 所示。

表 2-14　　　　　全国和内蒙古非税收入情况　　　　单位：亿元

年份	全国	内蒙古
2009	8996.71	274.03
2010	9890.72	317.17
2011	14136.04	370.98
2012	16639.24	432.88
2013	18678.94	505.78
2014	21194.72	592.60
2015	27347.03	643.73
2016	29244.24	680.55
2017	28222.9	416.3
2018	26956.98	457.79
2019	32389.62	520.00
2020	28601.59	593.44

注：非税收入占比一直较高。
资料来源：历年《中国统计年鉴》。

由财政部统计数据可得，全国非税收入在2009—2020年呈现出逐年上升的趋势，即由2009年的8996.71亿元上升到2020年的28601.59亿元。其中，2019年全国非税收增速高达20.16%，比同期税收入高出19.2个百分点；2020年中央非税收入受疫情冲击影响有所回落，但地方非税收入增速仍高达5.8%，成为拉动地方财政收入增长的主要因素。此外，专项收入、行政事业性收费收入、罚没收入在非税收入中的占比也分别由2009年的18.2%、25.75%、10.82%转化为2020年的24.91%、13.42%、10.89%，专项收入在非税收入中的占比近年来迅速扩大，已成为非税收入的强力支柱，而行政事业性收费收入在非税收入中的占比逐渐弱化，罚没收入则是呈稳定不变趋势。

2009—2020年内蒙古自治区非税收入的走势情况如图2-11所示。其中非税收入除了在2017年经历了一次较大的滑坡外，其他年份均保持稳步上升态势，其非税收入从2009年的274.03亿元上升到了2020年的593.44亿元，2020年内蒙古自治区非税收入占总财政收入的28.93%。非税收入在总财政收入中的占比情况也一直在25%—35%之间波动。2009—2016年随着非税收入管理制度的完善，各级政府加强对有关部门的账户管理与监督，积极配合清理和规范预算单位的"小金库"，落实"收支两条线"规定，保障各项资金及时足额上缴财政，预算外资金逐步纳入预算管理，非税收入逐年增长；2017—2018年，随着国家实施供给侧结构性改革，大量的行政收费项目被清理减免，非税收入大幅下降。但是，与全国相比，内蒙古非税收入占财政收入的比例依然较高（见图2-12）。

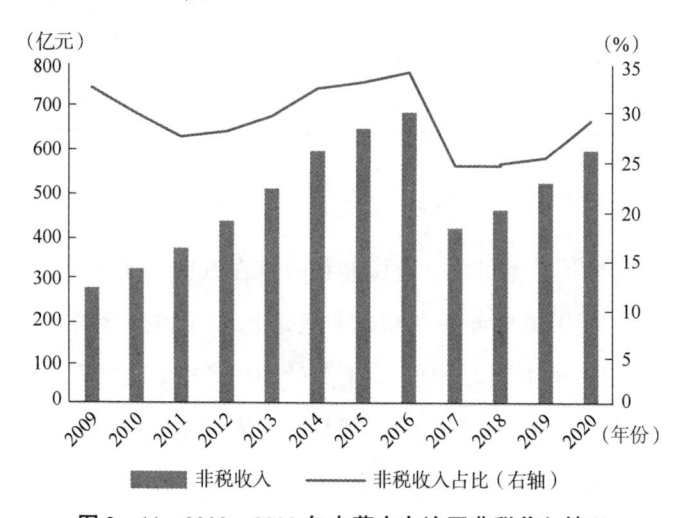

图2-11 2009—2020年内蒙古自治区非税收入情况

资料来源：历年《内蒙古统计年鉴》。

非税收入过快增长，对经济逆周期而言，有可能抵销政府各种支持实体经济发展的优惠政策，对经济企稳回升不利。原本大量实体经济尤其是中小微实体经济尚处经营困难阶段，需要政府实施更多优惠财税金

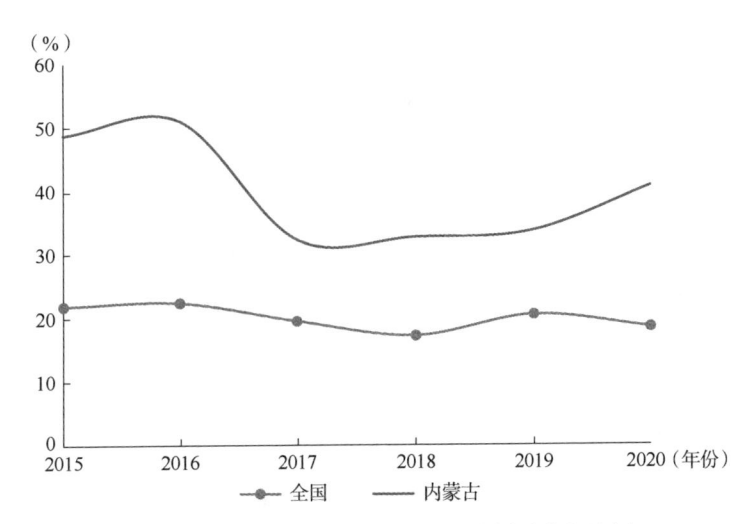

图 2–12　2015—2020 年非税收入占财政收入比例

资料来源：历年《内蒙古统计年鉴》。

融政策，而非税收入增长过快有可能将各项优惠政策消弭于无形。同时，也加重了居民经济负担，降低了民生幸福指数。由此，非税收入过快增长是一种寅吃卯粮的短期经济行为，会消耗掉经济增长成果，值得警惕。

三　"定向降准"政策带来资金外流风险

积极的货币政策可以有效促进社会消费，带动社会投资。2014 年实施了"定向降准"政策，该政策的初衷很好，如果能把资金流向定在中西部地区，同时确保资金不外流或流向楼市等，将会给实体经济带去利好。2014 年实施"定向降准"政策后，内蒙古通货膨胀率较上一年下降了 1.6%，而全国通货膨胀率较上一年下降了 0.7%。相对全国而言，"定向降准"政策抑制内蒙古通货膨胀的效果远低于全国水平（见图 2–13）。"定向降准"政策带动投资，很显然，资金并未真正流入内蒙古。但从城镇登记失业率来看，2014 年内蒙古自治区的城镇登记失业率为历年最低（见图 2–14）。

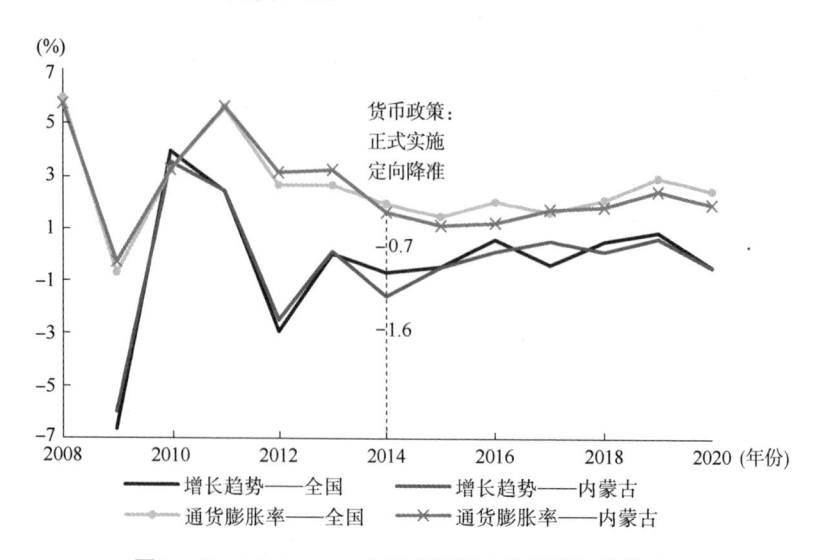

图 2 - 13 2008—2020 年通货膨胀率及其增长趋势分析

资料来源：历年《中国统计年鉴》。

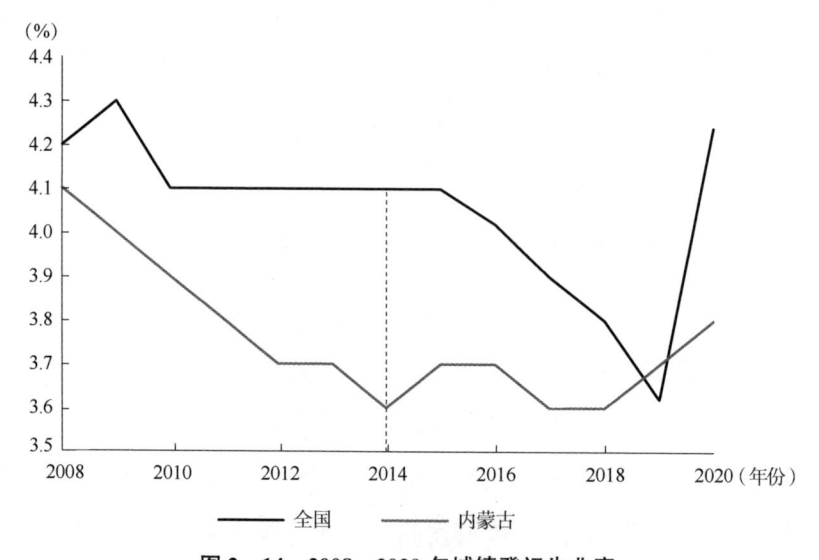

图 2 - 14 2008—2020 年城镇登记失业率

资料来源：历年《中国统计年鉴》。

2011 年以后，全国经济增长放缓，劳动力供给大于需求，同时，部分企业采用自动化机器代替劳动力，加速了失业人数的增长。因此，城镇失业人数和工资实际增长率均呈现下降趋势。2014年，内蒙古城镇失业率和实际工资增长率最低，如图2-15所示。

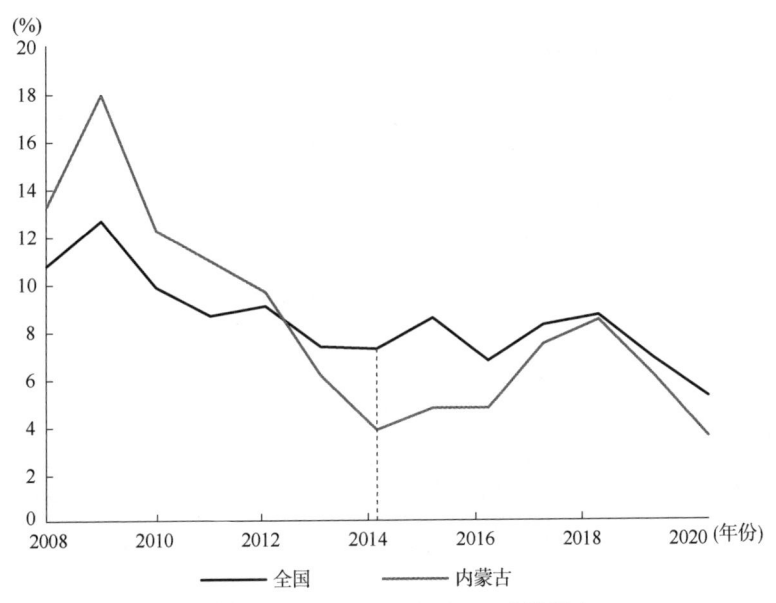

图 2-15 2008—2020年实际工资增长率

资料来源：历年《中国统计年鉴》。

四 经济增长波动极易受到相关产业政策的影响

近年来，煤炭产业调整积极，1998—2021年煤炭产业政策情况如表2-15所示。

表2-15   1998—2021年煤炭产业政策情况

年份	煤炭产业政策
1998	《内蒙古自治区人民政府关于在全区范围内开展煤矿关井压产工作的通知》
2002	继续加大专项治理整顿工作力度，全区关闭非法小煤矿2715处，关闭率达70%
2006	内蒙古自治区通过的《"十一五"规划纲要》提出，到2010年全区煤炭目标产量为4亿吨。调低煤炭目标意味着煤炭工业从"数量型"向"质量效益型"的转变

续表

年份	煤炭产业政策
2008	通过关闭小煤矿、煤田整合等措施,把126处30万吨以下的煤矿全部清出市场,以使煤炭产能继续向大企业集中。单井规模120万吨以上的井工开采煤矿全部实现综合机械化采煤
2011	新制定了矿业开发准入标准,褐煤开发井工矿的年开采规模不得低于300万吨,露天煤矿的年开采规模不得低于500万吨;其他煤种的井工矿年开采规模不得低于每年120万吨,露天煤矿的年开采规模不得低于300万吨,矿井的煤炭资源平均回采率不得低于70%。
2012	使年生产规模在45万吨以下的煤矿全部退出市场
2013	《关于促进全区煤炭经济持续健康发展的有关措施的通知》,出台多项扶持政策,确保持续低迷的煤炭市场稳定发展
2014	内蒙古放开煤炭企业兼并重组
2016	《关于落实去产能去库存降成本补短板工作的实施意见》(以下简称《意见》)
2017	《内蒙古自治区煤炭工业转型发展行动计划(2017—2020年)》的通知。通知指出,大力发展煤电、煤化、煤电冶加一体化产业
2021	内蒙古出台煤炭增产措施

资料来源:http://zc.wefore.com/。

如图2-16和图2-17所示,2005—2017年,内蒙古煤炭占能源消费的比重呈下降趋势,从2005年的90.44%下降到2017年的79.88%。内蒙古煤炭行业矿山总量从2005年的1080个减少至2007年的709个,之后逐年减少并基本稳定在550个左右。对比2005年,2017年内蒙古煤炭行业矿山数量降幅达51%。在2005年,内蒙古区内煤炭消费总量1.4亿吨;到2012年,内蒙古区内煤炭消费总量增加到3.66亿吨,在2012年达到3.66亿吨的峰值之后;2013年煤炭消费量又开始下降,下降到3.49亿吨;2014年转为小幅回升,但增速仍然是下降的趋势。同时,内蒙古GDP增速与内蒙古煤炭占能源消费的比重呈现极强的相关性,相关系数为0.9366。因此,内蒙古经济增长波动极易受到相关产业政策的影响。

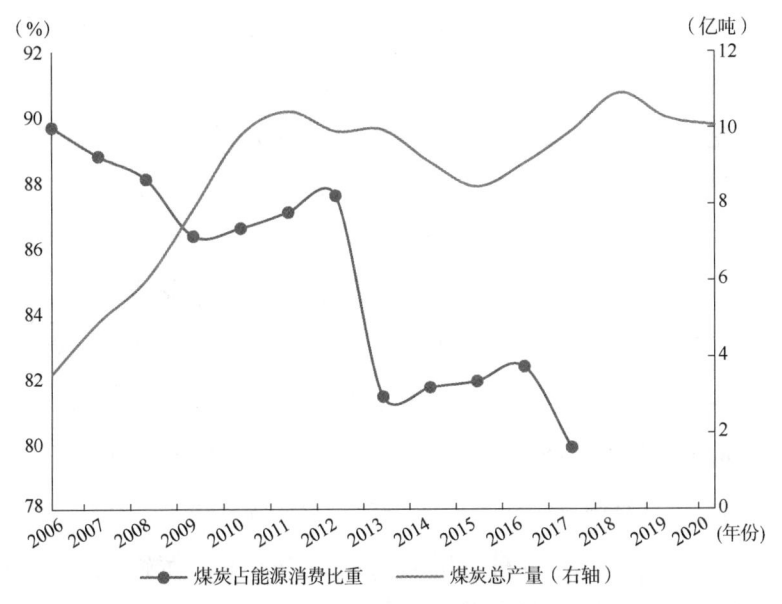

图 2-16　2006—2020 年内蒙古煤炭生产量

资料来源：历年《中国能源统计年鉴》。

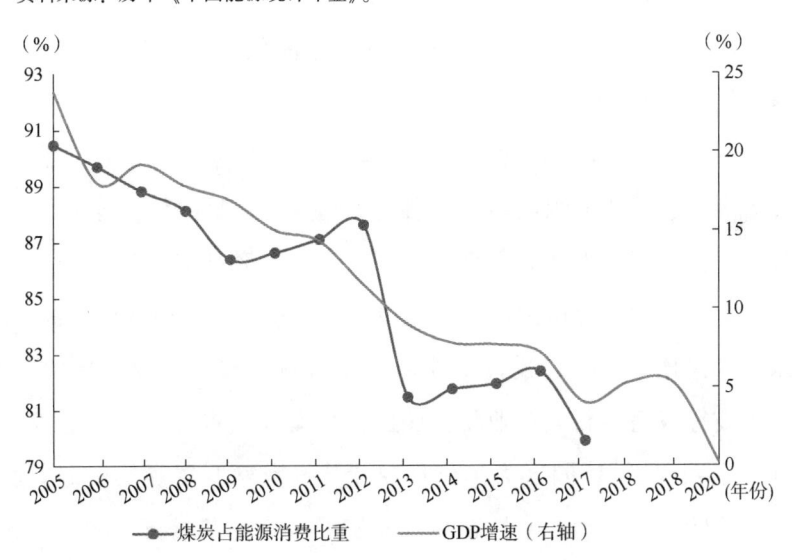

图 2-17　2005—2020 年内蒙古 GDP 增速与煤炭消费占比

注：相关系数为 0.9366。

资料来源：历年《中国能源统计年鉴》和《内蒙古统计年鉴》。

2017年，通过研判区内外煤炭工业发展，得出内蒙古煤炭工业发展既有来自全国煤炭消费比重下降、煤炭产能过剩的外部压力，也有内蒙古加快建设国家重要能源基地、新型化工基地、有色金属生产加工基地、战略性新兴产业基地的发展机遇。从全国看，各类煤矿总产能57亿吨，净进口预计2亿吨左右，国内煤炭市场空间在37亿—39亿吨，产能过剩严重。2020年煤炭产量计划控制在39亿吨，"十三五"后4年年均增量仅1.2亿吨。煤炭消费总量计划控制在41亿吨以内，后4年年均增量不足5000万吨。从区内看，现有煤矿589处、产能13亿吨。"十三五"时期计划退出产能5414万吨、为现有产能的4%，去产能空间有限。同时，煤炭行业化解过剩产能加快了全国煤炭生产力布局的调整和优化，内蒙古煤炭资源丰富、开采条件好、生产技术装备水平高、安全保障程度较高的优势将得到进一步发挥。内蒙古建设国家清洁能源输出基地战略成果显著，一批煤电、煤化工、有色金属加工项目陆续建成投产，在构建煤电、煤化、煤电冶加产业链方面积累了经验，为扩大煤炭就地转化奠定了基础。

其中，"发挥能源资源优势，带动发展战略性新兴产业"和"大力发展煤电、煤化、煤电冶加一体化产业"，紧紧围绕国家重要能源基地、新型化工基地、有色金属生产加工基地和战略性新兴产业基地建设煤电、煤化、煤电冶加一体化项目，新建项目必须选用先进节能、节水、环保技术。围绕建设新能源、新材料、节能环保、高端装备、生物科技等战略性新兴产业特色园区，拍卖煤炭资源建立产业发展资金（基金），也可以园区为单位打捆计算投资额配置煤炭资源，加快承接产业转移，带动战略性新兴产业发展，培育发展新动能。在此政策指引下，2018年高新技术产业营业收入占制造业营业收入比重呈现历年新高。

如图2-18所示，与全国对比，2008—2020年高新技术产业营业收入占制造业营业收入的比重呈上升趋势,为经济增长注入了新动能。这些年,我国高新技术企业数量不断增长,特别在"十三五"时期,数量增速均在25%以上,私营企业、民营企业是我国高新技术企业发展中最重要的主体。同时,我国高技术产业的R&D(研究与试验)经费持续增长,使高新技术企业整体呈现良好的发展局面。

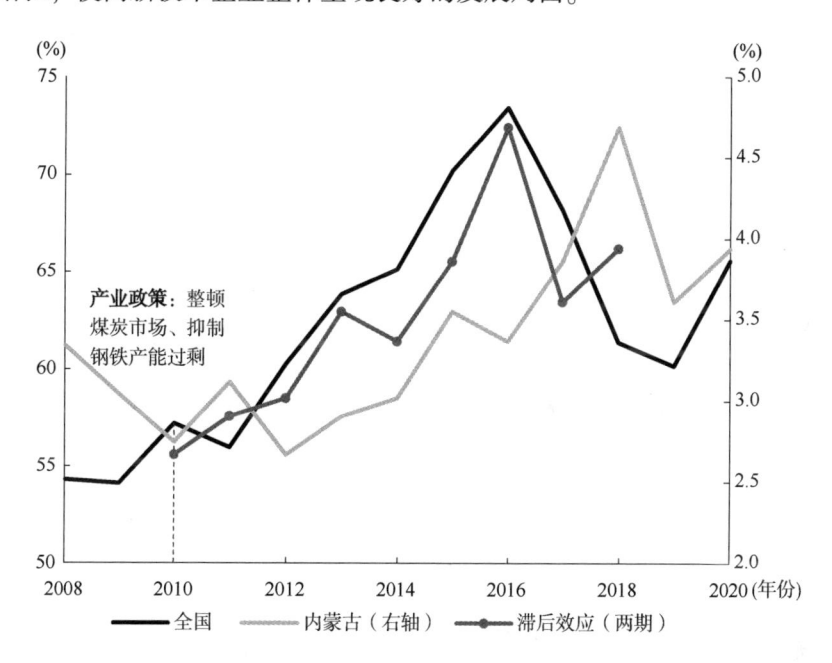

图2-18 2008—2020年高新技术产业营业收入占制造业营业收入比重

资料来源:历年《内蒙古统计年鉴》。

受产业政策影响,2010年内蒙古整顿煤炭市场、抑制钢铁产能过剩,给内蒙古带来了增长失速和增长不稳定的双重压力。高新技术产业营业收入占制造业营业收入的比重增长趋势明显滞后。2016年,全国高新技术产业占制造业营业收入比重达到2008—2020年的高峰,而内蒙古高新技术产业占制造业营业收入比重高峰在2018年达到,这说明内蒙古产业结构调整速度明显滞后全国平均水平。

分析其原因,内蒙古自治区在明确了建设国家清洁能源输出基地战略基础上,对区内外煤炭工业发展形势做出了正确研判并提供了内蒙古煤炭工业的正确发展思路,制订并有效实施了《内蒙古自治区煤炭工业转型发展行动计划(2017—2020年)》。通过"发挥能源资源优势,带动发展战略性新兴产业"和"大力发展煤电、煤化、煤电冶加一体化产业"等有效措施迅速推动了内蒙古高新技术产业发展。

从服务业角度看,如图 2-19 所示,生产性服务业在第三产业中的比重逐渐上升。国际金融危机后,我国政府及时调整了宏观调控的政策取向,实施了积极的财政政策和适度宽松的货币政策,加大了固定资产投资力度,为生产性服务业的发展提供了平台和保证。同时,较强的制造业实力是对我国发展生产性服务业的有力支撑。2013年内蒙古自治区人民政府制定了《内蒙古自治区加快服务业发展若干政策规定》,进一步加大了对服务业的支持力度,营造了良好的发展环境,促进了内蒙古生产性服务业的发展。

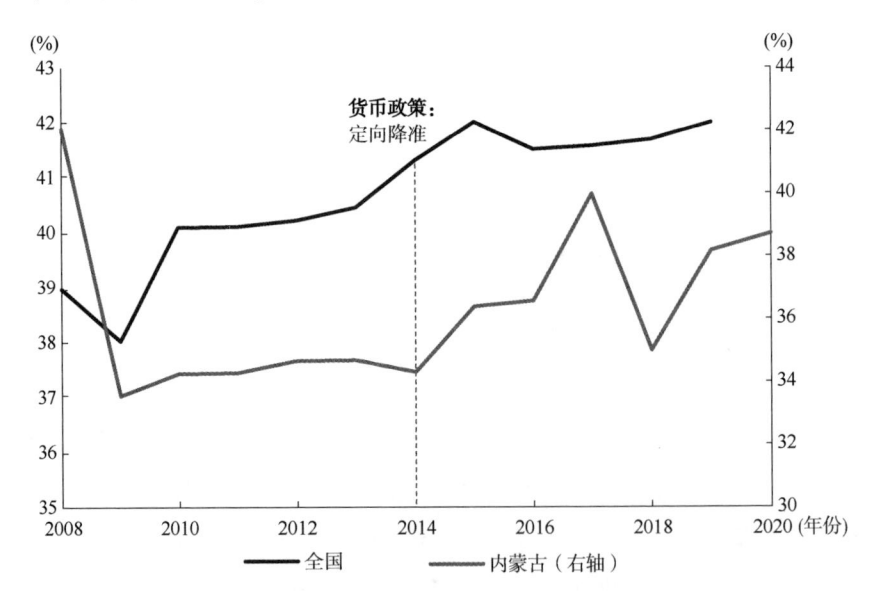

图 2-19　2008—2020 年生产性服务业占第三产业比重

资料来源:历年《内蒙古统计年鉴》。

五 经济增长的协调稳定性不足

为进一步评价内蒙古经济增长稳定性，建立了表 2-16 的评价指标体系，拟从增长稳定性和增长数量两个方面构建内蒙古经济增长协调系数，从而评价内蒙古经济增长协调程度。

表 2-16　　　　　　　评价指标体系

		指标名称	单位	正	逆	适度
增长稳定性	要素供给稳定性	资本相对供给波动　实际利息增长率	%	—	—	√
		劳动相对供给波动　实际工资增长率	%	—	—	√
	产出稳定性	产出波动　GDP 增长率	%	—	—	√
		产出波动　经济增长波动系数	%	—	—	√
		产出波动　城镇登记失业率	%	√	—	—
		价格波动　通货膨胀率	%	√	—	—
		价格波动　消费者物价指数(CPI)	—	—	—	—
	结构稳定性	产业结构　第二产业产值/GDP	%	√	—	—
		产业结构　第三产业产值/GDP	%	√	—	—
增长数量	—	经济产出　总量 GDP	亿元	√	—	—
		经济产出　人均 GDP	元	√	—	—
		增长速率　GDP 增长率	%	√	—	—

首先，对数据进行标准化处理，消除量纲影响，然后使用主成分分析法，降维、简化指标，最后使用熵权法对降维后的指标体系进行客观赋权。最终得到我国经济增长数量和经济增长质量指数的测度结果（见表 2-17）。

表 2-17　　　　　　　经济增长数量和经济增长质量指数

年份	经济增长数量综合主成分得分		经济增长质量综合主成分得分	
	内蒙古	全国	内蒙古	全国
2012	0.5228	-0.0021	0.04652	0.4292
2013	0.7484	0.0967	0.06098	0.5314
2014	0.8905	0.2080	0.25555	0.6459
2015	0.8983	0.3099	0.35125	0.8258
2016	0.9480	0.4191	0.38023	0.8625
2017	0.7971	0.5554	0.48603	0.8091
2018	0.8993	0.7150	0.44455	0.6710
2019	0.8907	0.8676	0.36675	0.5989
2020	1.1295	1.1722	0.46094	0.6226

资料来源：历年《中国统计年鉴》和《内蒙古统计年鉴》。

如图 2-20 所示，2012—2020 年我国经济增长数量呈现指数增长态势，经济增长数量指数从 -0.0021 增长到 1.1722。经济质量也同步保持增加的趋势。

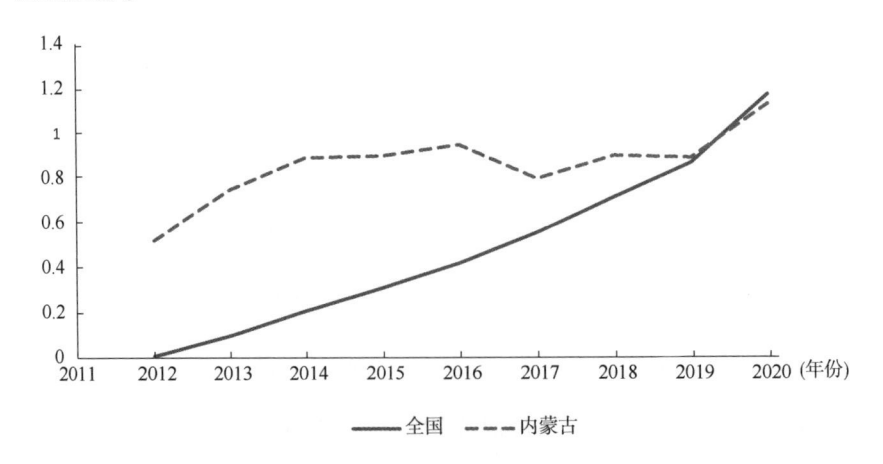

图 2-20　2011—2020 年经济增长数量综合得分对比

资料来源：历年《中国统计年鉴》和《内蒙古统计年鉴》。

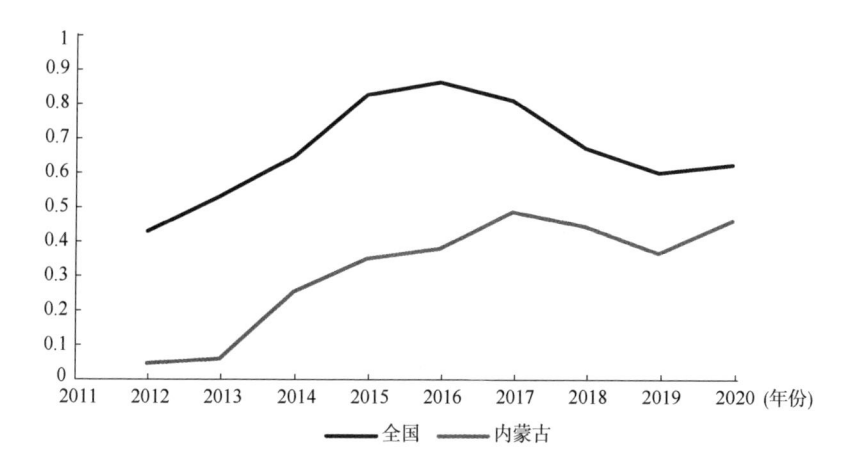

图 2-21　2011—2020 年经济增长质量综合得分对比

资料来源：历年《中国统计年鉴》和《内蒙古统计年鉴》。

如图 2-20、图 2-21 所示，2012—2020 年内蒙古经济增长数量和经济增长质量总体是呈上升态势，但是经济质量增长的幅度滞后于经济增长数量，两者之间的偏离程度增大，非一致性扩大。为此，构建协调度指标衡量二者的协调程度。

假设 $Q_U(X)$ 和 $Q_A(Y)$ 分别为经济增长数量综合指数、经济增长质量综合指数，我们用协调度来衡量经济增长数量和经济增长质量之间协调状态，用偏离度表示为 $C = \left[\dfrac{Q_U(X) \times Q_A(Y)}{\left(\dfrac{Q_U(X) + Q_A(Y)}{2} \right)^2} \right]^k$，$k$ 为调节系数。根据上述我们使用主成分—熵权法得到的经济增长数量综合指数和经济增长质量综合指数，得到二者之间的协调度（见表 2-18）。

表 2-18　2012—2020 年经济增长数量与经济增长质量的协调度

年份	全国协调度	内蒙古协调度
2012	0.0007	0.0901
2013	0.2715	0.0776

续表

年份	全国协调度	内蒙古协调度
2014	0.5433	0.48036
2015	0.6300	0.6534
2016	0.7749	0.6679
2017	0.9321	0.8859
2018	0.9980	0.7841
2019	0.9339	0.6829
2020	0.8212	0.6778

资料来源：笔者根据《中国统计年鉴》和《内蒙古统计年鉴》计算所得。

协调度 C 越接近1，表明经济增长数量和经济增长质量越达到最优协调度。协调度 C 越小，表明二者偏差越大，经济增长综合协调性越弱。如图2-22所示，全国和内蒙古2012—2013年经济增长综合协调性都较弱，但随着时间的推移，协调性逐渐上升。

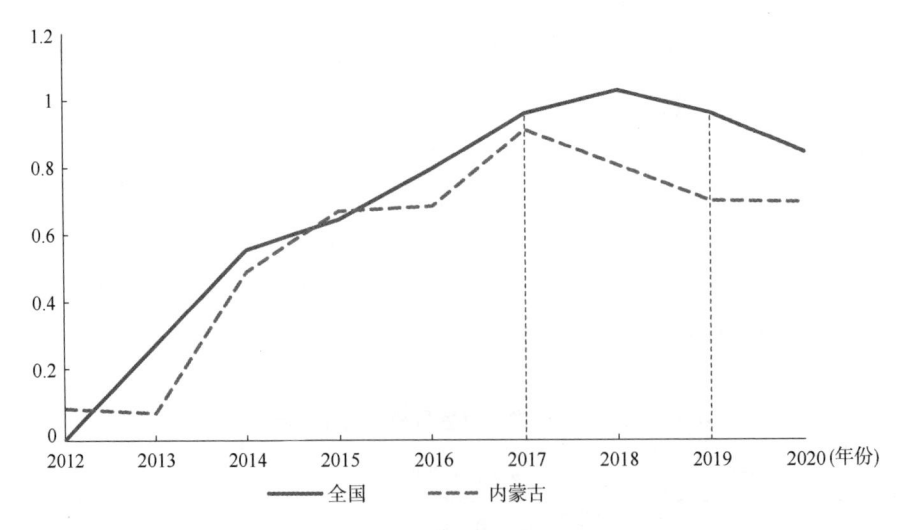

图 2-22 2012—2020 年经济增长协调度对比

资料来源：笔者根据《中国统计年鉴》和《内蒙古统计年鉴》计算所得。

第四节　内蒙古经济结构与宏观政策调整存在偏差

一　农牧业生产态势较好，生态约束加剧

如图2-23所示，从农业角度，2010年起，内蒙古农业占第一产业比重涨幅较大，可能是因为2009年开始，内蒙古集中建设东部嫩江流域、西辽河流域和西部黄河流域三大粮食核心产区，提升了产量。其中粮食产量占全国粮食总产量的比重及高标准农田占耕地面积的比重如图2-24所示。

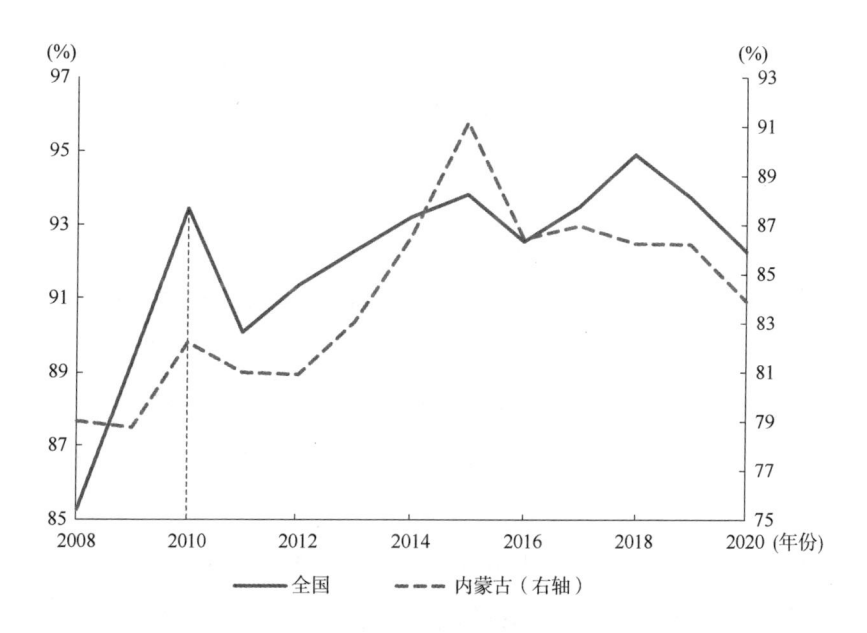

图2-23　2008—2020年农业占第一产业比重

资料来源：笔者根据《中国统计年鉴》和《内蒙古统计年鉴》计算所得。

当前，内蒙古耕地保护面临的问题突出。永久基本农田保护面临建设占用和生态退出双重压力。按规定，永久基本农田经依法划定后任何单位和个人不得擅自占用或者改变其用途，这对保护优质土地、阻止城

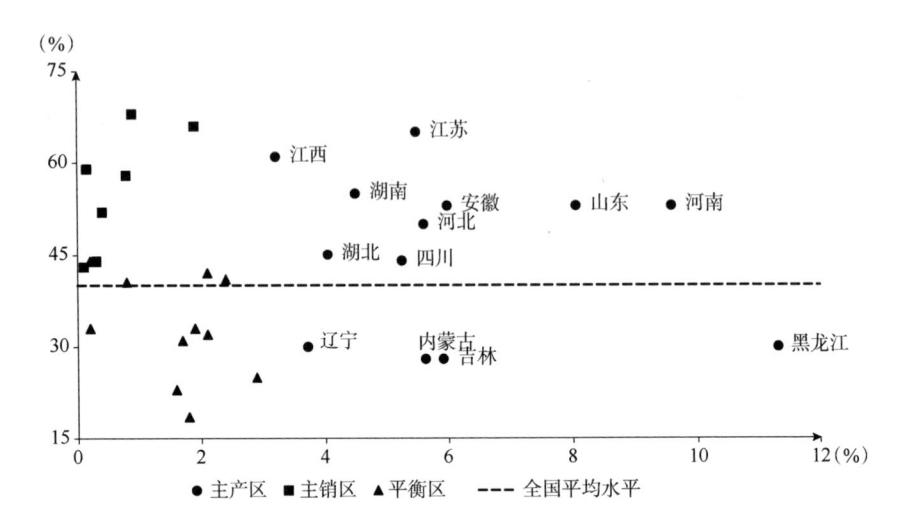

图 2-24　粮食产量占全国粮食总产量的比重及高标准农田
占耕地面积的比重

资料来源：笔者根据《中国农村统计年鉴》计算所得。

市无序蔓延是极其有效的政策。永久基本农田保护红线和生态保护红线、退耕还林还草区域存在重叠问题，是保护生态还是保护农田，政策上冲突严重。

内蒙古耕地后备资源已接近枯竭稀缺，同时面临隐形损失。在城镇化背景下，农户会选择种植经济效益更高的其他作物，耕地"非粮化"现象明显，如图 2-25 所示。

在内蒙古，耕地保护意识不足。农民为了追求耕地高收益，已经放弃了种养结合的轮作、间作的耕作方式，普遍采用大水、大肥、薄膜和农药等方式提高产量、增加收益，导致耕地生态累积风险不断加大。其中有效灌溉及农作物播种面积情况如图 2-26 所示。

内蒙古畜牧业生产总体平稳。2021 年，内蒙古有 9 家企业进入全国农业 500 强排名，分别是内蒙古伊利实业集团股份有限公司，排名第 8；内蒙古蒙牛乳业（集团）股份有限公司，排名第 14；内蒙古鄂尔多斯投资

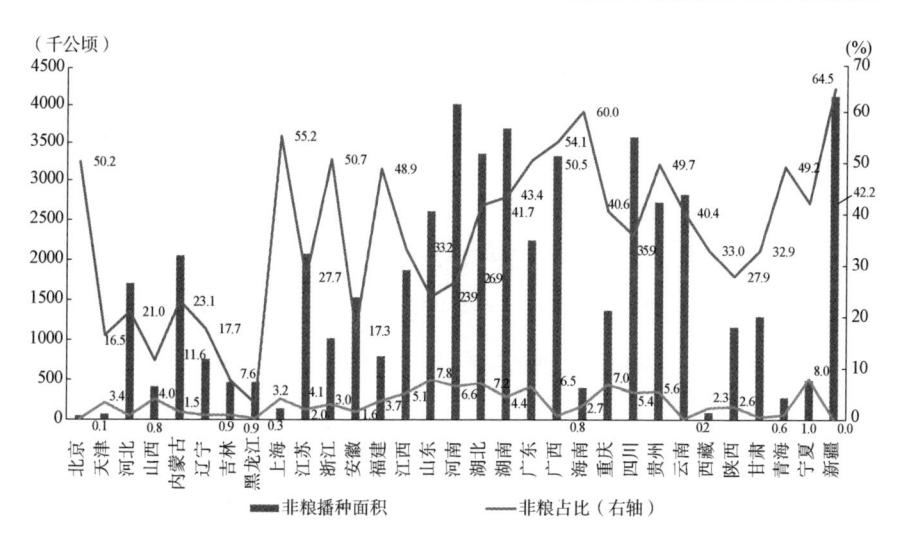

图 2-25 非粮占第一产业比重

资料来源：笔者根据《中国农村统计年鉴》计算所得。

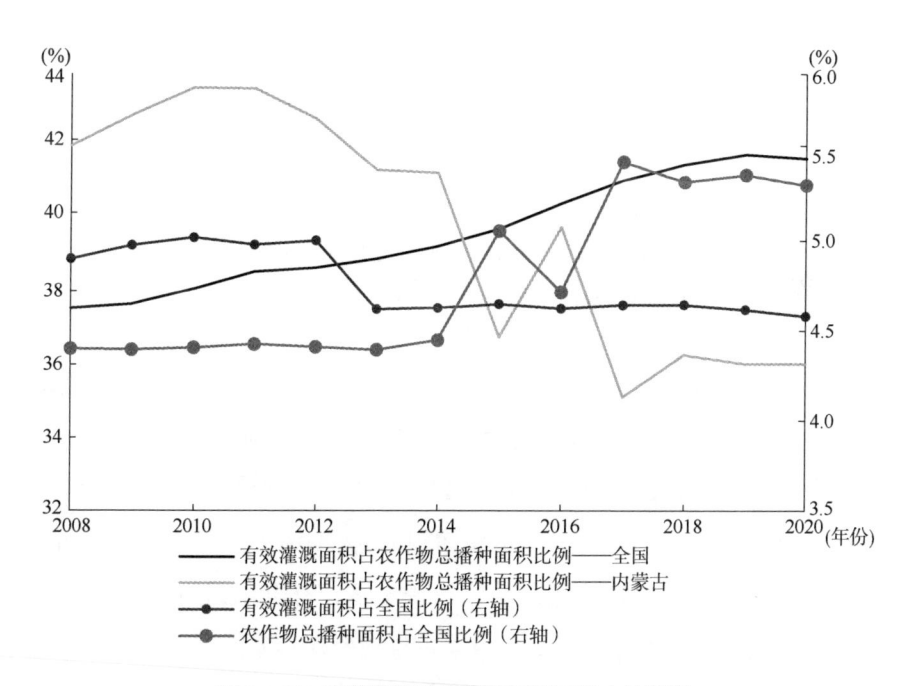

图 2-26 有效灌溉及农作物播种面积占比情况

资料来源：笔者根据《中国农村统计年鉴》计算所得。

控股集团有限公司,排名第17;亿利资源集团有限公司,排名第38;内蒙古鄂尔多斯资源股份有限公司,排名第60;内蒙古赛科星繁育生物技术(集团)股份有限公司,排名第245;正大食品有限公司,排名第308;金河生物科技股份有限公司,排名第402;金宇生物技术股份有限公司,排名第445。总营业收入全国排名第10,达到2987.53亿元。可以看出,内蒙古农业企业实力明显大幅上升,发展速度非常猛烈,农业产业的发展非常良好。全国500强农业企业各省分布情况如图2-27所示。

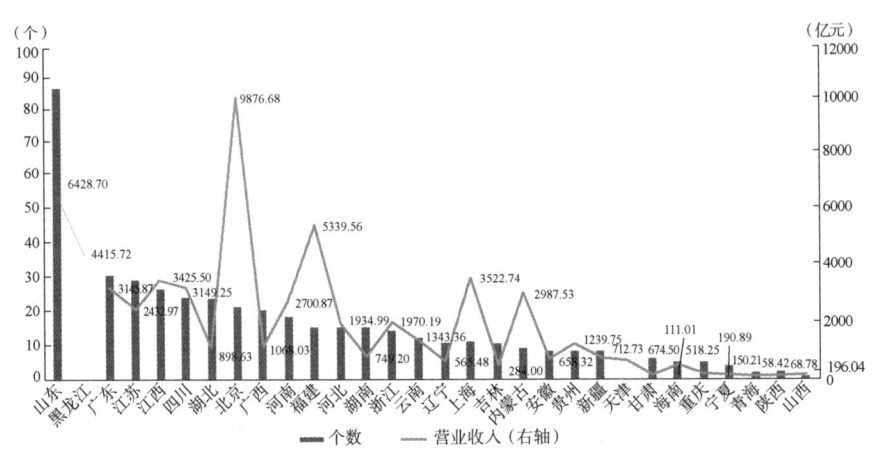

图2-27 全国500强农业企业各省份分布情况

资料来源:笔者根据《中国农村统计年鉴》计算所得。

内蒙古地处祖国北部边疆,是我国最大的畜牧业生产基地。草原总面积13.2亿亩,占内蒙古土地面积的74%,占全国草原面积的22%,居我国五大草原之首。其中,33个牧业旗县和21个半牧业旗县天然草原面积10.87亿亩,约占全区草原面积的82.34%。内蒙古草场资源丰富,草场类型多样。草地饲用植物资源丰富,有野生饲用植物793种,约占全区植物总数的36.59%,内蒙古草地资源丰富,年生物总储量约680.8亿公斤,其中可食干草总储量约408.5亿公斤。2000—2020年内蒙古畜牧业产值如图2-28所示。

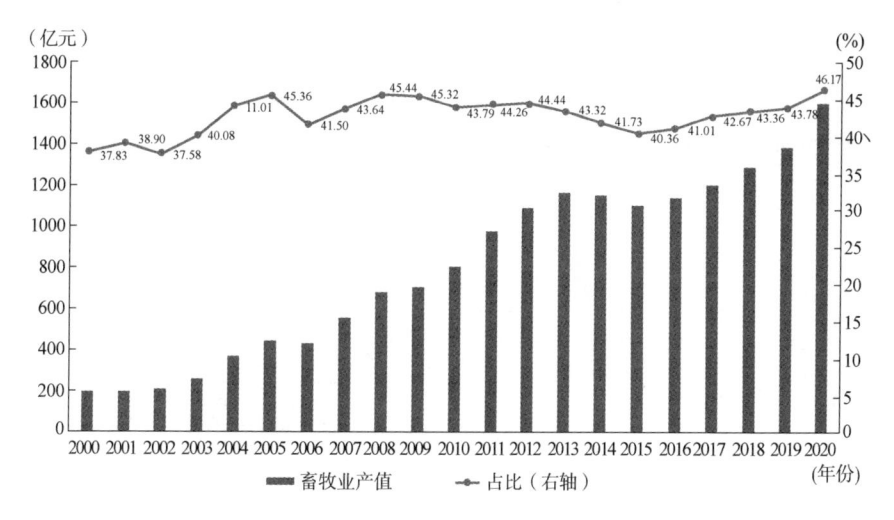

图 2-28 2000—2020 年内蒙古畜牧业产值

资料来源：笔者根据《中国农村统计年鉴》计算所得。

近年来，内蒙古畜牧业发展取得历史性重大成就，综合生产能力实现重大跨越。1949—2020 年，内蒙古畜牧业生产总值由 1.22 亿元增加到 1603.36 亿元，年均增长 10.6%；1979—2020 年，内蒙古畜牧业肉类总产量由 20.8 万吨增加到 267.95 万吨，年均增长 6.6%；1980—2020 年，奶类产量由 6.1 万吨增加到 617.87 万吨，年均增长 12.4%。

内蒙古畜牧业生产总体平稳，猪牛羊禽四肉产量小幅增长。2020 年，全区猪牛羊禽四肉产量比上年增长 1.5%，较上年加快 2.4%。其中，牛肉产量 66.3 万吨，增长 3.9%；羊肉产量 113.0 万吨，增长 2.9%；猪肉产量 61.4 万吨，下降 1.9%；禽肉产量 20.1 万吨，下降 3.0%；禽蛋产量 60.4 万吨，增长 4.0%；牛奶产量 611.5 万吨，增长 5.9%。

二 能源产业依然居于主位，增长路径调整难度大

从内蒙古能源产业产值比重看，一方面，能源产业结构变动总体上呈阶梯状上升态势，在 2011—2012 年和 2016—2018 年有两次阶梯跳跃。

而全国能源产业的比重在2011年之后总体上呈现逐渐下降的态势。另一方面，内蒙古能源产业产值比重在工业行业中依然占据绝对的主导地位，2020年其产值比重依然高达43%，而2020年全国能源产业比重不足14%，如图2-29所示。

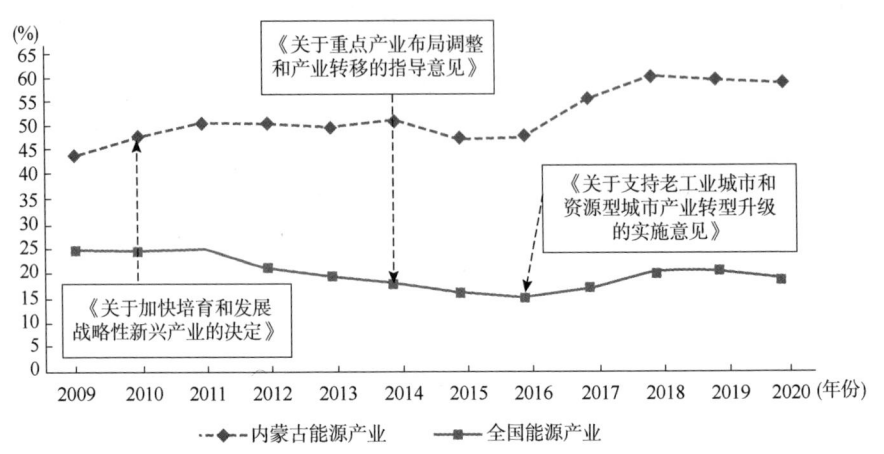

图2-29 2009—2020年内蒙古和全国能源产业比重

注：能源产业包括煤炭开采和洗选业，石油和天然气开采业，石油加工、炼焦和核燃料加工业，电力、热力生产和供应业，燃气生产和供应业，水的生产和供应业。

资料来源：笔者根据《中国农村统计年鉴》计算所得。

内蒙古能源产业长期占据主导地位，产业结构一直以能源、重化工、重型装备制造为主的特征依然没有改变。为此，这使内蒙古产业结构调整和转型面临很大的挑战，增长路径调整难度较大。

三 高耗能产业占比过高，产业绿色转型压力大

从内蒙古高耗能产业产值比重的变动看，其产业结构变动总体上同样呈现阶梯状上升态势，第一次从2011年的33%上升到2012年的41%，第二次从2016年的40%上升到2018年的61%。与之存在鲜明对比的是，全国高耗能产业基本上一直保持在30%左右。

从"十三五"以来，在高质量发展阶段和新发展理念的引导下，我国的产业政策主要以"提质"和"绿色低碳"为导向。内蒙古高耗能产

业占比非常高，这使一系列"绿色低碳"导向的产业政策效果有限，而且再加上"双碳"目标约束，内蒙古产业绿色转型压力巨大。

四 装备制造业占比较低，制造业高度化水平有待提高

随着工业化进程的推进，制造业中初级加工、组装和制造工业的比重不断下降，产业转型升级在工业行业内部表现为传统制造业向先进制造业转型升级的过程。先进制造业大多属于装备制造业，因此，装备制造业的比重在一定程度上可以反映地区制造业的高度化水平。

从内蒙古农产品加工制造业产值比重看，在2016年之前，农产加工业比重基本在20%左右；在2015年之后，其比重持续下降，到2020年产值比重降为10%左右。从装备制造业产值比重看，内蒙古装备制造业结构占比有两次大幅下降，第一次从2011年的16.6%下降到2012年的7.6%，下降9个百分点；第二次从2016年的7.8%下降到2018年的3.2%，2020年内蒙古装备制造业产值比重不足6%，如图2-30所示。

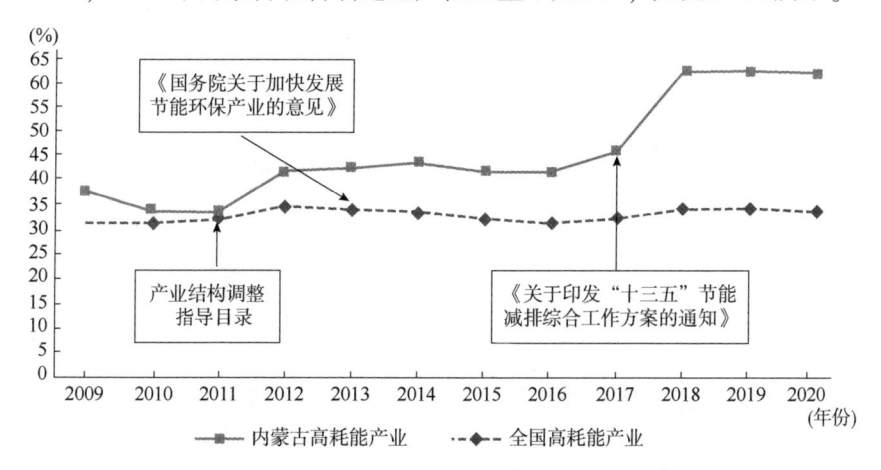

图2-30 2009—2020年内蒙古和全国高耗能产业比重

注：高耗能产业包括化学原料和化学制品制造业，石油加工、炼焦和核燃料加工业，非金属矿物制品业，黑色金属冶炼和压延加工业，有色金属冶炼和压延加工业，电力、热力生产和供应业。

资料来源：笔者根据《中国农村统计年鉴》计算所得。

与之存在鲜明对比的是全国装备制造业的产值比重逐渐增加，在2020年其值高达38%，基本上是内蒙古的6倍。这说明内蒙古制造业结构高度化水平较低，有待进一提升，如图2-31所示。

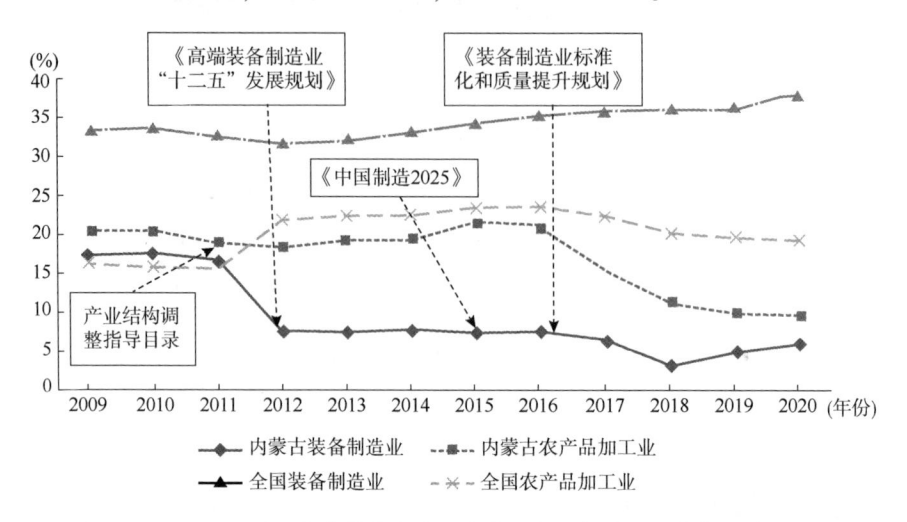

图2-31　2009—2020年内蒙古和全国农产品加工制造业及装备制造业比重

注：内蒙古各产业比重数据根据规模以上工业企业工业总产值计算，全国各产业比重数据根据规模以上工业企业主营业务收入计算，下图与之相同。

资料来源：笔者根据《内蒙古统计年鉴》计算所得。

装备制造业包括金属制品业，通用设备制造业，专用设备制造业，汽车制造业，铁路、船舶、航空航天和其他运输设备制造业，电气机械和器材制造业，计算机、通信和其他电子设备制造业，仪器仪表制造业。

五　高技术业表现亮眼，但与发达地区相比差距较大

近两年受新冠疫情以及国际环境的不确定性影响，经济下行压力不断增大，内蒙古经济总体增速放缓，但多个行业依然保持稳定增长，其中高技术产业表现亮眼。

2020年内蒙古自治区全部工业增加值比上年增长0.8%，其中规模

以上工业增加值增长0.7%，而高技术产业增加值增长7.5%；2021年，内蒙古自治区全年全部工业增加值比上年增长6.5%，其中规模以上工业增加值增长6.0%，而高技术产业增加值增长22.4%。

虽然在工业生产和投资领域，内蒙古高技术产业都实现较高增长，但是与国内经济发达地区相比差距还较大。从全国各省份高技术产业发展情况来看，内蒙古高技术产业的企业个数和营业收入占比不足全国的0.3%，在全国31个省份中排名基本在第26位（见表2-19）。

表2-19 2020年全国各省份高技术产业的企业数和营业收入占比及排名

地　区	企业数占比（%）	排名	营业收入占比（%）	排名
北京	2.20	13	3.76	7
天津	1.37	17	1.68	16
河北	1.85	16	0.98	18
山西	0.51	23	0.80	20
内蒙古	0.26	26	0.24	24
辽宁	1.26	18	1.10	17
吉林	0.80	21	0.34	23
黑龙江	0.47	24	0.16	26
上海	2.97	12	4.53	5
江苏	14.86	2	15.57	2
浙江	9.01	3	5.81	3
安徽	4.23	6	2.84	12
福建	3.05	10	3.58	10
江西	4.43	4	3.55	11
山东	4.27	5	3.86	6
河南	2.98	11	3.71	8

续表

地 区	企业数占比(%)	排名	营业收入占比(%)	排名
湖北	3.33	9	2.59	13
湖南	4.11	7	2.40	14
广东	26.55	1	28.74	1
广西	1.11	19	0.82	19
海南	0.16	28	0.14	27
重庆	2.02	14	3.71	8
四川	3.92	8	5.40	4
贵州	0.99	20	0.56	22
云南	0.69	22	0.68	21
西藏	0.03	31	0.01	31
陕西	1.86	15	1.96	15
甘肃	0.30	25	0.16	25
青海	0.09	30	0.07	30
宁夏	0.11	29	0.13	28
新疆	0.18	27	0.10	29

资料来源：《全国企业创新调查年鉴》。

从西部地区12个省份高技术产业发展情况来看，内蒙古高技术产业的发展情况依然没有很大优势。在西部12个省份中2020年内蒙古高技术产业的企业个数和营业收入占比也分别仅为2.26%和1.74%，不足四川的1/10。此外，2010—2020年高技术产业的企业个数和营业收入增长率看，12个省份中只有内蒙古高技术产业的企业个数减少了，而且其营业收入的年均增长率为6.43%，是西部地区各省份中年均增长率最低的省份（见表2-20）。

表 2-20　2010 年和 2020 年西部地区 12 省份高技术产业的企业数和营业收入

地区	企业数(个) 2010 年	企业数(个) 2020 年	2020 年占比(%)	排名	营业收入(亿元) 2010 年	营业收入(亿元) 2020 年	年均增长率(%)	2020 年占比(%)	排名
内蒙古	107	105	2.26	8	225.2	420	6.43	1.74	7
广西	338	448	9.62	4	383.8	1438	14.12	5.94	4
重庆	324	813	17.46	2	507.8	6472	28.98	26.75	2
四川	830	1576	33.85	1	2104.9	9434	16.18	39.00	1
贵州	150	399	8.57	5	266	975	13.87	4.03	6
云南	144	279	5.99	6	160.1	1193	22.24	4.93	5
西藏	11	11	0.24	12	5.1	17	12.79	0.07	12
陕西	381	749	16.09	3	865.2	3430	14.77	14.18	3
甘肃	81	119	2.56	7	76.2	287	14.18	1.19	8
青海	28	37	0.79	11	21.3	127	19.55	0.52	11
宁夏	16	46	0.99	10	30.9	225	21.96	0.93	9
新疆	34	74	1.59	9	25.5	174	21.17	0.72	10

资料来源：《全国企业创新调查年鉴》。

六　生产性服务业占比较低"结构性减速"风险增大

随着工业化进程的推进，内蒙古经济增长由原来的中高速增长逐渐放缓，三次产业结构变迁与全国步调一致，基本形成了"三二一"的产业结构，2020 年内蒙古和全国第三产业的产值比重分别为 48.8% 和 54.5%。

随着产业结构变迁，服务业成为内蒙古的主导产业，但服务业的劳动生产率总体上低于工业行业，尤其生活性服务业的劳动生产率。从 2008—2020 年内蒙古生活性服务业增加值和生产性服务业增加值占比的变动情况看，总体上，内蒙古服务业的整体的结构仍然以生活性服务业为主，2020 年生活性服务业占比达到 50.1%，比全国高出 8.3% 个百分点，而生产性服务业占比仅为 35.6%，比全国低接近 13 个百分点，如

图2-32所示。因此，从服务业内部结构看，内蒙古服务业中生产性服务业占比较低，经济增长的"结构性减速"风险进一步增大。

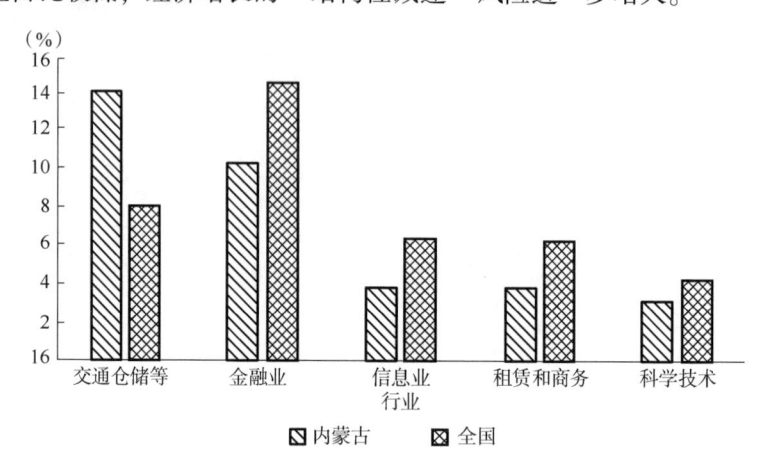

图2-32 2008—2020年内蒙古和全国生产性服务业和生活性服务业增加值比重

资料来源：历年《中国统计年鉴》和《内蒙古统计年鉴》。

进一步从生产性服务业内部占比来看，内蒙古交通、仓储和邮政份额最高，且高于全国6个百分点，但金融业、信息传输、软件和信息技术服务业、租赁和商务服务业以及科学研究和技术服务业的份额均低于全国水平，如图2-33所示。

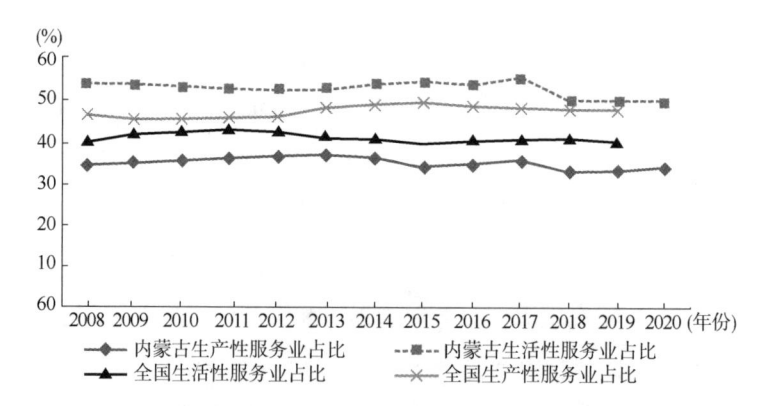

图2-33 2008—2020年内蒙古和全国生产性服务业内部增加值比重

资料来源：历年《中国统计年鉴》和《内蒙古统计年鉴》。

第三章　外溢性风险传导机制

内蒙古地区面临的发展困局已经成为社会各界关注的热点问题，而关于如何解决这一关键问题却存在较大分歧。为了更准确地找到解决内蒙古地区"区域病"的办法，本章对导致内蒙古地区经济失速的原因进行深入剖析，试图找到宏观政策外溢性影响内蒙古地方债务风险、资金外流风险、经济失速风险的传导路径，从而保障宏观政策的实施效果。

第一节　经济失速风险的传导机制

对于内蒙古，在实施供给侧结构性改革政策和增长动力转换政策的过程中，由于产业结构不合理、生产要素驱动不足、创新技术水平低等因素，加大了因淘汰落后产能，高耗能、高污染、低效率企业无法转型或转型失败而产生的负向产出缺口，进而引发经济失速风险。与此同时，"货币政策+宏观审慎政策"、区域政策和外贸政策也因为产业结构不合理、市场主体规模偏小等因素，无法充分发挥政策效果，进而引发经济失速风险。

一 科学技术创新支撑不足

内蒙古自治区长期以来在很大程度上基于工业和农牧业的资源型特征，还呈现出结构失衡、区域失衡、转型艰难的状态。受制于这样的客观条件和发展模式，内蒙古自治区科技创新仍处于初级阶段，存在投入总量不足、创新基础薄弱、能力不足、人才匮乏等突出问题，2020年，内蒙古自治区深入推进"科技兴蒙"行动，科技经费投入进一步加大，R&D（研究与试验）经费投入及财政科技支出保持稳步增长，但是与其他地区相比仍然较低，2020年，内蒙古财政科学技术支出32.38亿元，占一般公共预算支出的比重为0.61%，在全国31个省份中仅高于西藏和青海两个省份，可以看出内蒙古科技学术支出占比排名靠后，综合创新能力依然薄弱（见表3-1）。

表3-1　2020年全国各省份科学技术支出占公共预算支出比重

省份	地方一般公共预算支出（亿元）	科学技术支出（亿元）	占比（%）	地　区	地方一般公共预算支出（亿元）	科学技术支出（亿元）	占比（%）
总计	210583.46	5801.86	2.76	河南	10372.67	254.28	2.45
北京	7116.18	410.96	5.78	湖北	8442.88	287.85	3.41
天津	3151.35	118.17	3.75	湖南	8403.13	220.66	2.63
河北	9022.79	101.76	1.13	广东	17430.79	955.73	5.48
山西	5110.87	66.09	1.29	广西	6179.47	66.26	1.07
内蒙古	5270.16	32.38	0.61	海南	1972.46	35.67	1.81
辽宁	6014.17	72.71	1.21	重庆	4893.95	82.87	1.69
吉林	4127.17	39.94	0.97	四川	11198.54	181.7	1.62
黑龙江	5449.41	42.98	0.79	贵州	5739.5	113.19	1.97
上海	8102.11	406.2	5.01	云南	6974.02	64.94	0.93

续表

省份	地方一般公共预算支出（亿元）	科学技术支出（亿元）	占比（%）	地区	地方一般公共预算支出（亿元）	科学技术支出（亿元）	占比（%）
江苏	13681.55	584.39	4.27	西藏	2210.92	8.99	0.41
浙江	10082.01	472.13	4.68	陕西	5930.32	56.45	0.95
安徽	7473.59	369.98	4.95	甘肃	4163.4	32.07	0.77
福建	5216.1	149.44	2.86	青海	1932.84	10.56	0.55
江西	6674.08	195.74	2.93	宁夏	1480.36	27.91	1.89
山东	11233.52	298.62	2.66	新疆	5533.16	41.25	0.75

资料来源：历年《中国统计年鉴》。

（一）高新技术产业化与其他省份相比较低

在国家创新战略的驱动下，高新技术企业在享受科技成果带来的高额利润同时，也承担着技术和市场的巨大风险。在大众创业和万众创新的时代背景下，高新技术企业作为创新主体，是国家创新战略发展的核心力量，也是区域创新体系的主导力量。内蒙古自治区虽然工业基础雄厚，具有较强的地方经济特征，但科技创新能力整体较弱，近年来，随着国家创新战略的逐步深入，内蒙古高新技术企业的创新能力总体上逐步提升，内蒙古越来越多企业在科技创新的加持下快速发展。内蒙古高新技术企业总数由 2011 年 119 家增加到 2020 年 896 家，累计建成企业国家重点实验室 2 家、企业自治区重点实验室 39 家、自治区级企业研发中心 620 家（见表 3-2）。内蒙古与其他地区高新技术企业从业人数和工业总产值占 GDP 比重如表 3-3 和表 3-4 所示。

表 3-2　　内蒙古与其他地区高新技术企业数比较　　（单位：个）

省份	2011年	2012年	2013年	2014年	2015年	2016年	2017年	2018年	2019年	2020年
山西	198	257	290	364	516	715	926	1112	1621	2485
内蒙古	119	139	158	182	210	234	351	529	750	896

续表

省份	2011年	2012年	2013年	2014年	2015年	2016年	2017年	2018年	2019年	2020年
安徽	1243	1608	1860	2189	2589	3100	3795	4255	5324	6547
重庆	325	432	543	648	740	940	1436	1996	2430	3105
四川	290	369	393	1732	1990	2614	3047	3480	4250	5594
贵州	114	147	178	221	299	379	471	688	1163	1620
云南	324	441	541	636	748	902	1084	1225	1329	1454

资料来源：历年《中国统计年鉴》。

表3-3　　内蒙古与其他地区高新技术企业从业人数比较　　（单位：人）

省份	2011年	2012年	2013年	2014年	2015年	2016年	2017年	2018年	2019年	2020年
山西	193114	218988	213140	232677	253748	267081	293849	321763	384237	423704
内蒙古	56759	105088	104419	108171	105975	120789	131943	198608	237689	297733
安徽	495109	555862	595856	589354	643972	682883	831486	865894	998743	1112106
重庆	181272	260987	258460	291786	380098	422390	507234	598603	654500	692590
四川	274967	199247	217811	667478	717354	710767	762522	796750	846457	943059
贵州	69440	87831	110387	125433	146057	146862	149497	173779	201496	216067
云南	116697	148904	160165	170183	180940	191905	204130	212237	225240	237360

资料来源：历年《中国统计年鉴》。

表3-4　　内蒙古和其他地区高新技术企业工业总产值占GDP比重　　（单位：%）

省份	2011年	2012年	2013年	2014年	2015年	2016年	2017年	2018年	2019年	2020年
山西	19.86	21.25	17.14	18.79	19.80	14.91	12.35	15.45	19.37	21.63
内蒙古	4.67	8.03	6.42	5.65	6.29	7.09	8.99	14.45	20.27	26.49
安徽	32.62	37.09	36.57	34.24	36.33	31.90	34.89	30.02	27.23	28.66
重庆	14.80	15.63	15.49	21.21	30.19	30.51	33.97	38.13	31.41	28.08
四川	9.07	6.56	6.72	20.88	21.07	14.89	13.79	13.37	13.26	14.77
贵州	5.85	7.02	8.49	8.40	9.52	9.08	8.20	9.51	9.10	8.98
云南	12.24	14.47	15.25	15.06	15.25	14.31	13.29	14.52	10.70	11.52

资料来源：历年《中国统计年鉴》。

由于内蒙古地处边疆地区，地理位置比较偏僻，经济发展以农、牧业为主，工业发展水平较低，区内大型企业较少，高校也稀缺，人才比较匮乏。受传统工业影响，高新技术企业创新起步较晚，发展较缓慢，内蒙古因地理位置、发展前景等劣势，故对人才的吸引力较小，难以获得企业需要的人才，造成区内高新技术企业员工整体素质与业务能力偏低，企业创新能力较弱。

(二) 规模以上工业企业 R&D 经费支出、活动人员、项目数与其他省份相比较低

内蒙古自治区 2011 年的规模以上工业企业 R&D 经费支出、R&D 活动人员数、R&D 项目数分别为 70.16 亿元、17645 人和 1320 个，到 2020 年分别上升到 129.37 亿元、18393 人和 3079 个，呈现上升趋势（见表 3-5 至表 3-7）。虽然从整体上来看，内蒙古 R&D 经费支出、活动人数和 R&D 项目都呈上升趋势，但是上升的速度很缓慢。从全国范围内考虑，与山西、四川、重庆、贵州和云南相比水平较低，由此可见，内蒙古自治区的 R&D 水平很落后，R&D 形势十分严峻。

表 3-5　内蒙古与其他地区规模以上工业企业 R&D 经费支出比较

（单位：万元）

省份	2011 年	2012 年	2013 年	2014 年	2015 年	2016 年	2017 年	2018 年	2019 年	2020 年
山西	895891	1069590	1237698	1247027	1008950	976283	1122323	1312531	1380813	1561790
内蒙古	701635	858477	1004406	1080287	1186461	1279853	1082640	1033594	1183625	1293714
安徽	1628304	2089814	2477246	2847303	3221422	3709224	4361175	4973027	5765371	6394211
重庆	943975	1171045	1388199	1664720	1996609	2374859	2799986	2992091	3358918	3725610
四川	1044666	1422310	1688902	1960112	2238051	2572607	3010846	3423923	3878572	4276383
贵州	275217	315079	342541	410132	457303	556853	648576	762280	910206	1053574
云南	299279	384430	454278	516572	619588	741847	885588	1070172	1297741	1451454

资料来源：历年《中国统计年鉴》。

表3-6　内蒙古和其他地区规模以上工业企业R&D活动人员数比较（单位：人）

省份	2011年	2012年	2013年	2014年	2015年	2016年	2017年	2018年	2019年	2020年
山西	32476	31542	34024	35775	28927	29450	31757	27228	27478	32547
内蒙古	17645	21509	26990	27068	29190	30126	23243	15777	15001	18393
安徽	56275	73356	86000	95287	96791	99451	103598	106744	124491	139988
重庆	27652	31577	36605	43797	45129	47392	56416	61956	62424	69843
四川	36839	50533	58148	62145	56841	60146	71968	77848	78289	90128
贵州	9564	12135	16049	15659	14916	15774	18786	20041	23164	26261
云南	10335	12321	11811	12980	16381	17166	21393	24048	29440	28894

资料来源：历年《中国统计年鉴》。

表3-7　内蒙古和其他地区规模以上工业企业R&D项目比较　（单位：个）

省份	2011年	2012年	2013年	2014年	2015年	2016年	2017年	2018年	2019年	2020年
山西	2348	2795	2885	2726	2232	2471	3454	3243	3826	5150
内蒙古	1320	1857	2133	2265	1801	2260	2353	2318	2283	3079
安徽	8426	11882	14394	14648	14100	15697	20010	16695	25799	29928
重庆	4524	5113	5794	7879	6544	7612	10624	12484	14001	16167
四川	6712	9868	10298	11027	6609	8869	12359	11779	17461	22242
贵州	1345	1649	1717	1682	1619	2145	2758	2860	3850	5068
云南	1514	1665	1729	2102	3017	3441	4122	4216	6286	6065

资料来源：历年《中国统计年鉴》。

（三）专利申请数和发明专利数与其他省份相比较少

内蒙古与其他地区相比专利申请数、发明专利数均较低，表明经济发展的技术含量还不是很高，技术创新整体水平仍然较低（见表3-8

和表3-9）。内蒙古地处祖国北疆，煤炭资源储量、产能、产量均位居全国前列，但经济发展模式和发展理念相对滞后，这可能是由于缺少关键的核心技术，企业自身技术实力较弱，在技术方面缺乏独立的自主研发和创新能力。

表3-8　　　　　　内蒙古与其他地区专利申请数比较　　　　　　（单位：个）

省份	2011年	2012年	2013年	2014年	2015年	2016年	2017年	2018年	2019年	2020年
山西	2848	3765	5083	4723	3569	3786	4398	5423	6201	8444
内蒙古	1250	1650	2062	2269	2585	2970	3796	3769	5064	5755
安徽	19214	26665	32909	40244	45598	49791	52916	56596	55520	66677
重庆	8121	9784	12221	12908	20239	17511	17269	18049	16650	19736
四川	5919	13443	15713	19661	21912	21685	26687	26277	29678	34536
贵州	2034	2794	3446	4051	3782	4341	5344	5976	6919	7227
云南	1728	2404	2793	3137	3751	4942	5389	6190	7611	9451

资料来源：历年《中国统计年鉴》。

表3-9　　　　　内蒙古与其他地区发明专利申请数比较　　　　　（单位：个）

省份	2011年	2012年	2013年	2014年	2015年	2016年	2017年	2018年	2019年	2020年
山西	1104	1390	1807	1777	1303	1410	1632	2416	2543	10218
内蒙古	564	770	981	974	1031	1321	1733	1440	2050	5799
安徽	5385	8147	10866	15701	19967	23322	24394	26175	22975	70467
重庆	2089	2460	2509	3696	6758	5392	5149	6198	5565	20650
四川	2483	4316	5666	7800	8085	8523	10335	10705	11250	42114
贵州	813	1347	1516	1918	1953	2021	2542	2611	2985	8487
云南	711	1066	1167	1281	1493	1878	1891	2038	2665	9515

资料来源：历年《中国统计年鉴》。

二 产业链现代化水平较低

(一) 产业链延伸度不足

产业延伸升级不足、产业链较短的问题表现较为突出，煤炭、冶金、稀土等资源型产业仍处于产业链前端。"挖煤卖煤、挖土卖土"的问题还未得到有效破解，其根源也在于内蒙古产业链条仍然较短。

从现代煤化工产业链看，内蒙古是国家重要的现代煤化工生产示范基地，但主要生产甲醇、烯烃、乙二醇等上游大宗基础化工产品，下游深加工发展明显不足，就地转化率低，煤制烯烃就地转化不足1%，煤制乙二醇转化率近乎为零。

从稀土产业链看，主要集中于产业链中上游的采选、冶炼、分离等环节，下游应用产业产值占比仅为5.6%。

从马铃薯产业链看，内蒙古马铃薯加工主要以淀粉、全粉、粉条等低端产品为主，加工转化率仅为25%，与北美和欧盟60%—70%的加工转化率存在较大差距。

从数字经济产业链来看，全区服务器总装机能力已突破120万台，综合装机率达到60%以上，但与开发应用明显不足，与下游产业缺乏紧密联系，产业发展水平与硬件建设规模很不匹配。

从新能源产业链来看，内蒙古风电、光伏装机规模居全国首位，但前端新能源装备制造业、后端运行维护检修等完整的产业链还没有形成，目前也仅限于发电、卖电环节，上下游协同发展的效应还没有得到充分体现。

(二) 产业同质化竞争普遍

在特定的历史时期，各盟市立足于自身资源优势和产业基础，布局发展了能源、化工、农畜产品加工等产业，虽然在整体上有链条，但地理上不集聚，就产生了产业分工上下一般粗、左右一般齐的问题，盟市之间、同一盟市不同旗县区之间、各工业园区之间普遍存在着产业同质化竞争问题。目前内蒙古产业链水平不高、韧性不强、抗风险能力弱的问题依然突出。制造业是推动产业转型升级的主阵地。内蒙古工业经济高质量发展大会提出，要加快制造业高端化、智能化、绿色化发展，促进工业结构整体优化。到2025年，要实现高端化发展取得显著成就。全面贯彻新发展理念，内蒙古工业经济高质量发展大会提出，要加紧调结构、优布局、扶企业、强链条，确保工业经济在质的稳步提升中提升量的合理增长。在促进制造业高端化方面，主要任务是打造先进制造业集群和重点产业链。以能源、资源为基础的重化工业的波动大于经济波动，在经济形势较好的时候，重化工产品需求强劲，行业增速要高于整体经济，当经济形势不好时，重化工工业需求疲软，行业下滑程度要高于整体经济。从产业的空间分工来看，内蒙古初步形成了自东向西逐步升级的空间格局。然而地区间同质化竞争仍较为突出，西部呼和浩特、包头、鄂尔多斯、乌海工业比重较高，形成了冶金、机械、电力等主导产业，中东部的农牧业、旅游、物流业表现出一定的比较优势。但整体上，内蒙古自治区内部的分工仍然是以资源型产业为基础的低水平分工，地区之间尚未建立起产业链和创新链的协作分工体系。

（三）产业高端化程度不足

内蒙古自治区形成以能源、资源为主导的产业格局，但是基础制造业和一般加工制造业仍然占比较高，而高端制造业占比却较小，制造业相关产业仍然处于产业链、价值链中低端。借鉴OECD（经济合作与发展组织）按技术密集度划分的方法，把制造业31个大类划分为基础制造业、一般加工制造业、常规制造业、高端制造业。2016年内蒙古自治区四类制造业销售产值比重为33.3∶43.2∶20.2∶3.3，技术含量相对较高、处于价值链高端环节的常规制造业和高端制造业为23.5%。2019

年，内蒙古四类制造业销售产值比重为 15.4∶60.2∶20.9∶3.5，技术含量较高，处于价值链高端环节的常规制造业和高端制造业仅为 24.4%。尽管近年来内蒙古产业结构转型升级取得了一定成效，但基础制造业和一般加工制造业比重大、高端制造业比重小，制造业位于价值链低端环节的现状有待转变。

三 市场主体规模偏小

市场主体是国民经济发展的基础单元，培育壮大市场主体，提升发展实力是实现内蒙古自治区高质量发展的基础支撑。当前，市场主体存在数量规模偏小、成长力较弱的突出问题。

（一）国有企业、民营龙头企业与其他地区相比偏小

从全国的排名情况看，内蒙古各级国资委监管企业资产总额排第 24 位、利润总额排第 25 位、利润率排第 29 位、全员劳动生产率排第 30 位。这与内蒙古这个资源大区的地位很不相称。民营经济在经济发展中的作用越来越大，凡经济发达地区，均为民营企业发展良好的地区，民营企业发展程度的高低，也在很大程度上能够反映出一个地区的经济社会发展水平以及发展潜力。2021 年全国工商联发布的民营企业 500 强名单中，内蒙古仅有 4 家企业入围，在全国排名第 23 位。

（二）规模以上工业企业规模与其他省份相比偏小

从表 3-10 可以看出，2010—2020 年内蒙古规模以上工业企业规模与山西、贵州、云南、天津、重庆和四川相比，均处于较低水平，并且只有内蒙古规模以上工业企业呈现波动下降趋势，特别是 2017 年规模以上工业企业数量开始大幅下降，可能是因为深化供给侧结构性改革有效淘汰落后产能的同时，也促使企业重组兼并等，不得不缩小生产规模或退出该行业，引发规模以上工业企业数量大幅度下降。

表 3-10　　内蒙古与其他地区规模以上工业企业数比较　　（单位：个）

省份	2010年	2011年	2012年	2013年	2014年	2015年	2016年	2017年	2018年	2019年	2020年
山西	4240	3675	3905	3946	3906	3845	3548	3835	3875	4798	5480
内蒙古	4611	4175	4244	4377	4413	4404	4289	2801	2832	2965	2985
贵州	2963	2329	2752	3139	3895	4482	5123	5311	5583	4686	4482
云南	3599	2773	3211	3382	3797	3876	4194	4186	4260	4366	4401
天津	7947	5013	5342	5383	5501	5525	5203	4286	4292	4813	5120
重庆	7130	4778	4985	5237	6158	6608	6782	6684	6772	6694	6938
四川	13706	12085	12719	13163	13267	13525	13819	13904	14205	14599	15280

资料来源：历年《中国统计年鉴》。

（三）新增企业数量与其他地区相比偏少

内蒙古自治区着力推进商事制度改革，优化企业营商环境，激发市场主体活力，市场主体是经济的重要载体，保市场主体就是保社会生产力。2010—2020年，与山西、安徽、重庆、四川、贵州和云南相比，内蒙古新增企业数处于最低水平，增长幅度最小。内蒙古营商环境领域仍存在一些短板和突出问题，与群众期待、企业期盼以及先进地区相比，仍然存在较大差距（见表3-11）。北京大学光华管理学院《中国省份营商环境研究报告2020》显示，内蒙古营商环境评价全国排名第25位，总分仅为44.97分，与排第一位的北京相差33分。粤港澳大湾区研究院和21世纪经济研究院联合发布的《2020年中国296个地级及以上城市营商环境报告》显示，内蒙古仅有鄂尔多斯一地进入全国营商环境前100名，而且排名较为靠后，位于第56位。

表 3–11　　内蒙古与其他地区新增加企业数比较　　（单位：个）

省份	2010 年	2011 年	2012 年	2013 年	2014 年	2015 年	2016 年	2017 年	2018 年	2019 年	2020 年
山西	38684	43848	46163	52378	71627	82597	106249	119575	133229	154455	174673
内蒙古	31211	33733	32460	45757	75928	70950	81711	89117	85986	90391	86527
安徽	63733	72591	75490	93710	139064	162040	213200	251253	317029	351800	357464
重庆	42983	74094	72735	83320	105589	120180	133705	123769	142264	148520	152418
四川	73623	83518	89327	108472	163294	195946	252806	286364	331284	359557	410492
贵州	23138	28700	60132	58503	85941	93977	128265	153913	138246	152592	142944
云南	33824	39546	41770	49858	90443	127048	131920	126945	132666	137596	144139

资料来源：历年《中国统计年鉴》。

四　呼包鄂乌城市群对区域经济的拉动作用有限

就全国而言，城市群政策确实能够有效带动区域经济增长，加入城市群的城市比未加入城市群的城市每年的平均经济增长率要高 0.56%。其中，南方四大城市群对区域经济增长的带动作用非常明显，其每年带动的区域经济增长率约为 0.92%；而呼包鄂乌城市群对区域经济增长的带动作用并不显著。

（一）整体经济实力不强，中心城市能级不高

呼包鄂乌区域位于内蒙古中部，是黄河流域生态保护和高质量发展的重要板块，虽然这一区域是内蒙古重点开发区域和经济发展核心区，但是区域内发展不平衡、不充分问题依然突出，整体发展水平与我国东部发达地区存在较大差距。在这一区域内部，呼和浩特市作为内蒙古首府，其中心城市的核心地位不够突出，与其他发达省会城市相比，经济

发展还比较落后,对优质资源的虹吸能力、对周边中小城市的辐射带动能力较弱。

(二)产业结构层级偏低,科技创新能力较弱

2020年,呼包鄂乌城市群地区三大产业结构中,第二产业占比明显偏高,第三产业发展相对滞后。同时,产业核心技术较少,科技含量较低,导致创新发展驱动力不足,产业链分工协同程度不高,资源型产业转型升级任务艰巨,存在一定程度的低水平同质化竞争。

(三)生态交通存在短板,城市群发展潜力有待开发

城市群生态环境系统比较脆弱,跨区域共保共治机制尚不健全,生态修复和环境治理任务艰巨。除此之外,交通也是限制呼包鄂乌城市群发展的障碍。内蒙古地区高铁网络还不发达,城际交通网还未织密,时间、空间限制着人们的出行需求,也制约了呼包鄂乌地区与京津冀经济圈的联系。

五 外贸政策对外向型经济的拉动作用有限

开放水平低、出口贡献弱一直是制约内蒙古经济增长的短板,2019年内蒙古对外贸易依存度仅为6%,在全国平均水平已经下降到32%的情况下,内蒙古仍然差距巨大。内蒙古外贸政策对外向型经济的劳动作用有限,在政策的顶层设计、中层协调、基层执行过程中出现"有困难、无办法""有想法、无做法""有平台、无内容""有政策、不贯彻"的"四有四无"现象。这让内蒙古错过了扩大对外经贸合作机遇期,没能利用好21世纪以来对外经贸合作快速上升的发展期,也没能尽早在对外合作方面打下坚实基础、搭建全方位合作平台、维护好内蒙古与俄地方的交流关系。

第二节　地方债务风险的外溢传导机制

据测算，内蒙古地方债务风险在30省份中位于第一梯队。地方债务风险系数为三个梯队：第一梯队的青海、贵州、辽宁、云南、宁夏、黑龙江、广西、甘肃、内蒙古和陕西省份的债务风险最高，必须加强管理与监控，地方政府必须重视；第二梯队的新疆、吉林、湖南、海南、四川、河北、安徽、河南、江西和湖北的债务风险适中，但也要加强预警，防范风险进一步扩大；第三梯队的福建、山西、重庆、山东、浙江、江苏、天津、广东、北京和上海债务风险最低（见表3-12）。

表3-12　　　　　　全国30省份地方债务情况

省份	系数	排名
青海	436.03	1
贵州	334.46	2
辽宁	231.64	3
云南	230.86	4
宁夏	219.55	5
黑龙江	215.87	6
广西	203.64	7
甘肃	203.49	8
内蒙古	182.26	9
陕西	178.56	10
新疆	176.56	11

续表

省份	系数	排名
吉林	171.05	12
湖南	169.79	13
海南	161.92	14
四川	158.84	15
河北	136.52	16
安徽	135.07	17
河南	130.53	18
江西	129.62	19
湖北	120.29	20
福建	117.1	21
山西	112.21	22
重庆	112.01	23
山东	100.6	24
浙江	95.02	25
江苏	80.2	26
天津	68.87	27
广东	53.49	28
北京	48.28	29
上海	41.72	30

资料来源：笔者根据《中国财政年鉴》计算所得。

一 财权和事权不对等

1994年,为抑制"两个比重"的不断下降等问题,财政体制开始进行分税制的分权改革,然而改革的结果却不均等。相关数据表明,在地方政府财力明显削弱的同时,地方政府的支出责任却没有多大的变化,这也就形成了财权与事权不匹配的现象。此外,在体制转轨过程中,地方政府还需承担国企破产的兜底成本以及大量再就业群体所产生的必要支出,这些类似问题都无疑需要地方政府加以消化并解决。地方政府在财权收缩、事权扩大的现实背景下,不得不千方百计地通过争取上级拨款或举借外债等形式来开辟融资渠道,同时,债务管理制度的缺失以及监督机制的匮乏也强化了地方政府负债的主观动机。地方债务风险的传导机制如图3-1所示。

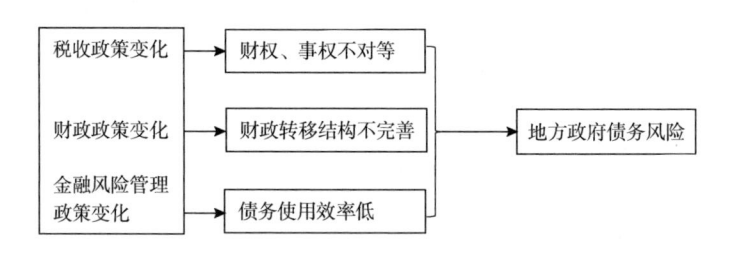

图 3-1 地方债务风险的传导机制

二 财政转移支付制度下的结构不完善

地方政府财权与事权不对称所形成的收支缺口主要应通过中央政府的转移支付来予以弥补,然而,现有的转移支付制度并不能有效解决该问题,以转移支付方式中的税收返还为例,根据基数法确定的税收返还额明显有利于高财政收入地区,部分地区特别是欠发达地区无法通过转移支付的制度安排来释放资金缺口压力,地方政府不得不通过其他途径主要是银行贷款来进行融资,采取多种手段和策略做大财政收入成为各级地方政府共同的理性选择。

三 债务使用效率低

内蒙古的地方债务使用效率低（见表3-13），扩大了债务风险。审计署对地方债务审计显示，地方债务投向主要领域为基础设施和公益性项目，用于市政建设、交通运输、科教文卫和农业水利建设等领域的债务资金共计占比达到74.44%。地方债务使用效率是债务偿还能力的重要保证，较高的债务使用效率会产生较多的收益，从而增强地方政府偿债能力，即地方债务使用效率越高，则对应债务风险越低。反之，较低的债务使用效率表明基础设施的投资效果差，扩大了地方债务风险。

表3-13　　　　全国30省份地方债务使用效率情况

省份	数值	排名
河北	1	1
黑龙江	1	2
山东	1	3
河南	1	4
江西	0.45	5
四川	0.41	6
湖南	0.39	7
江苏	0.38	8
湖北	0.37	9
福建	0.35	10
吉林	0.33	11
山西	0.3	12
云南	0.26	13

续表

省份	数值	排名
广东	0.23	14
安徽	0.22	15
甘肃	0.2	16
陕西	0.19	17
辽宁	0.18	18
浙江	0.17	19
贵州	0.17	20
内蒙古	0.15	21
广西	0.11	22
新疆	0.1	23
重庆	0.09	24
天津	0.08	25
北京	0.07	26
上海	0.05	27
青海	0.04	28
海南	0.03	29
宁夏	0.03	30

资料来源：陈茜：《中国地方债务风险省际比较研究》，四川大学，博士学位论文，2021年。

（一）债务规模过大是产生债务风险的直接原因

债务率与负债率是度量债务规模的相对指标。从债务率看（见表3-14和表3-15），2015—2020年内蒙古的这一指标呈波动状态，连年高于100%，2020年达到132.92%；横向看，内蒙古的债务率远远超过广西，2020年债务率相差最大。从负债率看，内蒙古的这一指标呈波动态势，2020年达到47.63%；横向看，内蒙古的负债率普遍高于广西。显然，内蒙古的债务规模偏大。

表3-14　2015—2020年内蒙古与广西的债务、财力、经济总量比较

（单位：亿元）

年份	债务余额		综合财力		地区生产总值	
	内蒙古	广西	内蒙古	广西	内蒙古	广西
2015	5455	4044	5214	4475	17832	14798
2016	5677	4567	5337	4849	18128	16117
2017	6217	4837	5314	5271	16096	17791
2018	6555	5494	5576	6039	17289	19628
2019	7307	6328	6911	6640	17213	21237
2020	8269	7615	6221	7763	17360	22157

资料来源：根据内蒙古、广西的年度财政决算和统计年鉴整理。

表3-15　2015—2020年内蒙古与广西的债务率、负债率比较　　（单位:%）

年份	债务率		负债率	
	内蒙古	广西	内蒙古	广西
2015	104.62	96.28	30.59	29.12
2016	106.37	94.19	31.32	28.34
2017	116.99	91.76	38.62	27.19
2018	117.56	90.89	37.91	27.97
2019	105.73	95.71	42.45	29.92
2020	132.92	98.09	47.63	34.37

资料来源：根据内蒙古、广西的年度财政决算和统计年鉴整理。

(二) 债务还本付息压力大

支付利息有难度就意味着这个地方存在债务风险。债务利息须用自有财力支付,债务利息负担率(债务付息支出/综合财力)是度量付息压力的基本指标。该指标小或者下降,表明这个地方的付息压力小或者正在减轻;该指标大或者上升,表明这个地方的付息压力大或者正在加重。为详细反映付息压力,须引入一般债务利息负担率(一般债务付息支出/一般公共预算财力)和专项债务利息负担率(专项债务付息支出/政府性基金预算财力),以分别度量一般债务、专项债务的付息压力。不过,由于构成一般公共预算财力的非税收入、专项转移支付收入难以用来支付一般债务的利息,因此,一般债务利息负担率存在低估一般债务付息压力的弊端,而税收收入是支付一般债务利息的主要资金来源,所以,用一般债务利息税收负担率(一般债务付息支出/税收收入)可以更加真实地反映一般债务的付息压力。同样,鉴于大多数政府性基金项目的收入须专款专用,难以用来支付专项债务的利息,因此,专项债务利息负担率存在低估专项债务付息压力的弊病,而国有土地使用权出让收入是支付专项债务利息的主要资金来源,所以,用专项债务利息土地负担率(专项债务付息支出/国有土地使用权出让收入)可以更加真实地反映专项债务的付息压力。

内蒙古的债务付息支出由2015年的14.8亿元飙升到2020年的263.1亿元。具体看(见表3-16),2015—2020年内蒙古的一般债务利息负担率总体上呈上升趋势,2020年为9.81%,显然,一般债务付息耗用的一般公共预算财力逐渐增加;横向看,内蒙古的这一指标除2015年相近外,其余年份远远超过广西。进一步看,2015—2020年内蒙古的一般债务利息税收负担率呈上升势头,2020年为13.80%,可见,一般债务付息耗用的税收收入越来越多;横向看,内蒙古的这一指标除2015年外均高于广西,但总体差距并不明显。可见,内蒙古的一般债务利息负担较重。

表3-16　2015—2020年内蒙古与广西的一般债务利息负担比较　　（单位:%）

年份	一般债务利息负担率		一般债务利息税收负担率	
	内蒙古	广西	内蒙古	广西
2015	0.75	0.35	1.12	1.26
2016	3.02	1.09	4.56	4.15
2017	6.98	1.44	9.23	5.77
2018	8.39	2.12	11.13	8.56
2019	9.03	2.59	12.09	10.99
2020	9.81	2.51	13.80	12.49

资料来源：根据内蒙古、广西的年度财政决算和统计年鉴整理得到。

从专项债务利息负担率看，由表3-16和表3-17可知，2016—2020年内蒙古的这一指标呈上升态势，2020年为9.45%，可见，专项债务付息消耗的政府性基金预算财力日益增加；横向看，内蒙古的这一指标均比广西高。进一步看，2016—2020年内蒙古的专项债务利息土地负担率呈上升趋势，2020年为10.97%，显然，专项债务付息耗用的国有土地使用权出让收入越来越多；横向看，内蒙古的这一指标均比广西高。这表明，内蒙古的专项债务付息压力较大。综上所述，随着债务规模的快速扩张，内蒙古的债务利息负担率持续走高，给财政运行带来较大压力。

表3-17　2016—2020年内蒙古与广西的专项债务利息负担比较　　（单位:%）

年份	专项债务利息负担率		专项债务利息土地负担率	
	内蒙古	广西	内蒙古	广西
2016	3.46	0.15	4.38	0.16

续表

年份	专项债务利息负担率		专项债务利息土地负担率	
	内蒙古	广西	内蒙古	广西
2017	5.45	2.13	7.63	2.82
2018	5.96	3.41	7.52	4.19
2019	6.78	4.52	8.42	5.04
2020	9.45	4.72	10.97	5.58

资料来源：根据内蒙古、广西的年度财政决算和统计年鉴整理得到。

借新债还旧债是一种应急措施，不宜频繁采用，因此，借新还旧率（再融资债券发行额/债务还本支出）可以反映一个地方的债务风险大小。内蒙古的债务还本支出呈逐年增加趋势，由2015年的60亿元增加到2020年的794亿元。由表3-18可知，2018—2020年内蒙古的借新还旧率逐年增加，2020年高于90%，总体大于70%，可见，内蒙古每年的到期债务至少有70%以上是通过发行再融资债券偿还的，用自有财力偿还的部分不到30%；横向看，内蒙古的这一指标2018年和2019年略低于广西，2020年高于广西，显然，内蒙古的到期债务偿还对再融资债券的依赖性更强。

表3-18　　2018—2020年内蒙古与广西的借新还旧率比较　　（单位：%）

年份	内蒙古	广西
2018	74.31	99.56
2019	89.45	91.01
2020	97.36	93.17

资料来源：根据内蒙古、广西的年度财政决算和统计年鉴整理得到。

（三）政府投资对举债的依赖性强

债务融资是政府投资的重要资金来源，政府投资对债务资金越依赖，政府举债的需求就越强烈，发生债务风险的概率就越大。我国规定：新增一般债务须用于无收益的公益性项目建设，新增专项债务须用于有收益的公益性项目建设。新增一般债务依存度（新增一般债券发行收入/一般公共预算支出）反映无收益的公益性项目建设对新增一般债务资金的依赖程度，新增专项债务依存度（新增专项债券发行收入/政府性基金预算支出）反映有收益的公益性项目建设对新增专项债务资金的依赖程度。

从新增一般债券依存度看（见表3-19），2015—2020年内蒙古的这一指标呈波动态势，2020年为7.80%；横向看，内蒙古的这一指标除2016年和2017年外均高于广西。显然，内蒙古的无收益公益性项目建设对新增一般债券的依赖性较强。

表3-19　2015—2020年内蒙古与广西的新增债券依存度比较　（单位:%）

年份	新增一般债券依存度		新增专项债券依存度	
	内蒙古	广西	内蒙古	广西
2015	3.83	3.59	8.05	4.63
2016	5.58	6.64	9.09	4.40
2017	7.92	9.37	8.88	3.58
2018	7.60	6.33	21.82	22.49
2019	7.61	5.73	30.29	32.21
2020	7.80	6.00	46.89	36.81

资料来源：根据内蒙古、广西的年度财政决算和统计年鉴整理得到。

从新增专项债券依存度看，2015—2020年内蒙古的这一指标总体上呈上升势头，2020年为46.89%，可见，内蒙古投入有收益公益性项目建设的债券资金越来越多。横向看，内蒙古的这一指标除2020年明显高于广西，其余年份基本与广西相近。显然，内蒙古的有收益公益性项目建设对新增专项债券的依赖性更大。

第三节　资金外流风险的传导机制

　　内蒙古资本要素长期处于净流出状态，影响了内蒙古制造业的转型升级和产业链、供应链的发展，进而严重制约着内蒙古的经济发展。内蒙古的资本流出现象直接受到社会融资规模和信贷结构的影响。从资金供给端来看，内蒙古资本市场和银行业的发展程度低制约着信贷供给渠道的畅通高效，营商环境恶化进一步加剧了资本流出；从资金需求端来看，体现在产业结构上，由于资本趋利和避险的内在要求，信贷投向优势产业、大型项目和中长期项目，内蒙古优势产业和大型项目更多地由国有企业承担，中小微企业融资需求难以得到满足。此外，产业结构与国家政策变化，以及国家有差别的区域发展规划和政策加剧了资本净流出。资金外流风险外溢传导机制如图3–2所示。

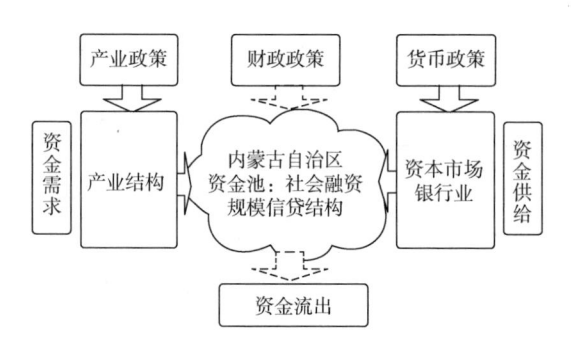

图3–2　资金外流风险外溢传导机制

一　社会融资规模偏低、信贷结构不均衡

（一）内蒙古社会融资规模偏低

社会融资规模是反映金融体系对实体经济的资金支持以及金融与经

济关系的总量指标。这里的金融体系是指整体金融，从机构看，包括银行、债券、保险等；从市场看，包括信贷市场、债券市场、股票市场、保险市场以及中间业务市场。内蒙古社会融资规模能够从总量上反映出本地金融体系对实体经济的资金支持。

内蒙古自治区社会融资规模与全国社会融资规模相比有一定的滞后性。此外，在宽松的货币政策环境下，全国社会融资规模呈现上升趋势，而内蒙古自治区社会融资规模总量则呈现先下降后增长的趋势。2014年后内蒙古社会融资规模大幅下降，2015—2017年基本稳定。2017年以后，随着"三去一降一补"的产业政策力度加大，"去杠杆"作用下，内蒙古社会融资规模再次明显下滑。到2020年后，受疫情影响，财政政策和货币政策力度持续加大，内蒙古社会融资规模大幅上升。[①]

与其他省份对比，可以更直观看出内蒙古社会融资规模在全国范围内的水平。首先与贵州、云南相比，内蒙古自治区的社会融资规模基本处于云贵两省之下，只有2014年第一季度的社会融资规模与云贵两省基本持平，2016年大于云南（如图3-3所示）。云贵均在西部大开发布局中崛起，贵州更是在2016年"双千工程"和2018年"万企融合"中迅速发展崛起，2017年起贵州省GDP增速连续三年位居全国第一，建设了门类比较齐全的工业体系，社会融资规模也快速攀升，为实体经济提供了较为充足的资金支持。而内蒙古的社会融资规模则在2017年后持续下降，与贵州的差距也在拉大。

---

① 这也与地方政府债券纳入统计有关。2018年9月起，中国人民银行将"地方政府专项债券"纳入社会融资规模统计，地方政府专项债券按照债权债务在托管机构登记日统计。2019年12月起，中国人民银行进一步完善社会融资规模统计，将"国债"和"地方政府一般债券"纳入社会融资规模统计，与原有"地方政府专项债券"合并为"政府债券"指标。

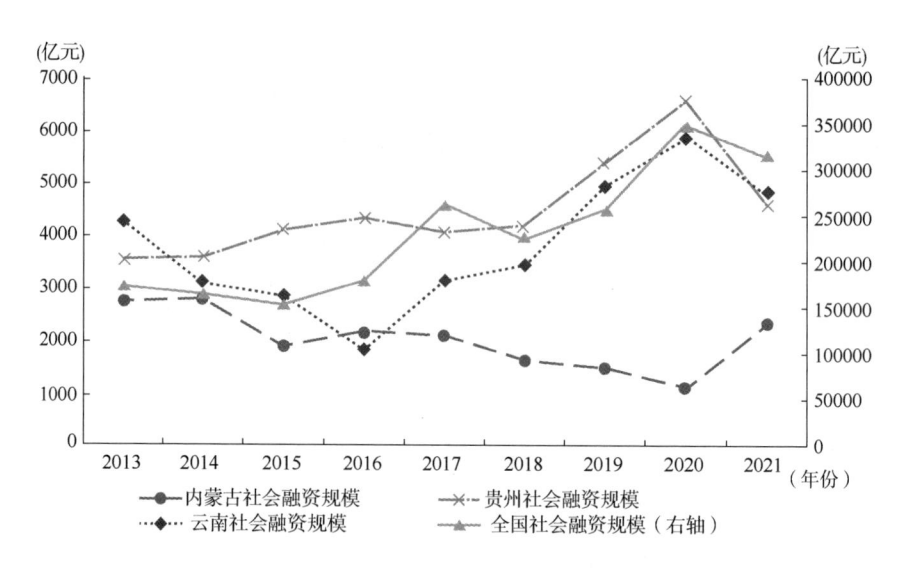

图 3-3　全国和内蒙古自治区社会融资规模对比

资料来源：中国人民银行。

此外，从 2021 年的全国各省份的社会融资规模以及其中直接融资、间接融资的对比中（见图 3-4），可以更直观地观察到内蒙古社会融资规模在全国范围内属于较低水平。社会融资规模存量水平低，表明金融对实体经济的支持有限。可以从两方面探索原因，第一，内蒙古自治区经济金融市场运行效率和融资渠道质量；第二，实体经济结构、质量，是否能够创造有效需求、吸引资本。

（二）内蒙古信贷结构不均衡

传统的金融与经济关系，是银行体系通过资产负债活动，促进经济发展和保持物价水平基本稳定，在金融机构资产方主要体现为新增贷款对实体经济的资金支持，负债方主要体现为货币创造和流动性增加，信贷结构可以直接反映出地区资金流向。从内蒙古自治区信贷总体规模、期限结构和贷款投向层面分析，可见内蒙古自治区存在信贷结构失衡。

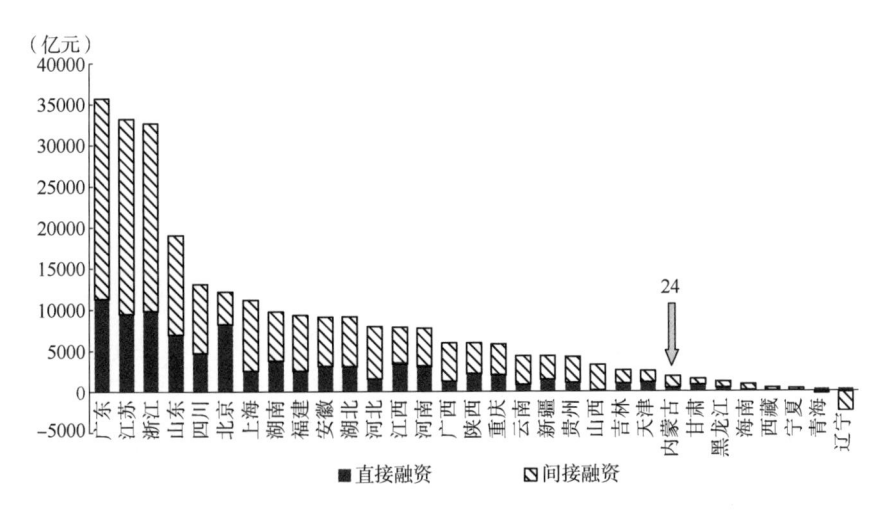

图 3-4　2021 年各地区社会融资规模对比

资料来源：中国人民银行。

首先，从总体规模来看，存在存与贷的矛盾——存贷结构失衡、信贷投放不足、资金外流。2022 年 3 月末，内蒙古自治区各项存款余额 29556.64 亿元，环比增长 2.61%，高于全国增速 1.88%。同比增长 13.64%，高于全国增速 10.04%。在各项存款余额增速普遍高于全国的同时，内蒙古自治区各项贷款余额增速普遍低于全国水平。同年 3 月末内蒙古自治区各项贷款余额 25774.54 亿元，环比增长 1.55%，低于全国增速 1.58%。内蒙古自治区各项贷款余额比上年同期增长 7.46% 增加了 1789.76 亿元，远低于全国增速 11.42%。[①] 存款规模增加快、贷款规模增加慢，说明内蒙古自治区存在资金外流。商业银行在信贷管理上出于规避风险和选择优质客户的考虑，对资金配置偏向于经济发达地区。资金"抽水机"依然在攫取有限的金融资源，引起存贷市场结构严重失衡。

从省级贷款投向结构来看，对比 2022 年第一季度外省和全国存贷

---

① 内蒙古自治区数据根据《内蒙古自治区金融机构人民币信贷收支合并表》计算得到，全国数据来源万得数据库。

比，内蒙古处于资金净流出的状态，存贷比低于甘肃、云南、贵州、宁夏等省。资本流出的过程中，股份制商业银行具有"抽水机"功能，从欠发达地区吸收存款，投向较为发达的地区。从存款规模来看，内蒙古存款总量偏低，只有3万亿元，山西达到5万亿—6万亿元。存款总量低主要受到人口因素制约，内蒙古人均收入偏低导致存款总量偏少、贷款可用资金源少。此外，四大行在农村收缩、吸收存款的同时却缺少放贷权，资金转移至较为发达的区域。

表3-20 2022年第一季度地区金融机构（含外资）人民币存贷比情况 （单位：%）

地区	2022年1月	2022年2月	2022年3月
全国	83.30	82.93	82.69
内蒙古	88.90	88.12	87.20
河北	75.86	75.72	75.14
辽宁	76.01	74.76	74.57
陕西	81.03	80.76	80.47
山东	84.46	84.22	83.26
新疆	95.23	95.05	94.27
湖南	88.88	88.06	87.86
甘肃	105.13	102.59	103.16
云南	105.29	104.64	104.25
贵州	117.77	116.20	116.00
宁夏	108.98	108.26	107.12

资料来源：万德数据库。

其次，从期限结构来看，存在长与短的矛盾——中长期贷款占比较高，贷款期限结构不合理，使流动性受到威胁。内蒙古自治区企（事）业单位中长期贷款普遍维持在70%以上，比全国水平高出近10个百分点，例如2022年3月末全国中长期贷款占比61.53%，内蒙古自治区中长期贷款占比则高达70.63%。对企（事）业单位短期贷款而言，内蒙古自治区普遍维持在20%左右，比全国水平低7个百分点，例如2022年3月全国企（事）业单位短期贷款占比27.59%，而内蒙古自治区仅为20.28%。中长期贷款占比高，短期贷款占比低，反映出内蒙古自治区信贷期限结构不合理。

最后，从贷款投向结构来看，存在多与少的矛盾——贷款地区分布不均衡，信贷投向集中在省会城市。内蒙古自治区各盟市中贷款集中在呼和浩特市（38.31%），其他盟市均不超过14%，而第一季度GDP占比排名第一位（24.70%）的鄂尔多斯市，3月末贷款余额占比只有13.69%（见表3-21）。由此可见，GDP贡献与贷款余额存在地域性不平衡，GDP贡献低于贷款余额占比的有呼和浩特市、包头市、兴安盟，赤峰相对持平，其他8个盟市均未获得与GDP贡献相匹配的信贷支撑。此外，从各盟市存贷比的差异中可以看出，内蒙古自治区内存在较大程度的资金流动不均衡问题。内蒙古自治区存贷比为87.2%，各盟市中只有呼和浩特市、锡林郭勒盟和阿拉善盟高于此比例，其中呼和浩特市的存贷比高达135.16%，说明信贷投放集中。其他盟市普遍偏低，乌海市仅有45.43%，呼伦贝尔市仅有55.52%，乌兰察布市仅有57.07%，说明这些盟市存在较严重的资金外流。

表3-21 　　2022年第一季度内蒙古自治区金融机构（含外资）

人民币存贷款结构情况

地区	存款余额（亿元）	贷款余额（亿元）	贷款占比（%）	存贷比（%）	第一季度GDP(亿元)	GDP占比（%）
内蒙古	29556.64	25774.54	100.00	87.2	5078.40	100.00
呼和浩特市	7305.26	9873.71	38.31	135.16	805.70	15.86

续表

地区	存款余额（亿元）	贷款余额（亿元）	贷款占比（%）	存贷比（%）	第一季度GDP（亿元）	GDP占比（%）
包头市	3836.47	2836.91	11.01	73.95	870.17	17.13
乌海市	1035.68	470.48	1.83	45.43	180.00	3.54
赤峰市	3007.19	2523.69	9.79	83.92	480.50	9.45
通辽市	1691.75	1278.73	4.96	75.59	313.34	6.16
鄂尔多斯市	5151.79	3528.21	13.69	68.49	1255.82	24.70
呼伦贝尔市	2189.05	1215.29	4.71	55.52	289.00	5.68
巴彦淖尔市	1376.37	976.49	3.79	70.95	202.10	3.97
乌兰察布市	1548.68	883.89	3.43	57.07	237.80	4.67
兴安盟	891.56	763.94	2.96	85.69	126.00	2.48
锡林郭勒盟	1082.83	1035.49	4.02	95.63	235.71	4.63
阿拉善盟	439.80	387.70	1.50	88.15	91.03	1.79

资料来源：万德数据库。

在社会融资规模存量偏低的条件下，信贷结构不平衡直接说明了内蒙古自治区存在资金外流的现象。

二 资本市场与银行业发展不足引致资金供给侧低质、低效

金融机构数量少、金融深化程度不够且境外投资少，不能有效满足内蒙古自治区内企业的信贷需求。2020年年末，内蒙古共有驻区银行20家、城市商业银行4家、农村商业银行31家、农村合作银行3家、农村信用社法人机构59家、村镇银行73家、信托公司2家、财务公司6家、全国性资产管理公司3家、消费金融公司1家；保险省级分公司43家；证券公司2家、证券分公司22家、证券营业部101家、期货营业部10家、私募基金管理人54家。地方金融组织类型和结构逐步优化，

2020年年末，内蒙古共有小额贷款公司310家、融资担保公司106家、地方资产管理公司2家、区域性股权交易市场1家、典当行136家、融资租赁公司5家、权益类交易场所6家。

此外，大银行对小银行存在挤出效应。地方小银行可以很好地增加市场竞争、提高市场化程度。各大银行开发能力强、风控较好，下乡可规范化地方的融资市场。但是大银行下乡会挤压当地小银行、信用社，地方小银行等金融机构生存困难，增加了风险。

内蒙古直接融资规模占比低。直接融资包括企业债券、政府债券和非金融企业境内股票融资（如图3-5所示）。

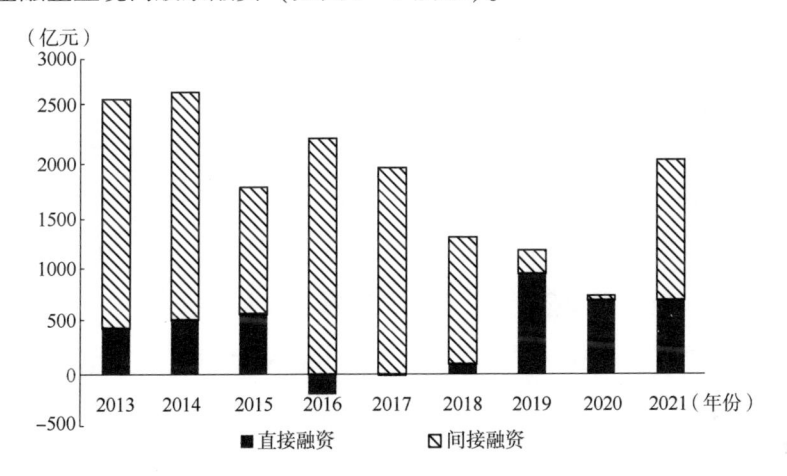

图3-5 2013—2021年内蒙古自治区直接融资和间接融资概览

资料来源：中国人民银行。

2014—2015年，社会融资规模总量下降，其中间接融资规模大幅缩减，中国人民银行开展定向降准。一方面，2015年12月中央推出"三去一降一补"的产业政策，在"去杠杆"的政策导向下，2016年直接融资规模断崖式下降。与此同时，2015年内蒙古商业银行不良贷款率达到3.97%，同年全国水平只有1.54%，此后内蒙古自治区不良贷款率一直维持在高位，2019年高达4.7%（见表3-23）。如此高的不良贷款率是在

"边清边报"的制度安排下统计的,中国人民银行每年处置不良资产达上百亿元,2016—2020年累计清收处置不良贷款2676亿元。商业银行借中国人民银行的再贷款需要评级认可,以及合格质押品。如此高的不良贷款率意味着从中国人民银行获得再贷款受限,同时打击了资本市场主体的融资信心,2016年直接融资规模低至负值。随后几年在产业政策影响下,内蒙古自治区社会融资规模稳步降低。与产业政策相配套,中央出台了一系列减税降费的财政政策,以及中国人民银行开启持续频繁降准的货币政策,其中2015年最为频繁。通过这些配套政策的实施来适用"去杠杆"对社会融资带来的影响。

2019—2020年,受新冠疫情影响,间接融资规模大幅下降。2019年后内蒙古直接融资规模大幅增加,这是因为2018年9月后将政府债券纳入社会融资规模统计。2019年政府债券904亿元,占当年直接融资规模的93.70%;2020年政府债券968亿元,占直接融资规模的138.48%;2021年政府债券581亿元,占直接融资规模的102.83%。与此同时,2020年和2021年企业债券融资均为负值(见表3-22)。可见,财政政策支持为内蒙古注入资金。但是从直接融资渠道来看,无论是企业债券还是股票市场的发行规模和交易规模都远低于全国平均水平。除2019年,企业债券自2016年起均为负值,企业未从此渠道获得融资,反而流出大量资金,非金融企业境内股票融资的体量及占比也非常有限,2018年仅有1亿元,占直接融资规模的1.47%。这与内蒙古资本市场不发达、金融服务机构种类少、功能缺位是密不可分的。

表3-22　　　　　　　内蒙古直接融资规模统计

年份	直接融资(亿元)	企业债券(亿元)	占直接融资的比重(%)	非金融企业境内股票融资(亿元)	占直接融资的比重(%)	政府债券(亿元)	占直接融资的比重(%)
2013	449	288	64.14	161	35.86	—	—
2014	510	488	95.69	22	4.31	—	—

续表

年份	直接融资（亿元）	企业债券（亿元）	占直接融资的比重（%）	非金融企业境内股票融资（亿元）	占直接融资的比重（%）	政府债券（亿元）	占直接融资的比重（%）
2015	578	252	43.60	326	56.40	—	—
2016	-207	-379	-182.60	171	-82.60	—	—
2017	-27	-111	-416.50	84	-316.50	—	—
2018	98	-102	-104.15	1	1.47	199	202.67
2019	965	17	1.75	44	4.55	904	93.70
2020	699	-293	-41.92	24	3.43	968	138.48
2021	565	-179	-31.68	163	28.85	581	102.83

资料来源：中国人民银行。

资本市场高质量发展缓慢。首先，内蒙古资本市场有较小的市场规模和直接融资额。截至2022年2月末，内蒙古自治区总共注册28家上市公司。2020年的直接融资规模达到2643.5亿元，1家新三板公司进入全国首批新三板精选层；2021年5月10日，1家企业在深交所主板敲钟上市，打破了内蒙古9年没有新增首发上市公司的困局。其次，内蒙古资本市场只有较少的筹资工具。目前股票、国债和企业（地方）债券成为内蒙古的资本交易的主要工具。内蒙古的上市公司发行的企业债券规模小、种类有限、涉及行业窄。从股票上市公司的行业分布上看，分布主要以第二产业为主。上市公司的数量、规模，反映出内蒙古自治区企业直接融资工作需要进一步加强，以期改变内蒙古营商环境、激发市场主体活力、提升产业链水平的突破口，探索出"扶龙头、推上市、强产业"的内蒙古资本市场发展新模式。

由于营商环境恶化、融资阻力大，造成资本外逃。由表3-23可知，内蒙古商业银行不良贷款率连年居高不下。商业银行不良贷款率连年增加，2015年达到峰值3.97%，2019年达到极值4.7%，社会融资规模随之减少，即形成融资层面的低水平陷阱——融资困难导致商业银行没有能力应对不良贷款风险，不良贷款率提升，反过来，商业银行的不良贷款率居高不下，营商环境恶化，市场信心缺失，进一步影响融资，形成恶性循环。2019年包商银行事件、2022年呼和浩特金谷农商行被罚[1]，诸如此类的金融机构信用事件频发，为内蒙古自治区敲响警钟。商业银行不良贷款利率增加，显示了营商环境不良，加大了内蒙古自治区企业融资的阻力，加速了资金外逃，致使社会融资规模减小。

表3-23　全国与内蒙古、贵州、云南商业银行不良贷款率情况　（单位：%）

年份	全国	内蒙古	贵州	云南
2005	9.58	11.56	9.14	8.71
2006	7.50	8.30	7.92	6.69
2007	6.36	7.94	7.51	6.66
2008	4.81	2.51	2.92	2.15
2009	1.76	1.16	1.93	1.50
2010	1.25	0.82	1.25	1.26
2011	1.00	0.57	0.95	1.14
2012	0.95	0.66	0.78	0.69
2013	0.97	0.88	0.69	0.56
2014	1.13	2.16	0.97	0.94
2015	1.54	3.97	1.60	2.18
2016	1.75	3.57	2.02	3.07

---

[1] 2022年4月20日，因通过以贷还息方式掩盖资产质量、不良贷款数据不真实等，内蒙古呼和浩特金谷农商行被罚80万元。

续表

年份	全国	内蒙古	贵州	云南
2017	1.74	3.80	3.00	3.00
2018	1.83	3.50	2.10	2.50
2019	1.83	4.70	1.40	1.80

资料来源：《中国金融年鉴》。

直接融资低质、低效，信贷投放通过间接融资的方式集中在一些大项目、大企业和个人消费贷款上。2022年2月内蒙古金融机构间接融资占比高达91.18%，间接融资占据主导地位。金融服务品种以存款、贷款、汇兑为主。部分资金因缺少有效的商业性金融资金需求，通过银行、证券市场及其他投资渠道流出了，导致金融不能直达区内民营企业。

宽松的货币政策带来了融资便利，但利好程度如何，因地方差异而异。对内蒙古自治区而言，由于债务风险，自治区内金融机构信用评级较低，无形中抬高了资本流入门槛，且自治区内也有大量资金外流。企业直接融资占比低，间接融资占比高，企业融资成本抬高，导致货币政策传导过程中出现融资层面的外溢性风险。

三 产业结构引致资金有效需求不足和有效供给不均衡

信贷资金向大客户、大项目集中，小企业和民营经济的信贷需求受到制约。贷款越来越向辖区部分尚处优势地位的企业和行业集中，特别是大额贷款向优势行业及重点企业的集中趋势更为明显。行业间融资不均衡，贷款主要投向"交通运输、仓储和邮政业""电力、燃气及水的生产和供应业""水利、环境和公共设施管理业""制造业"四大行业，2020年年末这四大行业贷款余额分别为3262亿元、2181.5亿元、

2148.6亿元、2032亿元，在所有行业贷款中占的比重分别为14.6%、9.8%、9.6%、9.1%。中小企业贷款虽呈上升趋势，但依然偏低。利率市场化改革的进程激化了内蒙古自治区信贷投放的大小矛盾。

内蒙古产业结构和外部扰动造成资本流出。受"倚能倚重"的经济发展方式和以能源重化工业为主的产业结构影响，内蒙古企业的引资能力受到较大外部扰动的制约。一直以来，煤炭行业是内蒙古的重要支柱，全国范围内的资本投资流向煤炭行业。然而，近年来随着外部扰动的增加，煤炭行业的投资回报率急剧下降，外地资金撤离，煤企获得银行贷款困难，且出现大规模的提前还款现象。

资本外流还受到国企投资的挤出效应影响。内蒙古企业数量少、质量差、种类少，本身引资能力弱，本地企业发展困难。重点行业集中在国有工业企业，引资能力强，产值高效益较好。且地方国企占比低，央企占比高。大央企通过总部抽取资金，直接导致企业利税流入中央，不能服务于地方。也就是说，虽然大型中央国有企业引资能力强，其直接收益却不属于地方，因此并不能成为助推内蒙古经济发展的主要动力。对内蒙古经济发展起重要作用的民营企业则引资能力较差，其信贷需求受到国有企业挤压，不能有效得到满足。信贷需求受到挤压，相应的民营企业的效益也无法与国有企业相媲美，进一步加剧资本流出民营企业。体量上，国有企业和民营企业总产值相近。2020年规模以上工业企业工业总产值合计15465.28亿元，其中国有控股企业占比49.26%，民营企业工业总产值占比47%。经济效益上，国有企业则要优于民营企业，亏损的民营企业数量更多。亏损的国有及国有控股工业企业占比21.55%，亏损的民营工业企业占比30.49%。

四 产业结构与国家政策变化加剧了资本流出

内蒙古在全国产业布局中的分工定位，客观上形成"倚能倚重"的经济发展方式和以能源重化工业为主的产业结构。作为资源大省，长期依赖能源产业的内蒙古，产业结构初级化、重型化、单一化问题突出。内蒙古全区规模以上工业中高耗能行业企业占比近50%，能源原材料工业占规模以上工业增加值比重达87.2%。这些资源型产业能耗高且受到国家双控政策影响很大。

2020年国家发改委环资司指出，内蒙古经济总量仅占全国的1.7%，却消耗了全国5.2%的能源。之后，随着相关退出政策的落地，大量落后产能企业将被淘汰出局。2021年3月26日，内蒙古工信厅发布《关于印发淘汰落后化解过剩产能计划的通知》，要求各盟市制定淘汰落后产能的具体时间表，并要求2022年年底前完成产能退出任务80%以上。电石、铁合金、电解铝等产业是重点淘汰对象。在这场凌厉的产业清退风暴中，铁合金行业首当其冲，限产比例达到47%左右。铁合金为高耗能行业，短期内关停铁合金等高耗能行业能使内蒙古地区碳排放量快速下降，但是伴随而来的是资本外流加剧。

五　国家有差别的区域发展规划和政策加剧了资本流出

"十四五"规划纲要提出，深入实施区域协调发展战略，深入推进西部大开发、东北全面振兴、中部地区崛起、东部率先发展，支持特殊类型地区加快发展，在发展中促进相对平衡。国家对不同区域有着符合当地资源禀赋的战略定位，配套与之相适应的发展规划。有差别的区域发展规划和政策改变了市场预期和投资回报率，加剧了地区之间的资本流动。长三角、珠三角、粤港澳大湾区、环渤海地区、雄安新区等亲资本的地区投资回报率较高，引发资本的集聚效应，导致经济落后地区资本外流。国家对内蒙古的战略定位是"两个屏障""两个基地""一个桥头堡"，重点突出的是粮食和能源行业。然而，第一产业投资回报率较低，能源行业则受到"双碳"政策的影响，均不具备吸引资本的内在驱动力，反而加剧了内蒙古自治区内的资本外流。

第四节 不可能三角风险传导机制

一 不可能三角风险的形成

从内蒙古基本区情出发，发展进程中的主要挑战包括以下几点。第一，经济需要大幅度增长；第二，产业（以工业为主）能耗高；第三，富煤的资源禀赋和高碳的能源消费结构；第四，地区经济增长和居民收入增长相对缓慢。上述挑战形成的多目标协同发展风险在"供给侧结构性改革＋需求侧管理"宏观政策调整背景下更加凸显。多目标协同风险的传导机制如图3-6所示。

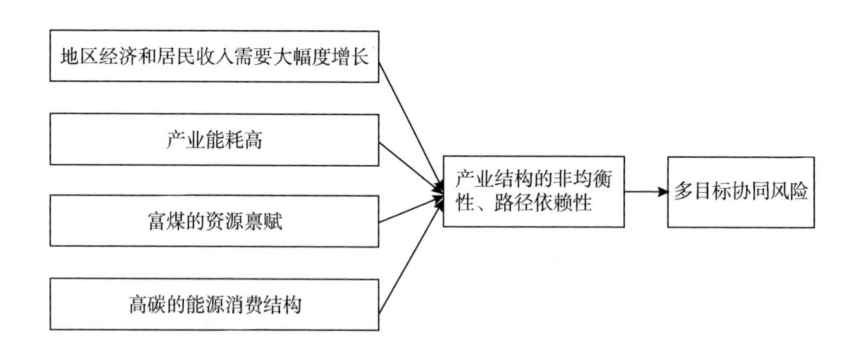

图3-6 多目标协同风险的传导机制

不可能三角的含义是指经济增长目标、碳达峰目标和能源保供目标之间的矛盾，难以实现三个目标的统一，根据有关预测，2030年我国碳排放总量预计在108亿—116亿吨，如果按照2020年内蒙古碳排放总量占全国碳排放总量的6.3%计算，到2030年内蒙古的碳排放总量在6.8亿吨到7.3亿吨（2020年内蒙古是6.3亿吨），如果按照最乐观的情景看，未来内蒙古碳排放的空间增量仅有1亿吨。而2020年内蒙古单位

GDP 碳排放强度为 3.546 吨/万元，如果按照这个碳排放的标准和碳达峰目标计算，2030 年内蒙古的 GDP 总量只有 20609 亿元，这个数值按照 2021 年的不变价计算，2021 年内蒙古的 GDP 总量为 20514.2 亿元，就是说如果按照内蒙古目前的单位 GDP 碳排放，到 2030 年内蒙古的经济增速为 0；按照 2035 远景目标规划按 2021 年不变价计算，到 2030 年内蒙古的 GDP 将达到 31690 亿元，如果按照目前的单位 GDP 碳排放标准，2030 年内蒙古的碳排放总量将达到 11.24 亿吨，远远超出了碳达峰目标的约束。以 2020 年单位 GDP 碳排放为基础，按照 2030 年实现碳达峰的标准每年单位 GDP 碳排放降低 6.5% 的目标计算，到 2030 年内蒙古单位 GDP 碳排放强度为 1.81 吨/万元，据此计算 2030 年内蒙古实现 2035 远景目标的碳排放总量将达到 5.74 亿吨；事实上 2020 年单位 GDP 碳排放强度比 2015 年的 3.478 吨/万元增加了 2%，到 2030 年实现单位 GDP 碳排放强度降到 1.81 吨/万元的任务异常艰巨，保持经济增长目标与碳达峰目标同时实现难度较大。

从煤炭和电力能源保供与经济增长和碳排放之间的目标看，2021 年内蒙古实现 5.8 亿吨煤炭和 2467 亿度电的外送保供任务，仅从电力来分析，2021 年全区发电总量 5952.6 亿度，其中火电占比 81.7%，电力保供站内蒙古发电总量的 41.44%。2021 年内蒙古用电总量为 3957.5 亿千瓦时，单位耗电 GDP 产值约为 5.2 元，据此计算实现 2030 年目标 GDP 全区耗电量约为 6094 亿千瓦时，如果按照 2021 年电力保供外送的比例计算，到 2030 年至少要保供 4313 亿千瓦时；如果按照 2030 年实现煤电和清洁能源发电各占 50% 的目标，按照煤电每度电 305 克碳排放的目标和风光发电每度电 38 克碳排放的标准，到 2030 年仅电力保供就需要碳排放 7396 万吨，保持内蒙古经济增长仅电力一项需要碳排放为 1.045 亿吨，即实现 2035 远景经济增长目标和电力保供两项任务，仅电力的碳排放总量预计在 1.78 亿吨。一方面计算的碳排放标准是按照规划的最严格标准计算的（实际上以火电为例规划的单位发电量碳排放标准是305克/千瓦时，而目前的普遍情况是906克/千瓦时）。即使在2030年能够实现单位GDP碳排放的标准仅电力一项的碳排放已经超出了碳排放的最大空间1.56亿吨。另一方面，仅电力一项的碳排放就占据了2030碳排放目标的24.38%—26.18%，而经济发展过程中其他行业的碳排放也是在增长的。

因此，能源保供、经济增长和碳达峰目标之间存在冲突，三者的目标不可能同时实现。这种多目标协同风险的传导机制主要包括产业结构的强路径依赖和产业结构的非均衡性。

二 产业结构的强路径依赖

在中国经济高速增长阶段，内蒙古自治区产业路径依赖效应在地区经济高速增长的掩饰下，逐渐"侵蚀"产业结构升级内生动力，造成产业结构单一化发展，技术与制度"双重锁定"导致新技术很难实现转化，产业升级发展滞后。

在国内经济步入中高速增长阶段后，以"三去一降一补""碳减排"等产业政策为代表的新产业政策出台容易导致内蒙古自治区的产业动能出现新动能成长不足和传统动能增长贡献锁定的困境。同时，产业结构的路径依赖效应会导致地区劳动质量下降，劳动力市场出现高质量劳动力被"驱逐"、人力资本外流现象。另外，由于在区域竞争中丧失投资吸引力、资本外逃，基础设施无法满足地区产业发展需求，存在大量外部性问题。

三 产业结构的非均衡性

根据钱纳里标准结构，内蒙古产业间非均衡度和相对非均衡度都随着经济水平的增长在快速增加，产业结构发展趋势呈现畸形化。这就导致以下情况。

一是地区经济陷入资源诅咒陷阱,不利于经济发展的可持续。之所以能源开发成为内蒙古产业结构发生畸变的主因,在于内蒙古是典型的资源富裕地区。天赐的财富既提供了经济发展的契机,也设置了迅速衰落的陷阱。这种因丰裕资源而产生经济衰退的现象被称为"资源诅咒"。丰富的煤炭资源使内蒙古成为国家重要的能源生产基地,地区经济对能源产业的依赖度极高。资金、劳动力等生产要素都被较高的资源红利吸引到能源部门,对其他产业以及地区创新领域产生显著的挤出效应,于地区的长久发展十分不利。

二是产业结构高级化进程受到抑制,对经济高质量发展不利。钱纳里的"标准结构"是判断产业结构合理性的重要参考。本书的 NE 和 RNE 指标设计基础是钱纳里的"标准结构"。尽管简单把钱纳里的标准结构作为衡量产业结构合理性的国际标准值得商榷,但是 NE 和 RNE 值的不断增大,即越来越违背钱纳里一般规律,还是足够说明一个地区的产业结构越来越不合理。内蒙古在2000—2017年还没有进入经济服务化进程,其第二产业的平均增长率是 116.9%,高于第三产业的 113%,因产业结构合理化尚未实现,抑制了高级化进程。

三是第二产业内部结构失衡,加大资源消耗总量,不利于碳减排目标的实现,能源产业成为内蒙古地区经济发展的主导产业,致使第二产业内部轻重工业比例严重失调,重工业占据了绝对优势。与轻工业相比较,重工业除了难以产生足够的就业吸纳能力外,还需要消耗较多的资源,致使资源消耗总量增加。而消耗的资源中又以能源消耗为主,环境污染严重,对地区长远的发展十分不利。作为能源生产基地,内蒙古地区是碳排放的"大户"。第二产业内部的结构失衡使地区碳减排的目标实现遭遇更多困难。内蒙古产业结构的非均衡性波动趋势如图 3-7 所示。

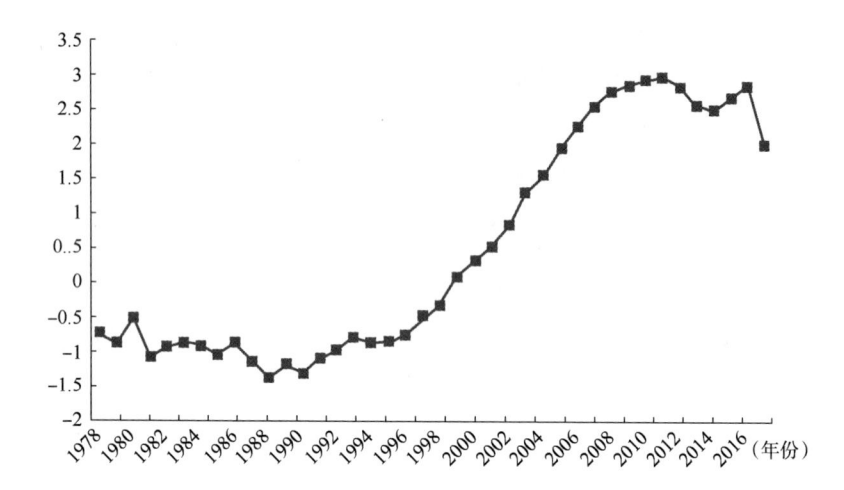

图 3 - 7 1978—2016 年内蒙古产业结构的非均衡性波动趋势

资料来源：作者根据《内蒙古统计年鉴》计算所得。

第四章　大宗商品价格波动对内蒙古经济的影响

2021年以来，国际大宗商品前期大幅上涨、后期逐步回落，但近期俄乌局势持续紧张，引发国际大宗商品市场波动加剧，再次推动大宗商品价格进一步上涨。国际大宗商品价格的巨幅波动与飙升，既有国际供应链尚未修复的自身因素，也有全球流动性宽松的外部刺激，还有地缘政治风险的推动。国际供应链尚未修复，包括全球疫情暴发以来的大宗商品增产有限、全球多国和地区疫情反复所导致的全球供应链修复缓慢等两方面因素。全球流动性宽松的外部刺激主要源于美联储2021年的货币刺激，目前市场还在"消化"阶段，流动性依然宽裕。地缘政治冲突推高了市场避险情绪，大宗商品作为主要避险投资品种再度受到资金青睐。

对于国际大宗商品价格的走势，需要结合大宗商品出口国结构进行分析。近期内，国际大宗商品的交易大概率会在石油、天然气、铝、铜等的国际供需上，寻找新的平衡点。相应的国际大宗商品格局会发生较大变化，例如俄罗斯与欧洲相关天然气项目的暂停，可能会首先推动北美天然气全球市场份额的上升。中长期内，则需要研判俄乌地缘冲突之后的国际经济新格局走向。

就我国而言，从俄罗斯和乌克兰对中国的出口结构看，主要集中在石油、天然气、煤炭等工业大宗商品的价格波动。在具体国际大宗商品的价格走势上，短期内大概率将呈分化走势。原油与天然气等能源价格受地缘政治冲突影响较大,加之"OPEC+增产"不及预期,预计库存会持续处于历史低位,价格或将继续攀升。铝等部分有色金属价格可能突破新高,一方面源于俄罗斯是有色金属的主要出口国,另一方面是国内的市场需求导致。

第一节 能源格局趋势分析

一 我国煤炭消费保持稳定、石油天然气消费略有上升

1990—2020年,发达国家煤炭产量占比越来越小,发展中国家,尤其是中国占比越来越大。1990年中国煤炭产量占全球的比重为22.67%,同期的日本和美国分别为0.17%和19.60%,印度为4.69%;2020年中国煤炭产量占全球的比重则增长到50.40%,达到3902百万吨,同期日本和美国分别下降到0.01%和6.26%,印度则上升到9.77%,如图4-1所示。

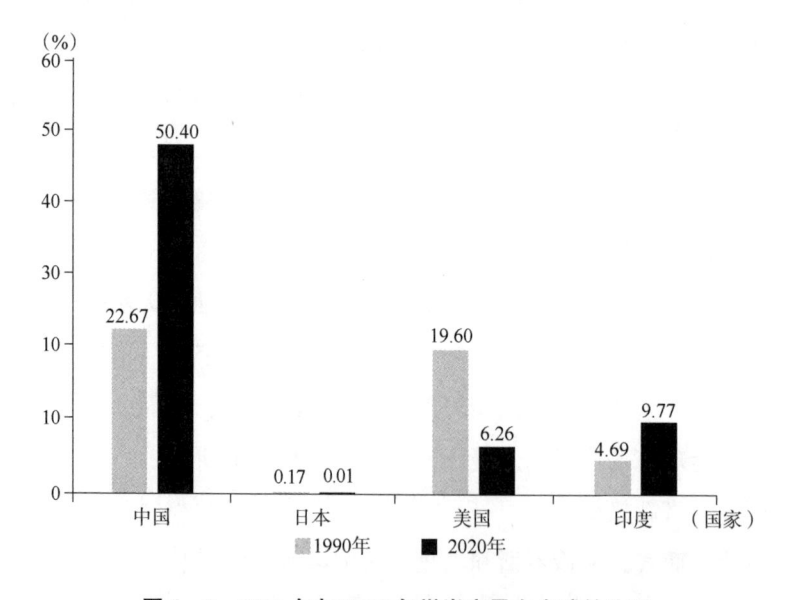

图4-1 1990年与2020年煤炭产量占全球的比重

资料来源:《中国统计年鉴(2002—2021年)》和美国地质调查局网站,http://www.usgs.gov/。

1990—2019 年，内蒙古煤炭产量占比大幅度提升。1990 年内蒙古煤炭产量占全国的比重为 4.41%，山西为 26.48%，陕西为 3.08%；2019 年内蒙古煤炭产量占全国的比重则增长到 28.36%，达到 10.91 亿吨，同期山西下降到 25.69%，陕西则上升到 16.54%，如图 4－2 所示。

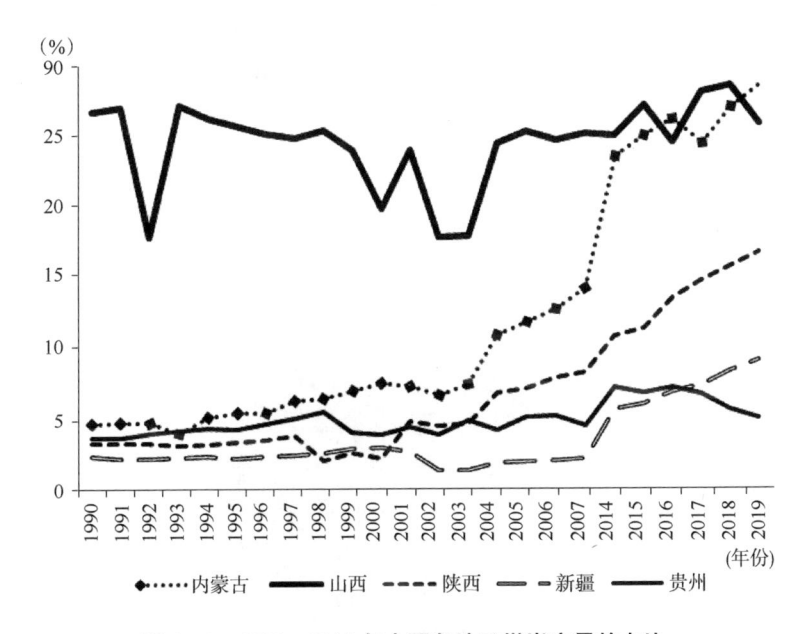

图 4－2　1990—2019 年中国各地区煤炭产量的占比

资料来源：《中国能源统计年鉴（1991—2020 年）》。

2020 年，全球煤炭储量为 10741.08 亿吨，其中中国煤炭储量 1431.97 亿吨，占世界的比重为 13.3%，排名世界第四，是当之无愧的储煤大国之一。美国、俄罗斯、澳大利亚位列前三，四国煤炭储量占全球储量的 65.6%，如图 4－3 所示。

2020 年，全国煤炭资源储量为 1622.88 亿吨，其中内蒙古煤炭储量 194.47 亿吨，占全国的比重为 12%，为全国第三，是我国最为重要的能源大省之一。山西、陕西分别位列第一、第二，三省煤炭储量占全国储量的 61%，如图 4－4 所示。

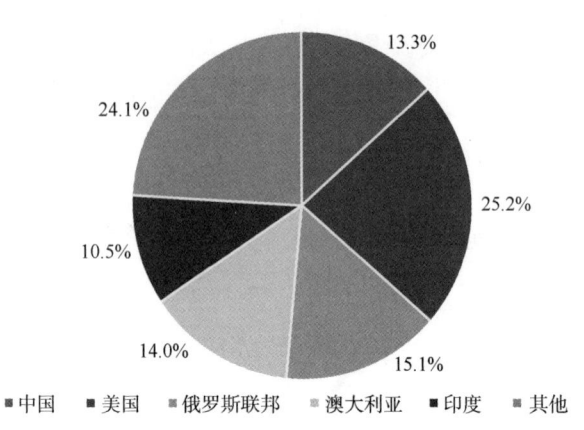

图 4－3 2020 年全球煤炭资源储量占比

资料来源：德国联邦地球科学与自然资源研究所：《2021 年能源研究报告》。

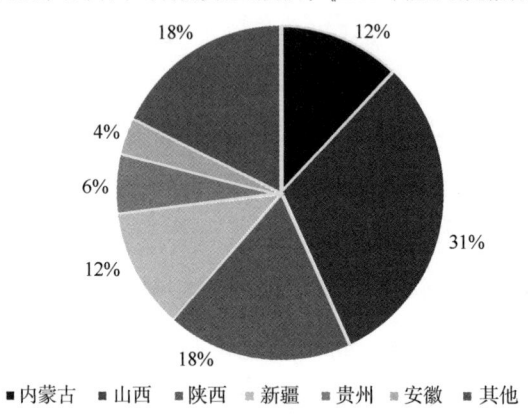

图 4－4 2020 年全国煤炭资源储量占比

资料来源：《2020 年全国矿产资源储量统计表》。

1990—2020 年，国际石油产业格局变动较小。1990 年中国石油产量占全球的比重为 4.38%，同期的俄罗斯和印度分别为 16.34% 和 1.08%，美国为 13.19%。2020 年中国石油产量占全球的比重则增长到 4.68%，达到 194.8 百万吨，俄罗斯和印度分别下降到 12.59% 和 0.84%，美国则上升到 17.11%，如图 4－5 所示。

1990—2020 年，国际天然气产业格局出现了重大的演变。1990 年

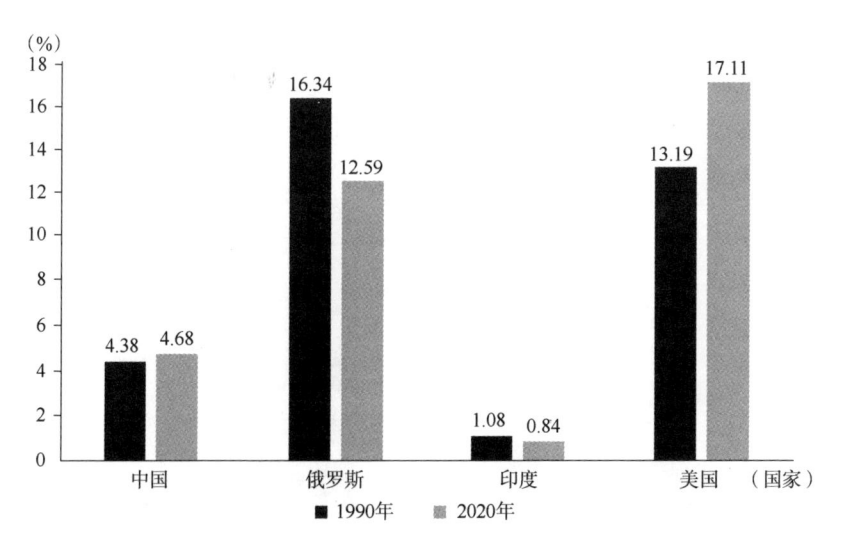

图 4-5 1990年和2020年各国石油产量占全球的比重

资料来源：《中国统计年鉴（2002—2021年）》和美国地质调查局网站，http://www.usgs.gov/。

中国天然气产量占全球的比重为0.78%，同期的俄罗斯、美国分别为30.44%、24.54%，印度为0.59%；2020年中国天然气产量占全球的比重则增长到5.03%，达194十亿立方米，同期俄罗斯和美国分别下降到16.57%和23.73%，印度则上升到0.62%，如图4-6所示。

1999—2020年全球能源格局发生重大演变。中国经济的快速发展，煤炭需求持续增长，但我国石油和天然气能源匮乏，严重依赖进口。中国经济发展模式由高速增长阶段转换到高质量发展阶段。国内市场对能源的需求数量和质量也发生了重大变化。1990—2020年世界一次能源人均消费格局变动较小，各发达经济体一次能源人均消费量均已达峰，并随后在波动中下降；而中国仍处于快速上升阶段，如图4-7所示。2020年我国一次能源人均消费减少4.5%，为1945年以来的最大降幅。石油是能源消费减少的主要因素，约占净减少量的3/4；天然气和煤炭消费也明显减少。美国、印度和俄罗斯的能源消费降幅最大，中国增幅最大，达2.1%，是2020年少数能源需求增加的国家之一，如图4-7所示。

新发展格局下宏观政策的演进及其影响

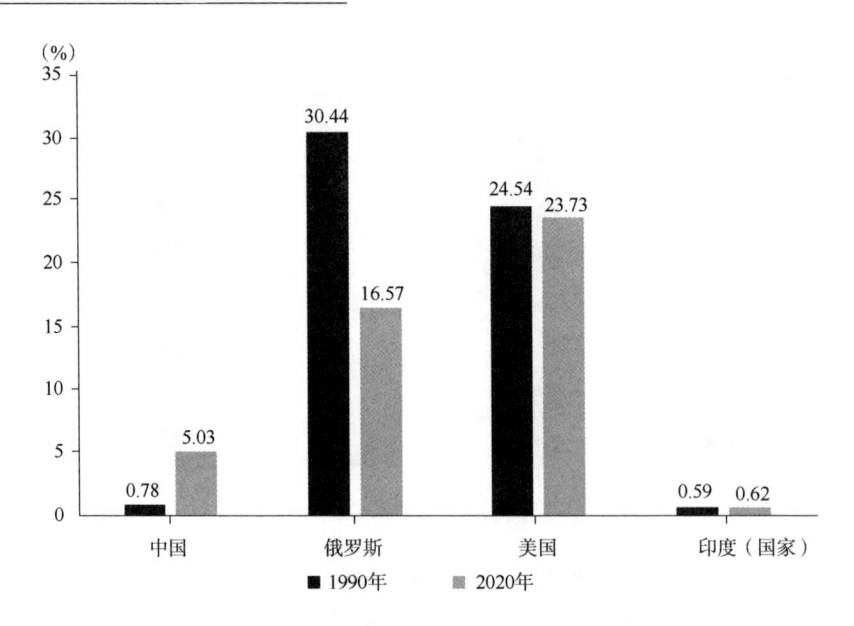

图 4-6 1990 年和 2020 年各国天然气产量占全球的比重

资料来源：《中国统计年鉴（2002—2021 年）》和美国地质调查局网站，http://www.usgs.gov/。

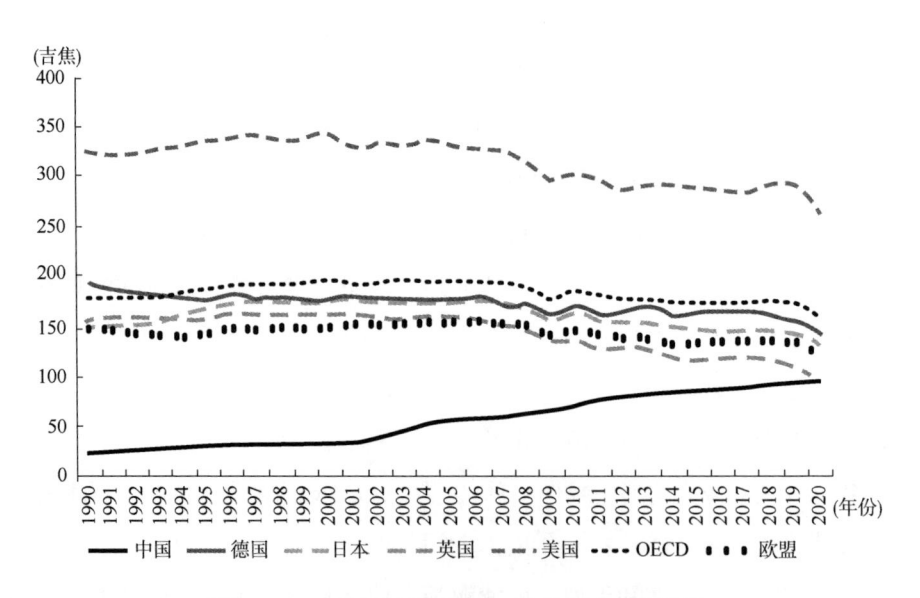

图 4-7 1990—2020 年世界一次能源人均消费量

资料来源：世界银行网站，https://data.worldbank.org.cn/。

1990—2020 年，发达国家的人均 GDP 波动上升，发展中国家，主要是中国人均 GDP 快速上升。1990 年中国人均 GDP 在世界排名第 162 名，为 318 美元，同期日本为第 12 名，美国和印度分别为第 13 名和第 155 名；2020 年中国人均 GDP 升至世界中等偏高水平，世界排名第 63 名，为 10435 美元，同期日本为第 23 名，美国和印度分别上升为第 5 名和第 148 名，如图 4-8 所示。

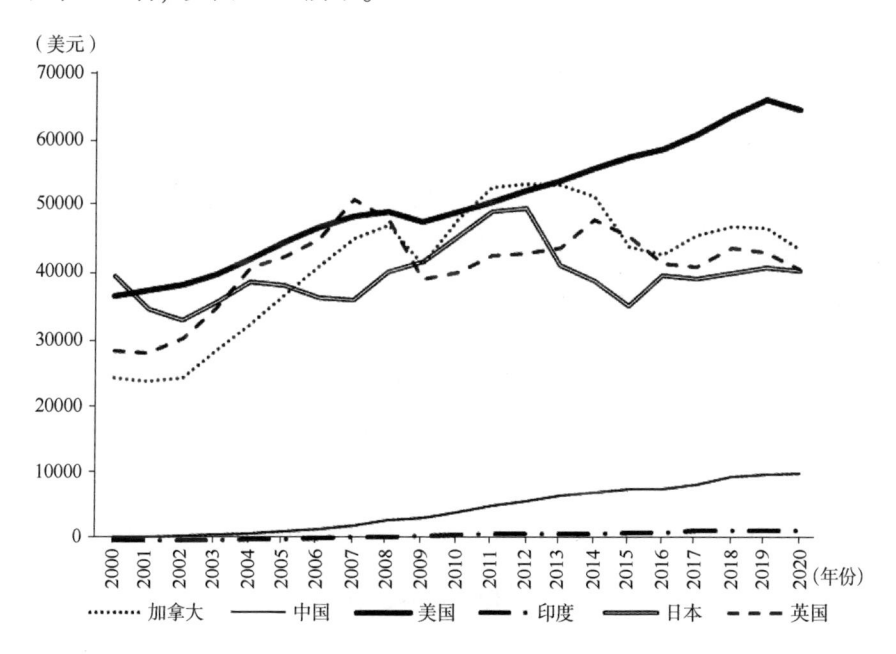

图 4-8 2000—2020 年世界人均 GDP

资料来源：世界银行网站。

2020 年我国人均 GDP 为 10435 美元，一次能源人均消费量为 101.1 千瓦时，美国人均 GDP 是我国的 6.06 倍，一次能源人均消费量是我国的 2.62 倍；日本人均 GDP 是我国的 3.85 倍，一次能源人均消费量为我国的 1.33 倍。随着我国经济高质量发展，人均 GDP 将逐渐与美国等发达国家缩小差距，一次能源人均消费量将显著增加，如图 4-9 所示。

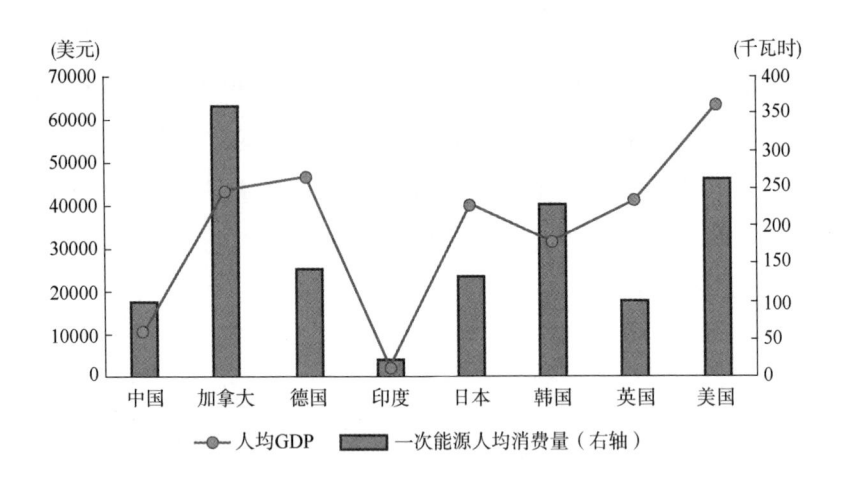

图 4-9　2020 年世界人均 GDP 和一次能源人均消费量

资料来源：世界银行网站，https：//data.worldbank.org.cn/；《中国统计年鉴（2002—2021年）》，美国地质调查局网站，https：//www.usgs.gov/。

1990—2020 年，发达国家的电力消费量占比越来越小，发展中国家，主要是中国占比越来越大。1990 年中国电力消费量占全球的比重为 5.20%，同期的日本和美国分别为 7.37% 和 27.04%，印度为 2.41%；2020 年中国电力消费量占全球的比重则增长到 29%，达到 7779.1 千瓦时，同期日本和美国分别下降到 3.75% 和 15.98%，印度则上升到 5.82%，如图 4-10 所示。

1999—2020 年中国人均电力量处于快速上升阶段，其余发达国家人均电力消费量均已达峰，并在波动中逐渐下降（如图 4-11 所示）。美国人均用电量常年居全球高位。2000 年起中国人均用电量保持高速率增长，2020 年达 5405 千瓦时，但与发达国家人均用电量水平仍存在较大差距。

2020 年我国煤电装机容量占总装机容量比重首次低于 50%，新增水电、风电及太阳能发电合计装机占新增发电装机近七成。2030 年中国的电力需求将达 11 万亿千瓦时，其中煤电需求量约 5.2 万亿千瓦时，占

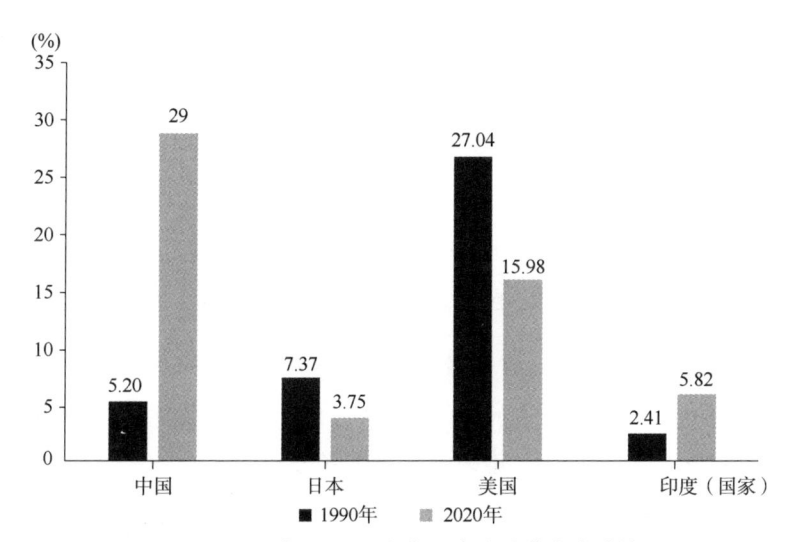

图 4 - 10　1990 年和 2020 年各国电力消费占全球的比重

资料来源：《中国统计年鉴（2002—2021 年）》和美国地质调查局网站，http：//www.usgs.gov/。

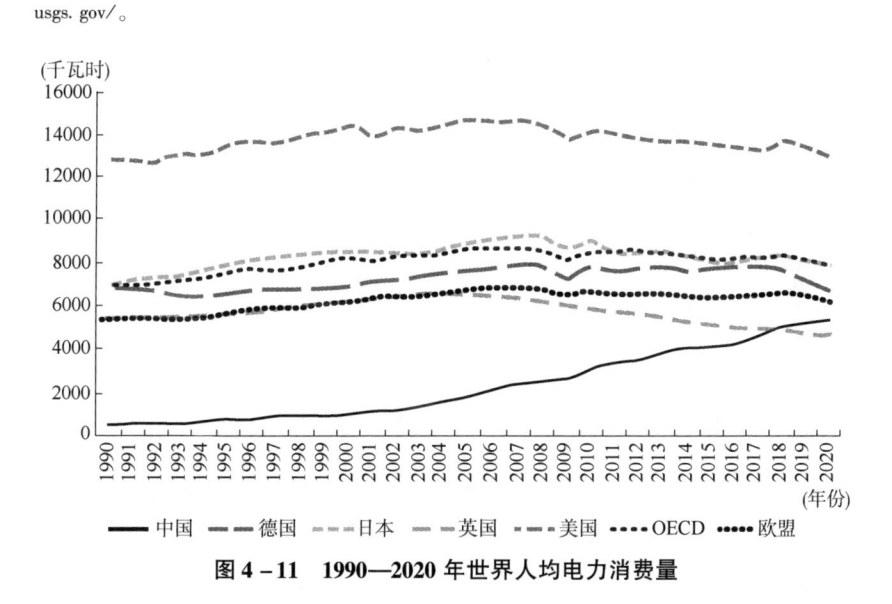

图 4 - 11　1990—2020 年世界人均电力消费量

资料来源：世界银行网站，https：//data.worldbank.org.cn/。

比 47.5%，可再生能源贡献 52.5% 发电量。其中电力行业的碳排放量占全国电力行业的 32%，仍居全国首位。中国人均电力消费量达到 OECD

或美国等发达经济体水平时，电力消费量约为12400.9亿千瓦时至20787.6亿千瓦时，2020年中国电力消费量为7779.1亿千瓦时，届时新增4621.8亿千瓦时至13008.5亿千瓦时（较2020年增长59.4%—167.2%），能源消费量将全部由可再生能源提供。

2021年内蒙古风电装机3786万千瓦，居全国首位，太阳能发电装机1232万千瓦，也位居全国前列。"十四五"时期，电力需求持续增长，煤电占比逐步下降，清洁电力的发电量稳步增长，能源结构持续优化。预计2025年内蒙古新能源发电装机占比将超50%，全区煤炭消费比重降至75%以下；2030年内蒙古新能源发电占比达50%左右，领先于国家总体新能源规划水平，预计2030年中国10%—15%的电力供给可能来自内蒙古。

"十四五"时期全国能源年综合生产能力将达46亿吨标准煤，其中煤炭消费量将下降至51%，内蒙古煤炭产量将稳定在10.5亿吨左右，煤炭消费量降至75%。2025年我国非化石能源消费比重达20%左右，内蒙古需在保证能源综合生产能力达到8.2亿吨标准煤的情况下，完成非化石能源消费占比18%的目标。2025年全国可再生能源电力消纳占比达39%左右，内蒙古可再生能源电力消纳占比达30%。

截至2021年，全球已有54个国家和地区实现碳达峰，2个国家（苏里南共和国、不丹）实现碳中和。2020年，我国人均GDP为10434.8美元，一次能源人均消费量为101.1吉焦，美国、日本人均GDP分别为我国的6.06倍、3.85倍，一次能源人均消费量分别是我国的2.62倍、1.33倍。2020年内蒙古GDP贡献量仅为全国的1.7%，消耗全国5.2%的能源。中国一次能源人均消费量达到OECD或美国等发达经济体水平时，一次能源消费量为271.7—476.2艾焦，2020年中国一次能源消费量为145.5艾焦，传统能源占比逐步下降，新增126.2—330.7艾焦（较2020年增长86.7%—227.3%）能源消费量全部由可再生能源提供。煤炭工业是内蒙古支柱产业之一，传统能源的逐步淘汰将对内蒙古经济将产生一定的消极影响，但伴随产业结构的调整，经济发展对能源消费的依赖程度将逐渐降低，能效水平随之改善。

二 内蒙古煤炭、石油和天然气产量略有上升

在"十二五"和"十三五"国家能源政策的指导下，2019年内蒙古原煤、原油和天然气产量较2010年分别增长1.33倍、0.07倍和0.1倍（见表4-1）。2019年内蒙古的原煤、原油和天然气的产量占全国的比重分别为20.23%、0.06%和1.08%。

表4-1 2010—2019年内蒙古原煤、原油、天然气和其他能源产量

（单位：万吨标准煤）

年份	原煤	原油	天然气	水电、核电和其他能源
2010	45935.36	262.97	2699.16	724.41
2011	53844.89	291.08	3312.55	768.46
2012	52898.95	282.54	3448.18	1032.15
2013	53430.79	275.21	3601.09	1253.06
2014	54811.31	276.95	3738.78	1378.71
2015	50507.07	253.07	3869.15	1608.40
2016	46980.61	247.52	3617.94	1816.87
2017	49385.30	180.12	2865.53	2150.51
2018	55456.40	17.44	197.64	2458.92
2019	61235.13	19.26	269.70	2690.60

资料来源：《中国统计年鉴（2021）》《内蒙古统计年鉴（2021）》。

内蒙古原油、天然气和原煤产量不仅取决于国际原油、天然气和原煤产品市场的调节，还取决于国家相关的产业政策。从国家产业政策来看，国家对原油产业和天然气产业的产能增长、原煤项目加以控制，鼓励水电、核电和其他能源的发展。国家产业规划基本情况见表 4-2。

表 4-2　　　　　　　　　　　国家产业规划基本情况

时间	"十二五"时期	"十三五"时期	"十四五"时期
国家产业政策	① 预测 2015 年一次能源供应能力 43 亿吨标准煤 ② 能源消费总量 40 亿吨标准煤，用电量 6.15 万亿千瓦时，能源综合效率提高到 38% ③ 非化石能源消费比重提高到 11.4%，天然气占一次能源消费比重提高到 7.5%	① 预测原煤、原油和天然气 2020 年产量 39 亿吨、2 亿吨、2200 亿立方米 ② 能源消费总量控制在 50 亿吨标准煤以内，煤炭消费总量控制在 41 亿吨以内 ③ 非化石能源消费比重提高到 15% 以上，天然气消费比力争达到 10%，煤炭消费比重降低到 58% 以下	① 预测天然气和原油 2025 年产量为 2300 亿立方米和 2 亿吨 ② 加强煤炭安全托底保障，发挥煤电支撑性调节性作用 ③ 非化石能源消费比重提高到 20% 左右，非化石能源发电量比重达到 39% 左右
全国产量	2015 年产量：原煤 37.47 亿吨，原油 2.15 亿吨，天然气 1346.10 亿立方米	2020 年产量：原煤 39.02 亿吨，原油 1.95 亿吨，天然气 1924.95 亿立方米	2021 年产量：原煤 40.71 亿吨，原油 1.99 亿吨，天然气 2052.6 亿立方米
内蒙古产量	2015 年产量：原煤 9.10 亿吨，原油 167 万吨，天然气 237.9 亿立方米	2020 年产量：原煤 10.26 亿吨，原油 119.3 万吨，天然气 277.4 亿立方米	2021 年产量：原煤 10.39 亿吨

注：主要参考文献为《关于"十四五"推动石化化工行业高质量发展的指导意见》（工信部联原〔2022〕34 号）、《关于促进天然气协调稳定发展的若干意见》（国发〔2018〕31 号）、《能源发展"十二五"规划》、《能源发展"十三五"规划》、《"十四五"现代能源体系规划》、《2020 年能源工作指导意见》、《内蒙古自治区"十四五"油气发展规划》、《煤炭工业"十四五"高质量发展指导意见》。2022 年数据来源于中国国家统计局网站、中国煤炭工业协会网站。

"十四五"时期,在石油和天然气需求基本稳定的条件下,内蒙古石油和天然气产业面对"双碳"背景下产能产量"双限"、能耗"双控"的产业政策和国家保供稳价等政策,石油和天然气产量将严格受到抑制,行业将进入存量或减量发展阶段,预计年均石油和天然气产量围绕2020年水平波动。"十四五"时期,煤炭的常规需求继续保持稳定,但新能源、新基建、新消费将为煤炭消费带来巨大潜力。

第二节 冶金产业发展趋势

一 中国对钢铁、铝和铜消费量基本稳定

钢铁和铝是消费量最大的两种金属产品,铜的消费量也趋于增长。从长期来看,一方面,人均金属消费量存在最高极限值,不会无限持续增长;另一方面,金属产品是可重复使用的耐用品,废金属产品和金属矿产品成为金属供给的两个重要方面。尽管如此,由于人口增长率、各国工业化程度、经济周期、通货膨胀、国家政治军事等若干因素的影响,大宗金属商品市场存在一定波动。但不论如何,大宗金属商品的市场发展趋势还是有一些规律的。

1990—2020年,国际钢铁产业格局出现了重大演变。1990年中国粗钢产量占全球的比重为8.57%,同期的日本和美国分别为14.27%和11.63%,印度为1.95%;2020年中国粗钢产量占全球的比例则增长到56.83%,达到10.57亿吨,同期日本和美国分别下降到4.47%和3.91%,印度则上升到5.39%。生产总体趋势是发达国家的产量占比越来越小,发展中国家,主要是中国占比越来越大,如图4-12所示。

新发展格局下宏观政策的演进及其影响

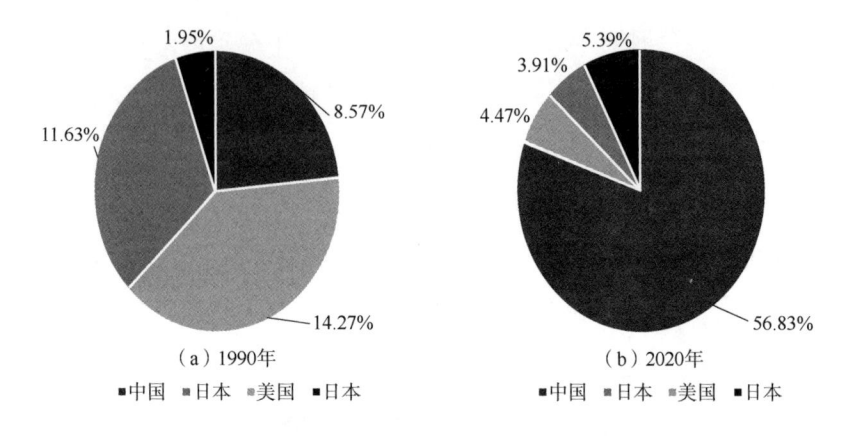

（a）1990年
■中国 ■日本 ■美国 ■日本

（b）2020年
■中国 ■日本 ■美国 ■日本

图 4-12　1990 年和 2020 年各国粗钢产量占全球比重

资料来源：《中国统计年鉴（2002—2021 年）》和美国地质调查局网站，http：//www.usgs.gov/。

1990 年全球原铝产量为 1930 万吨，中国产量为 85 万吨，占全球产量的比重为 4.4%，经过 30 来年的持续快速发展，到 2020 年，中国产量为 3708 万吨，占全球产量 6250 万吨的 56.87%，如图 4-13 所示。全球原铝产量的快速增长，主要增长部分来自中国的增长份额。

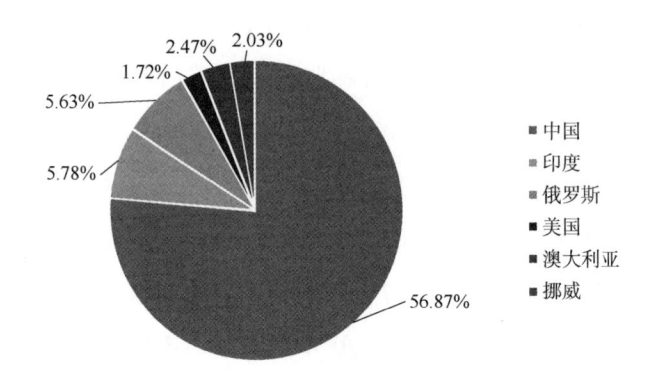

■中国
■印度
■俄罗斯
■美国
■澳大利亚
■挪威

图 4-13　2020 年世界铝工业格局

资料来源：美国地质调查局网站的原铝产量数据，http：//www.usgs.gov/。

三十多年以来全球钢铁和铝工业格局演变的主要原因是中国经济的快速发展，引发了对钢铁和铝产品需求大幅度持续增长。2021 年，中国

· 166 ·

人均 GDP 达到了 12000 美元，经济发展模式由高速增长阶段转换到高质量发展阶段。国内市场对钢铁和铝的需求数量和质量也发生了重大变化，如图 4-14 所示。国家《"十四五"原材料工业发展规划》指出："面对高质量发展新阶段的新形势，钢铁、电解铝等主要大宗原材料产品需求将陆续达到或接近峰值平台期，规模数量型需求扩张动力趋于减弱。"

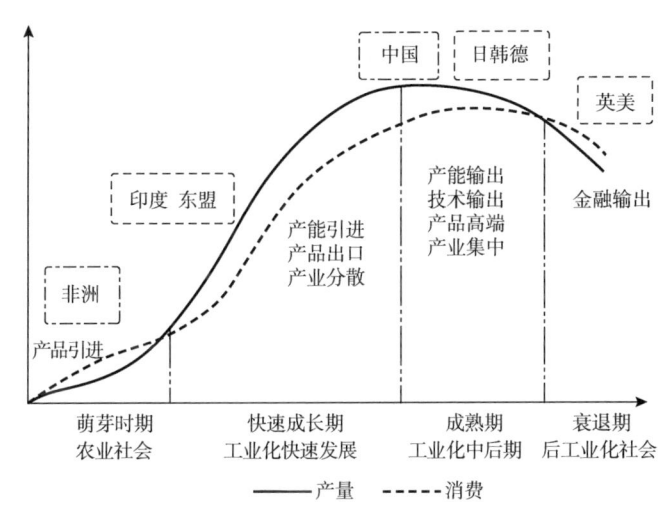

图 4-14 钢铁工业生命周期模型

资料来源：郑国栋、陈其慎、邢佳韵等：《典型国家钢铁产业发展路径与启示》，《中国国土资源经济》2021 年第 8 期。

近几十年以来，美国一直是世界上经济总量第一大国，人均 GDP 也处于高收入国家前列。根据 1950—2018 年美国原铝表观消费量来看，美国原铝表观消费量基本在 300 万—700 万吨区间内波动，均值为 500 万吨。根据一些国家或地区的经验来看，未来 5—10 年中国对钢铁和铝等大宗原材料产品的供给和需求不会再大幅增长，如图 4-15 所示。

1990 年，中国精炼铜产量为 56 万吨，占世界总产量的 5.19%，日本和美国的产量分别为 101 万吨和 202 万吨，分别占世界总产量的 9.35% 和 18.7%。此后世界精炼铜工业格局持续发生变化，到 2020 年，中国精炼铜

图 4-15　1970—2018 年美国原铝表观消费趋势

资料来源：美国地质调查局网站的铝业历史全球统计数据，https://www.usgs.gov/。

产量为 1000 万吨，占世界总产量的 38.46%，日本和美国的产量分别为 150 万吨和 100 万吨，分别占世界产量的 5.77% 和 3.85%，如图 4-16 所示。

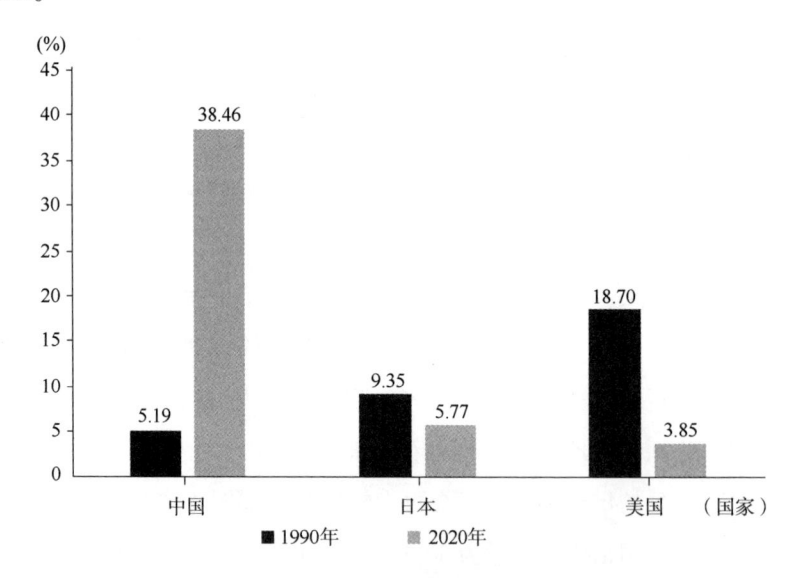

图 4-16　1990 年和 2020 年各国铜产量占全球的比重

资料来源：美国地质调查局网站。

铜的常规消费行业主要是家电、交通运输和电力电网等产业，这些产业对于铜的消费趋于成熟和稳定，短期内不会有较大的变化。

二 内蒙古钢铁、铝和铜产量基本稳定

在"十二五"和"十三五"国家产业政策指导下，与2010年相比，2020年内蒙古的粗钢、电解铝和精炼铜的产量分别增长了1.53倍、2.86倍和1.65倍。截至2020年，内蒙古的粗钢、电解铝和精炼铜的产量占全国的比重分别为2.93%、5.53%和15.49%（见表4-3）。

表4-3　2011—2020年内蒙古粗钢、电解铝和精炼铜产量　（单位：万吨）

年份	粗钢	电解铝	精炼铜
2011	1669.75	165.7	24.5
2012	1734.14	179.4	18.78
2013	1978.56	208.85	24.54
2014	1661.48	235.88	27.68
2015	1735.11	259.64	17.40
2016	1813.24	248.53	17.29
2017	1983.51	265.83	14.62
2018	2307.58	431.24	30.83
2019	2653.69	500.38	41.79
2020	3119.87	574.21	55.48

资料来源：《中国统计年鉴（2021）》《内蒙古统计年鉴（2021）》。

内蒙古钢铁和铝产量不仅取决于国际钢铁和铝产品市场的调节，还取决于国家相关产业政策。从国家"十二五""十三五""十四五"产业政策来看，国家限制钢铁产业和铝产业的产能增长，并对铜冶炼项目也有一定控制（见表4-4）。

表4-4　　　　　　　　　　国家产业规划基本情况

时间	"十二五"时期	"十三五"时期	"十四五"时期
国家产业政策	① 2015年国内粗钢导向性消费量约为7.5亿吨 ② 电解铝精炼、铜产量分别控制在2400万吨、650万吨，年均增长率分别为8.8%、7.3% ③ 严禁建设新增产能项目，坚决淘汰落后产能	① 粗钢产能减少到10亿吨以下，净减少1亿—1.5亿吨 ② 预测精炼铜和电解铝2020年产量为980万吨和4000万吨 ③ 从严控制铜、电解铝等新建冶炼项目，电解铝建设和改造项目要严格落实产能等量或减量置换方案	① 严禁新增钢铁产能 ② 完善并严格落实电解铝行业产能置换相关政策
全国产量	2015年产量：粗钢8亿吨，电解铝3141万吨，精炼铜796万吨	2020年产量：粗钢10.57亿吨，电解铝3708万吨，精炼铜1002.51万吨	2021年产量：粗钢10.3亿吨，电解铝3850万吨，精炼铜1049万吨
内蒙古产量	2015年产量：粗钢1735.11万吨，电解铝259.64万吨，精炼铜17.4万吨	2020年产量：粗钢3119.87万吨，电解铝574.21万吨，精炼铜55.48万吨	2021年1—10月产量：粗钢2559.1吨，电解铝481.1万吨

注：主要参考文献为《国务院关于化解产能严重过剩矛盾的指导意见》（国发〔2013〕41号）、《国务院关于钢铁行业化解过剩产能实现脱困发展的意见》（国发〔2016〕6号）、《钢铁工业"十二五"发展规划》、《有色金属工业"十二五"发展规划》、《关于遏制电解铝行业产能过剩和重复建设引导产业健康发展的紧急通知》（工信部联原〔2011〕177号）、《钢铁工业调整升级规划（2016—2020年）》、《有色金属工业发展规划（2016—2020年）》、《钢铁行业产能置换实施办法》、《"十四五"原材料工业发展规划》、《关于促进钢铁工业高质量发展的指导意见》（工信部联原〔2022〕6号）。2021年数据来源于内蒙古自治区统计局网站和中国有色金属工业网。

"十四五"时期，在钢铁和铝需求基本稳定的条件下，内蒙古钢铁和铝产业在面对"双碳"背景下产能产量"双限"、能耗"双控"的产业政策和国家"保供稳价"等政策调控下，钢铁和铝产量将受到严格抑制，行业将进入存量或减量发展阶段，预计年均钢铁和铝产量围绕2020年水平波动。

"十四五"时期，铜的常规需求将继续保持稳定，但新能源、新基建、新消费将为铜消费带来巨大潜力。根据工信部、发改委及科技部联合印发的《汽车产业中长期发展规划》，至2025年，中国汽车生产规模计划达到3500万辆左右，其中新能源汽车产销占比达到20%以上。根据国际铜业协会统计,一辆纯电轿车至少需要 83 千克铜产品,而传统燃油车仅需约 20 千克铜产品,新能源车铜需求大幅提高。不过,受内蒙古环境保护政策约束,内蒙古铜矿开采和铜冶炼规模不会增加,产量基本维持在 2020 年水平。

第三节 大宗商品价格波动对内蒙古经济的影响

一 国际能源价格波动与内蒙古经济关联性

(一)煤炭价格上涨拉动内蒙古经济发展

总体来看,内蒙古地区生产总值指数的波动幅度较小,国际煤炭价格波动幅度剧烈(如图 4-17 所示)。内蒙古地区生产总值指数在 100—130 区间内上下波动,2005 年达最高点,为 119.6,2020 年降至最低点 100.2。煤价的波动幅度较大,在 2008—2010 年处于高位水平,超过 100 美元/吨。后在 2015 年急速下降至 67.53 美元/吨,并于 2017 年迅速反弹,随后在波动中下降至 2020 年的 83.10 美元/吨。

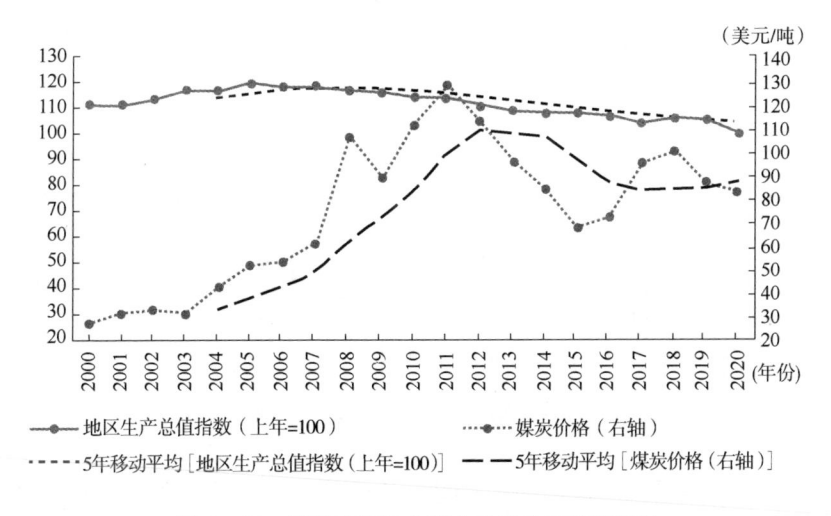

图 4-17 煤炭价格与内蒙古地区生产总值指数

为减少单年巨大波动对数据趋势的掩盖，用前 5 年数据平均值代替当年数据绘制国际煤炭价格和内蒙古地区生产总值指数平滑曲线。国际煤炭价格平滑曲线在 2012 年前均呈上升走势，随后尽管呈缓慢下降趋势，但煤炭价格一直偏高。内蒙古地区生产总值指数平滑曲线变化趋势较为平缓，波动起伏相对较小。

从国际煤炭价格与内蒙古第二产业增加值指数对比来看，中国煤价与第二产业增加值指数的波动趋势较为相近。内蒙古第二产业增加值指数在 2005 年达到峰值后在波动中下降，2021 年数值有所提升。从 5 年平均值绘制的中国煤价和内蒙古第二产业增加值指数平滑曲线来看，煤价平滑曲线在 2003—2008 年显著上升，并在 2010 年左右达到顶点，随后出现显著下降趋势，并于近一年出现转折。内蒙古地区第二产业增加值指数平滑曲线变化趋势较简单，曲线于 2008 年左右达到峰值后一直呈现下降趋势（如图 4-18 所示）。总体来看，两者均为迅速上升达到峰值，而后在波动中下降。

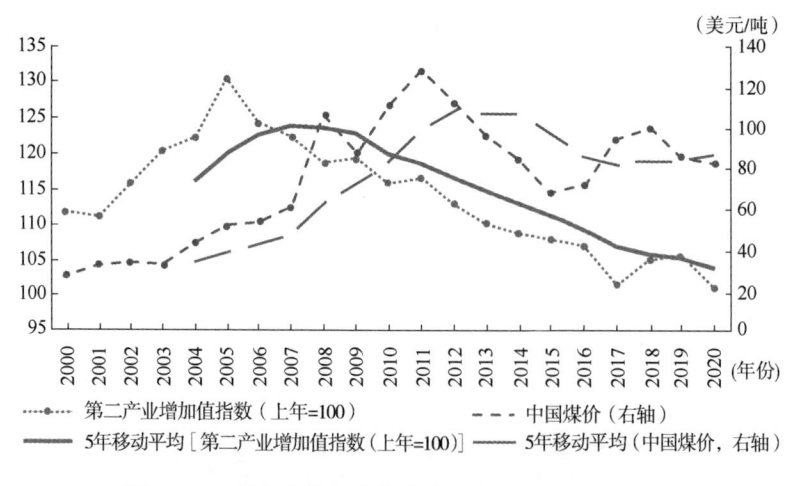

图 4-18 煤炭价格与内蒙古地区第二产业增加值指数

近期，国家发展改革委先后印发了《关于进一步完善煤炭市场价格形成机制的通知》（发改价格〔2022〕303 号，以下简称 303 号文）和

2022年4号公告，明确于5月1日起实施。303号文提出了煤炭中长期交易价格合理区间，4号公告提出了煤炭领域哄抬价格行为的具体认定标准，实质上明确了煤炭现货价格合理区间，两份文件构建了煤炭价格预期引导和调控监管的闭环机制，是煤炭价格运行在合理区间的重要政策保障。

煤炭作为内蒙古支柱产业，煤炭价格波动对内蒙古经济社会发展的影响是必然的。煤炭价格上涨是全国性的，产生的原因不仅是国内供需关系的不平衡，更是由于经济高质量发展程度不足所导致，而且也有来自国际合作关系变化和疫情传播导致进口煤受限的影响。

从国际煤炭价格与内蒙古地区生产总值相关关系来看，地区生产总值与国际煤炭价格存在一定的正向关系。将煤炭作为自变量，而将地区生产总值作为因变量进行线性回归分析可以看出，煤会对地区生产总值产生显著的正向影响关系（见图4-19）。当前，内蒙古自治区的煤炭价格在405.16—557.88元/吨，产量为10亿吨，总产值在4000亿—6000亿元。

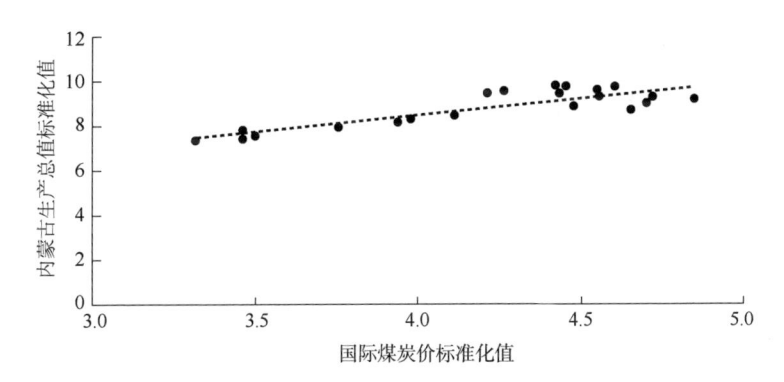

图4-19 煤炭与内蒙古地区生产总值相关性分析

注：$y = 2.61 + 1.47x$，$R^2 = 0.74$。

煤炭消费达峰预计将早于全国碳达峰，一般预测的达峰时间为"十四五"末或"十五五"时期，消费峰值为44亿吨至48亿吨原煤，并总体处于峰值平台期。国家能源消费总格局尚未发生根本性变化，煤炭依然占据基础性兜底保障地位，占一次能源消费将持续下降，但仍保持在45%以上。到 2035 年，我国能源结构更加优化，能源利用效率持续提升。清洁能源在能源消费中的占比持续提高，而煤炭消费受碳减排、煤电规模压缩影响，占一次能源消费比将持续下降。内蒙古煤炭消费量预测分析如图 4-20 所示。

情景一，尽管加快了新能源发电的建设速度，但对整体煤炭需求量未造成较大影响，全国煤炭需求量保持既定增速。煤炭消费达峰时间预计为 2028 年。

情景二，在人口增长缓慢、经济增长乏力、新能源推进速度较快的情况下，全国煤炭需求量增速较大程度下降。煤炭消费达峰时间预计为 2025 年。

情景三，在人口与 GDP 均快速增长、新能源发电缓慢推进的情况下，全国煤炭需求量增速较大程度上升。煤炭消费达峰时间预计为 2030 年。

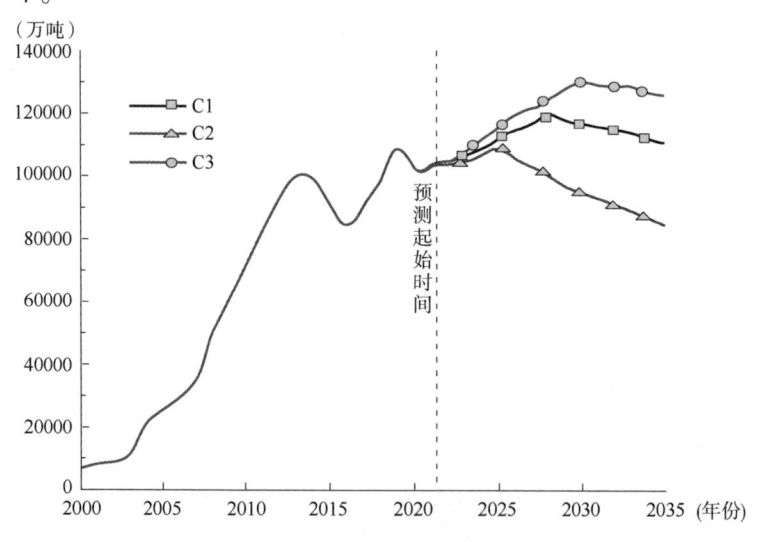

图 4-20 内蒙古煤炭消费量预测分析

根据国家发展改革委于 2022 年 5 月 1 日起实施的《关于明确煤炭领域经营者哄抬价格行为的公告》，保障晋陕蒙等重点地区煤炭出矿环节中长期交易价格合理区间。其中蒙西煤炭价格合理区间为 260 元/吨至 460 元/吨，由上限和下限价格分别预测煤炭产值（见图 4-21、表 4-5 和表 4-6）。

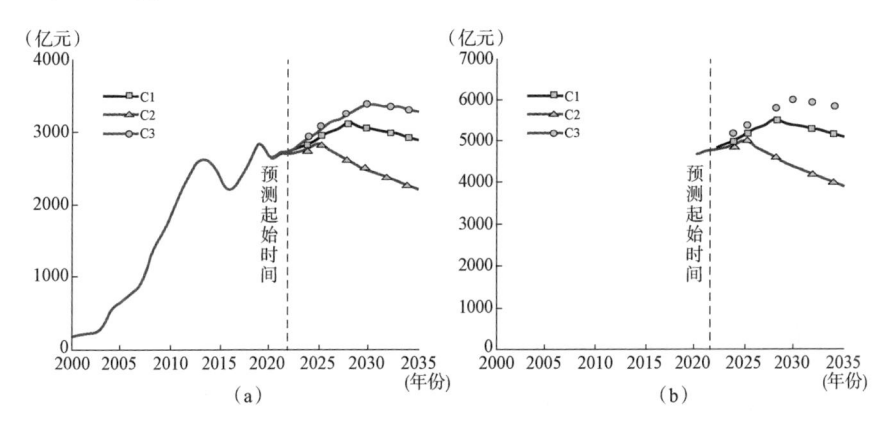

图 4-21 内蒙古煤炭产值预测分析

表 4-5 内蒙古煤炭产值对 GDP 贡献率的预测（煤价 = 260 元/吨）

年份	C1(%)	C2(%)	C3(%)
2022	12.71	12.59	12.71
2023	12.37	12.14	12.49
2024	12.04	11.82	12.37
2025	11.83	11.50	12.23
2026	11.58	10.68	12.09
2027	11.26	9.91	11.74
2028	11.03	9.19	11.49
2029	10.36	8.51	11.23
2030	9.81	7.96	10.90
2031	9.29	7.45	10.36

续表

年份	C1(%)	C2(%)	C3(%)
2032	8.79	6.96	9.87
2033	8.33	6.50	9.41
2034	7.81	6.07	8.86
2035	7.40	5.66	8.40

表4-6 内蒙古煤炭产值对GDP贡献率的预测（煤价=460元/吨）

年份	C1(%)	C2(%)	C3(%)
2022	22.49	22.27	22.49
2023	21.89	21.48	22.09
2024	21.30	20.91	21.88
2025	20.94	20.34	21.65
2026	20.50	18.89	21.39
2027	19.92	17.53	20.77
2028	19.51	16.26	20.32
2029	18.32	15.06	19.88
2030	17.35	14.09	19.28
2031	16.43	13.17	18.33
2032	15.56	12.31	17.45
2033	14.73	11.50	16.64
2034	13.82	10.74	15.67
2035	13.09	10.02	14.85

假设内蒙古GDP保持4.7%增长速度，当煤价是260元/吨时，2025年在情景一中，煤炭产值对GDP的贡献率是11.83%；在情景二中，煤

炭产值对 GDP 的贡献率是 11.50%；在情景三中，煤炭产值对 GDP 贡献率是 12.23%。2030 年内蒙古煤炭产值对 GDP 的贡献率分别为 9.81%、7.96%、10.90%。2035 年内蒙古煤炭产值对 GDP 的贡献率分别为 7.40%、5.66%、8.40%。

当煤价是 460 元/吨时，2025 年在情景一中，煤炭产值对 GDP 的贡献率是 20.94%；在情景二中，煤炭产值对 GDP 的贡献率是 20.34%；在情景三中，煤炭产值对 GDP 贡献率是 21.65%。2030 年内蒙古煤炭产值对 GDP 的贡献率分别为 17.35%、14.09%、19.28%。2035 年内蒙古煤炭产值对 GDP 的贡献率分别为 13.09%、10.02%、14.85%。

情景一，新能源发电比例依照内蒙古第十一次党代会中"两个超过"目标平稳推进，2025 年新能源占比 34.7%，2030 年达 50%（如图 4-22 所示）。

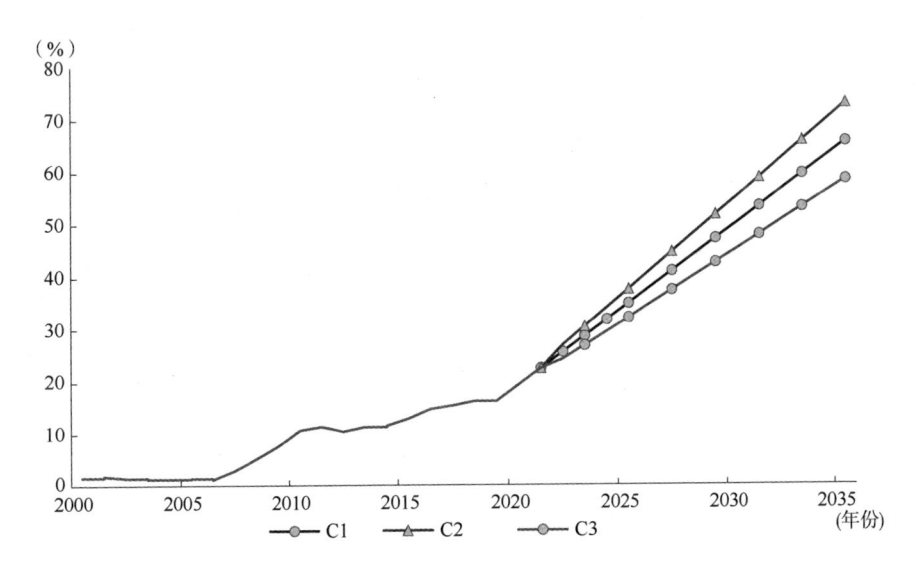

图 4-22 内蒙古新能源发电比例预测分析

情景二，新能源发电建设推进快速，2025 年新能源占比 37.4%，2030 年超 55%。

情景三，新能源建设缓慢，2025年新能源占比低于32%，2030年为45%左右。

情景一，2025年内蒙古发电量总产值达4428亿元，占内蒙古生产总值18%；2030年超5825亿元，占内蒙古GDP比重上升至18.8%（如图4-23和图4-24所示）。外送电力总产值增长较为平稳，2025年增长至1242亿元，占内蒙古GDP的5.2%；2030年超1480亿元，占内蒙古GDP比重降至4.8%。

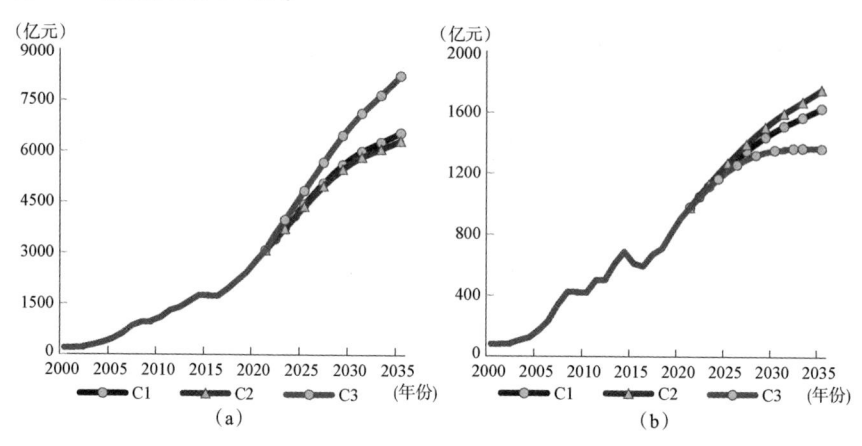

图4-23 内蒙古发电量产值、外送电力产值预测分析

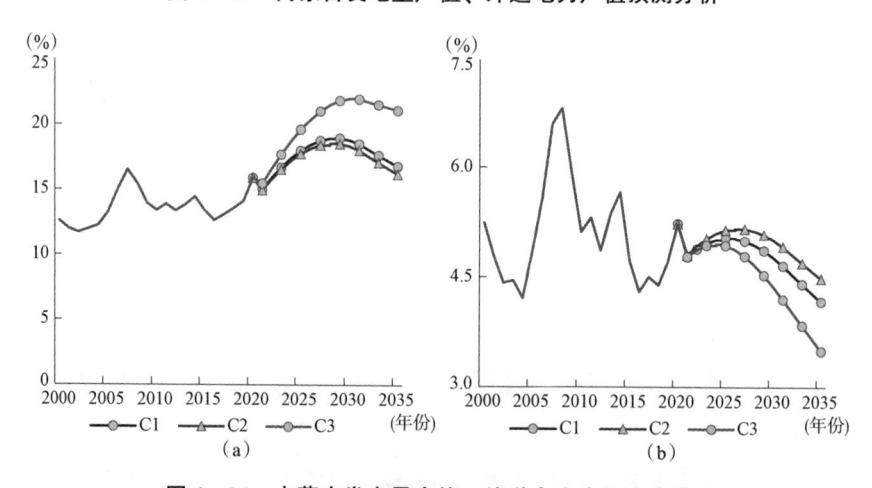

图4-24 内蒙古发电量产值、外送电力产值占内蒙古GDP比重预测分析

情景二，2025 年内蒙古发电量总产值达 4367 亿元，占内蒙古生产总值 17.7%；2030 年超 5680 亿元，占内蒙古 GDP 比重约 18.3%。外送电力总产值增长较快，2025 年外送电力总产值近 1270 亿元，占内蒙古 GDP 的 5.2%；2030 年超 1554 亿元，占内蒙古 GDP 比重下降至 5%。

情景三，发电量总产值涨幅明显，2025 年达 4826 亿元，占内蒙古生产总值 19.6%；2030 年超 6818 亿元，占内蒙古 GDP 比重约 22%。外送电力总产值趋于平稳，2025 年增长至 1217 亿元，占内蒙古 GDP 的 4.9%；2030 年为 1356 亿元，占内蒙古 GDP 比重降至 4.4%。

（二）石油价格上涨对内蒙古经济增长影响有限

2022 年以来，国际油价持续上行，屡创近年新高。Wind 数据显示，伦敦商品交易所布油连续价格突破 95 美元，距每桶 100 美元大关仅一步之遥。此番国际油价开启强势行情，催化剂是俄乌冲突持续升级。碳中和目标下，与其他大宗商品相比，石油价格大幅波动将长期存在，成为全球经济发展的最大不确定因素之一。对于中国而言，由于中长期合同保障，国际油价上涨短期影响有限，但我国对国际油气资源依赖度极高，且石油需求还在继续增长，中长期风险不容忽视。

国际原油影响我国油价的变化。国际原油价格上涨，我们国内的油价也跟着上涨，在一个月内油价迎来了七连涨。中国对能源的需求也在增加，石油早已经成为我们国家经济发展的重要动力。虽然俄乌局势影响驱动近期油价上涨，但 OPEC 新动向、石油储备释放等因素则部分抵消了油价上涨。

国际金融危机后，国际和国内经济回暖，内蒙古经济将持续快速增长，对石油需求旺盛。伴随着内蒙古经济跨越式发展，石油的消费量快速增长。石油已成为内蒙古经济发展的重要能源基础，在内蒙古经济社会发展中发挥着不可替代的作用。

当前我国石油对外依存度为73%，随着国民经济的稳步发展、工业化和城市化步伐的加快，石油的需求量仍将快速增加，对外依存度还会提高，国内市场石油资源总体处于偏紧状态。而内蒙古属于石油资源输入地，受交通运输瓶颈制约，区内石油供需矛盾和国际油价的变动均会对自治区的经济发展产生一定制约。

从国际石油价格与内蒙古地区生产总值相关关系来看，地区生产总值与国际石油价格存在一定的正向关系（如图4-25所示）。将石油作为自变量，而将地区生产总值作为因变量进行线性回归分析可以看出，石油的回归系数值为1.60（$t=5.538$，$p=0.000<0.01$），石油会对地区生产总值产生正向影响关系。但内蒙古自治区石油储量较低，石油价格变动对内蒙古生产总值影响较小。

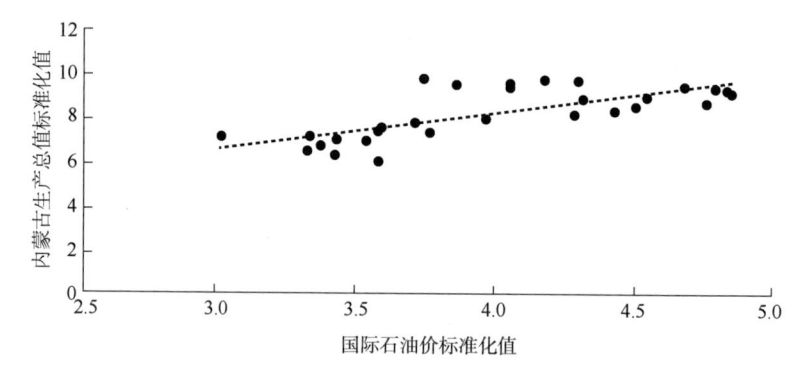

图4-25 石油与内蒙古地区生产总值相关性分析

注：$y=1.86+1.60x$，$R^2=0.53$。

（三）天然气价格上涨拉动内蒙古经济发展

国际天然气价格与内蒙古地区生产总值指数呈现较为相近的波动趋势（见图4-26），且天然气价格波动幅度显著大于内蒙古地区生产总值指数波动幅度。1992—2006年，内蒙古地区生产总值与国际天然气价格变化大致趋同；2007—2016年，国际天然气价格波动加剧、波动幅度较大，而内蒙古生产总值指数保持平稳下降的态势；2016—2020年二者波动幅度又趋于一致。

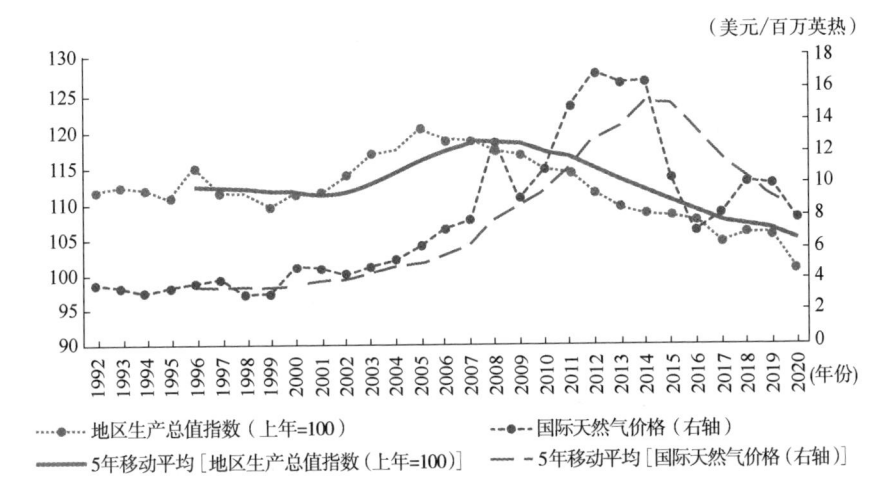

图 4-26 天然气价格与内蒙古地区生产总值指数

为减少单年巨大波动对数据趋势的掩盖，采用前5年数据平均值代替当前数据绘制国际天然气价格和内蒙古地区生产总值指数平滑曲线，进一步凸显两者相近的波动趋势。国际天然气价格平滑曲线在2010—2014年显著上升，并在2014年左右达到顶点，随后出现显著下降趋势。内蒙古地区生产总值指数平滑曲线变化趋势较简单，曲线于2008年左右达到峰值后一直呈现下降趋势，且这一趋势在近一年才有所缓解。

从国际天然气价格与内蒙古第二产业增加值指数对比来看，国际天然气价格与第二产业增加值指数的波动趋势较为相近（如图4-27所示）。内蒙古第二产业增加值指数在2005年达到峰值后在波动中持续走低。从5年平均值绘制的国际气价和内蒙古第二产业增加值指数平滑曲线来看，两者均出现了小幅下降后逐渐上升达到峰值，而后在波动中逐年下降。

(美元/百万英热)

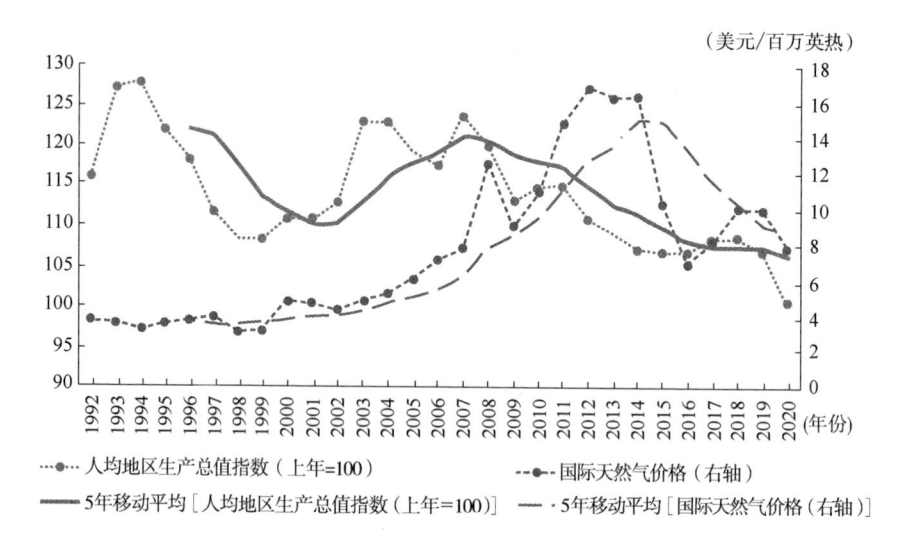

图4-27 天然气价格与内蒙古地区第二产业增加值指数

国际天然气价格上涨对内蒙古第二产业增加值增长率具有正向引领作用。短期内，天然气价格的上涨会使工业产品价格上涨，进而带动工业生产总值和增长率攀升。长期而言，随着企业生产效率、技术、替代品等的提升或增加，受其价格波动的影响会相对减弱。

从国际天然气价格与内蒙古地区生产总值相关关系来看，内蒙古生产总值与国际天然气价格存在一定的正向关系（如图4-28所示）。将天然气作为自变量，而将内蒙古生产总值作为因变量进行线性回归分析可以看出，天然气会对内蒙古生产总值产生显著的正向影响关系。内蒙古自治区天然气价格在2759.52元/吨至7528.88元/吨，产量为348.5万吨，总产值为100亿—300亿元。

（四）石油、天然气、煤炭价格走势趋同

国际油价、国际天然气价和煤炭价格的变化趋势一致。三者均为迅速上升到峰值，而后在波动中下降。但是相比较三者的波动幅度，国际油价和国际天然气价格的波动幅度相似且二者的波动幅度均略大于煤炭

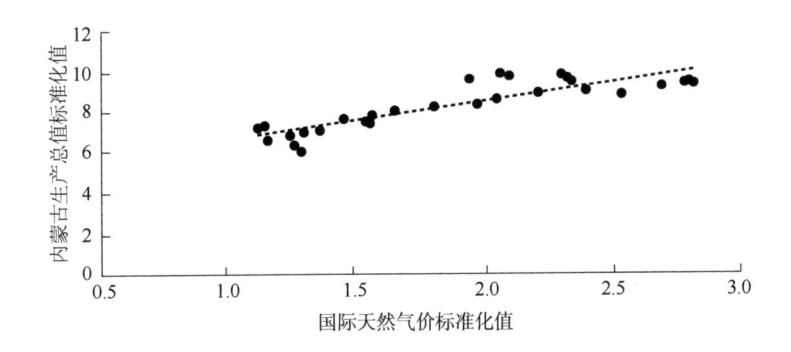

图 4-28　天然气与内蒙古地区生产总值相关性分析

注：$y=4.75+1.85x$，$R^2=0.76$。

价格的波动幅度。今年由于俄乌关系的恶化，煤炭价格的居高不下，导致了通货膨胀的进一步加深。俄罗斯煤炭作为全球煤炭重要的供给端，其产能被欧洲禁止，将导致欧洲需求向全球其他供给侧转移，全球煤炭供需短期偏紧。另外，石油、天然气价格的飙升，重新推升煤炭需求，也使全球煤炭行业的供需现状更为紧张。因此，国际煤炭价格短期难降。石油、天然气、煤炭的价格均居于高位，这对属于资源输入地的内蒙古的经济产生了一定的影响。所以为了减轻不确定因素所造成的价格上涨，进行能耗双控以及能源转型刻不容缓。

如图 4-29 所示，为减少单年巨大波动对数据趋势的掩盖，用前 5 年数据平均值代替当前数据绘制国际油价、天然气价格和煤价平滑曲线，进一步凸显三者相近的波动趋势。国际油价平滑曲线在 1996—2015 年显著上升，并在 2015 年左右达到顶点，随后出现显著下降趋势。国际天然气价格平滑曲线在 2004—2014 年显著上升，并在 2015 年左右达到顶点，随后出现显著下降趋势。煤价平滑曲线在 2003—2008 年显著上升，并在 2010 年前后达到顶点，随后出现显著下降趋势，并于 2019—2020 年出现转折。

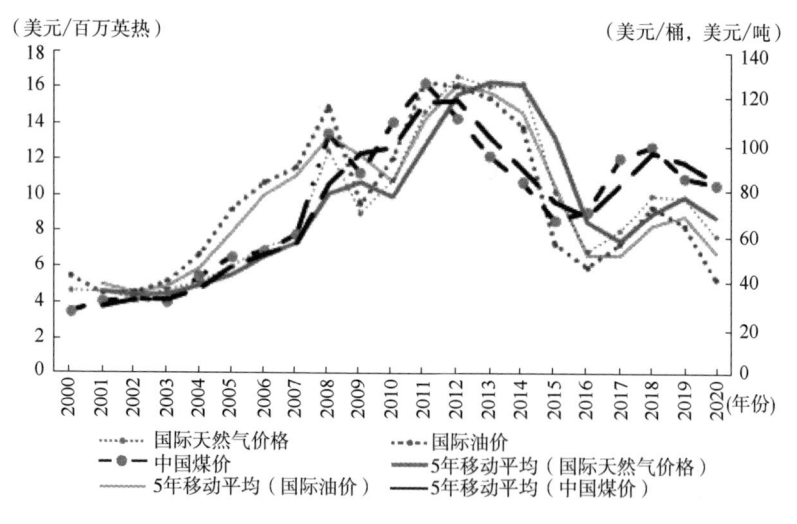

图4-29 石油、天然气、煤炭走势分析

二 国际金属价格波动与内蒙古经济存在同向变动

(一) 铁矿石价格上涨拉动了内蒙古经济发展

总体来看,国际铁矿石价格与内蒙古地区生产总值指数呈现较为相近的波动趋势(如图4-30所示),但铁矿石价格波动幅度显著大于内蒙古地区生产总值指数波动幅度。铁矿石价格在2008年和2011年均处于高位,分别达到156.0美元/千公吨和167.8美元/千公吨,并在此后出现先降后升的"U"形曲线变化趋势,于2021年再次达到161.7美元/千公吨的高位。

为减少单年巨大波动对数据趋势的掩盖,用前5年数据平均值代替当年数据绘制国际铁矿石价格和内蒙古地区生产总值指数平滑曲线(如图4-30所示)。国际铁矿石价格平滑曲线在2004—2011年持续上升,并在2011—2014年处于高位阶段,随后出现下降趋势,并于近三年出现转折。内蒙古地区生产总值指数平滑曲线变化趋势较简单,曲线于2008年左右达到峰值后一直呈现下降趋势,且这一趋势在2020—2021年才有所缓解。

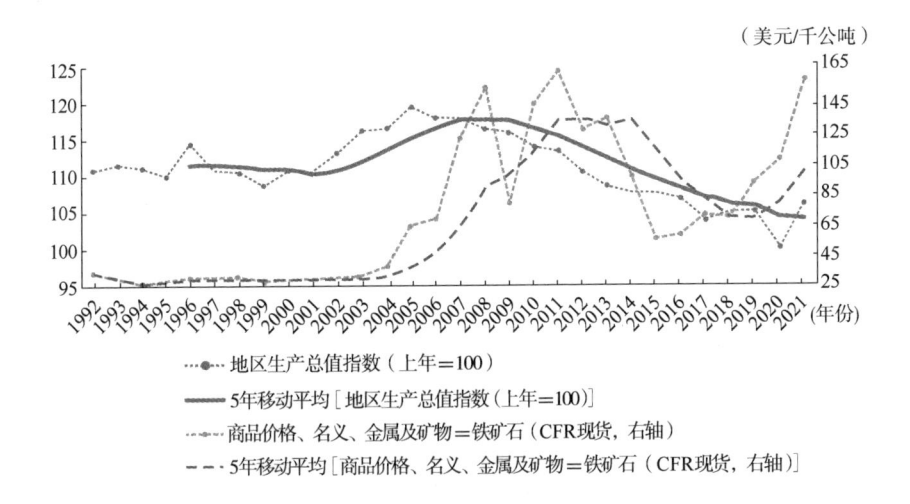

图 4-30　铁矿石价格与内蒙古地区生产总值指数

从国际铁矿石价格与内蒙古第二产业增加值指数对比来看，国际铁矿石价格与第二产业增加值指数的波动趋势较为相近（如图 4-31 所示）。从 5 年平均值绘制的国际铁矿石价格和内蒙古第二产业增加值指数平滑曲线来看，两者均出现了倒"U"形曲线趋势，即上升到高位并保持两至三年后出现明显下降趋势。2019—2021 年国际铁矿石价格平滑曲线并开始反弹，但内蒙古第二产业增加值指数平滑曲线并未出现明显上升趋势。

从国际铁矿石价格与内蒙古地区生产总值相关关系来看，地区生产总值与国际铁矿石价格存在一定的正向关系（如图 4-32 所示）。结合内蒙古规模以上工业企业分行业主要经济指标中黑色金属矿采选业和黑色金属冶炼和压延加工业 2018—2020 年数值来看（见表 4-7），内蒙古黑色金属相关行业实际产值为 2000 亿元左右。因此预测短期内，在产量相对稳定的情况下，从商品相对价格的角度来看，铁矿石等内蒙古黑色金属相关行业对经济的实际贡献为 2000 亿元左右。

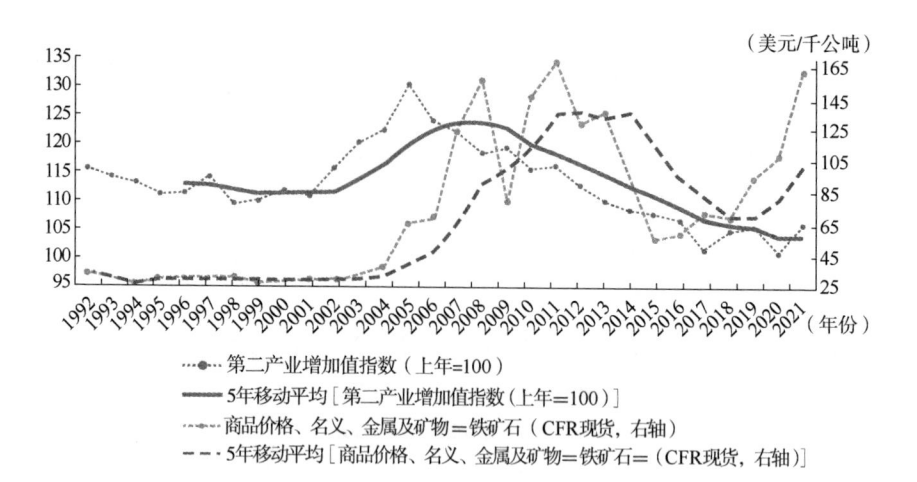

图 4-31 铁矿石价格与内蒙古第二产业增加值指数

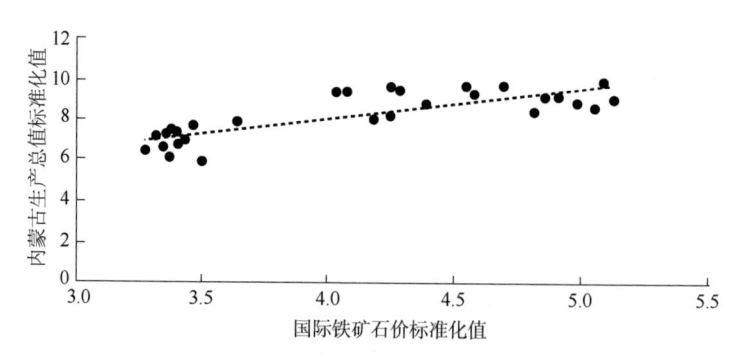

图 4-32 铁矿石价格与内蒙古地区生产总值相关性分析

注：$y = 2.21 + 1.49x$，$R^2 = 0.68$。

表 4-7　　内蒙古规模以上工业企业分行业主要经济指标　　（单元：万元）

规模以上工业企业分行业主要经济指标	2018 年	2019 年	2020 年	三年平均值
黑色金属矿采选业	1045311	1384564	1652816	1360897
黑色金属冶炼和压延加工业	14964247	19004726	19468251	17812408
总计	16009558	20389290	21121067	19173305

（二）精炼铝价格上涨拉动了内蒙古经济发展

总体来看，国际精炼铝价格与内蒙古地区生产总值指数呈现较为相近的波动趋势（如图 4-33 所示），但精炼铝价格波动幅度显著大于内蒙古地区生产总值指数波动幅度。精炼铝价格在 2006—2008 年处于高位水平，超过 2500 美元/公吨。后在 2009 年急速下降至 1664.8 美元/公吨，并于 2010 年迅速反弹，随后在波动中下降至 2016 年的 1604.2 美元/公吨。2021 年反弹至 2472.8 美元/公吨。

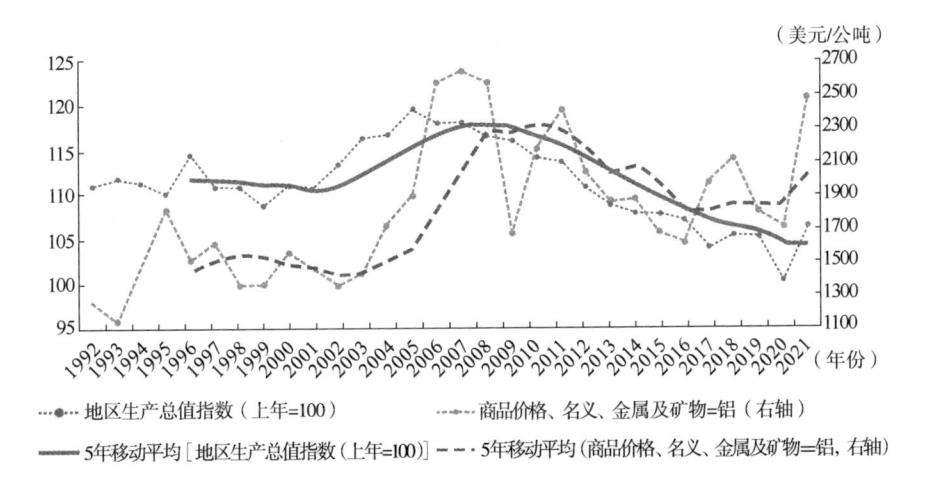

图 4-33　精炼铝价格与内蒙古地区生产总值指数

为减少单年巨大波动对数据趋势的掩盖，用前 5 年数据平均值代替当年数据绘制国际精炼铝价格和内蒙古地区生产总值指数平滑曲线，进一步凸显两者相近的波动趋势。国际精炼铝价格平滑曲线在 2005—2008 年显著上升，并在 2010 年前后达到顶点，随后出现显著下降趋势，并于近一年出现转折。内蒙古地区生产总值指数平滑曲线变化趋势较简单，曲线于 2008 年前后达到峰值后一直呈现下降趋势，且这一趋势在近一年才有所缓解。

从国际精炼铝价格与内蒙古第二产业增加值指数对比来看，国际精炼铝价格与第二产业增加值指数的波动趋势较为相近（如图4-34所示）。内蒙古第二产业增加值指数在2005年达到峰值后在波动中下降，2021年数值有所提升。从5年平均值绘制的国际精炼铝价格和内蒙古第二产业增加值指数平滑曲线来看，两者均小幅下降后迅速上升达到峰值，而后在波动中下降。2021年国际精炼铝价格平滑曲线有所上升，但内蒙古第二产业增加值指数平滑曲线未出现明显上升趋势。

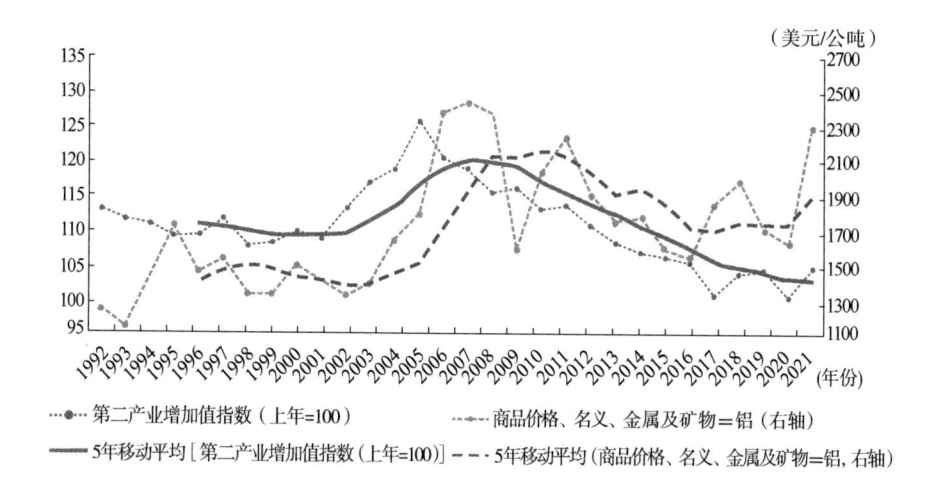

图4-34 精炼铝价格与内蒙古第二产业增加值指数

从国际精炼铝价格与内蒙古地区生产总值相关关系来看，内蒙古生产总值与国际精炼铝价格存在一定的正向关系（如图4-35所示）。结合内蒙古规模以上工业企业分行业主要经济指标中有色金属矿采选业和有色金属冶炼和压延加工业2018—2020年数值来看（见表4-8），内蒙古有色金属相关行业实际产值为1900亿元左右。因此预测短期内，在产量相对稳定的情况下，从商品相对价格的角度来看，铝、铜等内蒙古有色金属相关行业对经济的实际贡献为1900亿元左右。

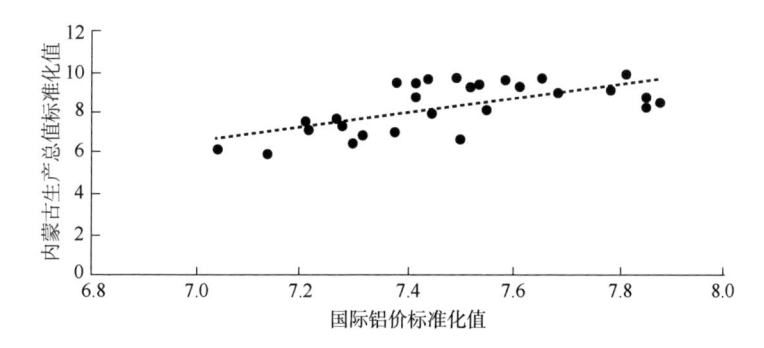

图 4-35　精炼铝价格与内蒙古地区生产总值相关性分析

注：$y = 17.50 + 3.45x$，$R^2 = 0.42$。

表 4-8　　　内蒙古规模以上工业企业分行业主要经济指标　　（单元：万元）

规模以上工业企业分行业主要经济指标	2018 年	2019 年	2020 年	三年平均值
有色金属矿采选业	2542217	1822941	1774719	2046626
有色金属冶炼和压延加工业	14481185	17027084	19113774	16874014
总计	17023402	18850025	20888493	18920640

（三）精炼铜价格上涨拉动了内蒙古经济发展

总体来看，国际精炼铜价格与内蒙古地区生产总值指数呈现较为相近的波动趋势（见图 4-36），但精炼铜价格波动幅度显著大于内蒙古地区生产总值指数波动幅度。精炼铜价格在 2006—2008 年处于高位水平，达到 7000 美元/公吨左右，并于 2011 年进一步升至 8828.2 美元/公吨，此后在波动中下降，但于 2021 年反弹至 9317.1 美元/公吨。

为减少单年巨大波动对数据趋势的掩盖，用前 5 年数据平均值代替当年数据绘制国际精炼铜价格和内蒙古地区生产总值指数平滑曲线，进一步凸显两者相近的波动趋势。国际精炼铜价格平滑曲线在 2005—2014

年持续上升,并在2014年前后达到顶点,随后出现下降趋势,并于近两年出现转折。内蒙古地区生产总值指数平滑曲线变化趋势较简单,曲线于2008年左右达到峰值后一直呈现下降趋势,且这一趋势在近一年才有所缓解。

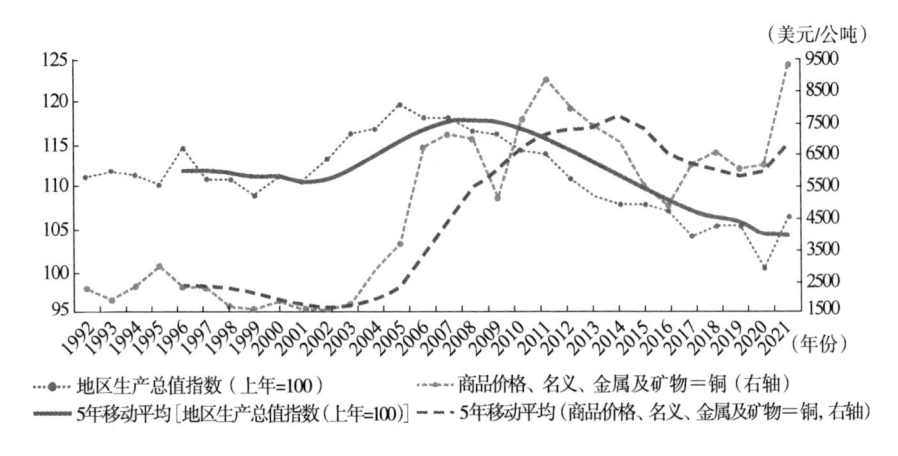

图 4-36　精炼铜价格与内蒙古地区生产总值指数

从国际精炼铜价格与内蒙古第二产业增加值指数对比来看,国际精炼铜价格与第二产业增加值指数的波动趋势较为相近(如图4-37所示)。从5年平均值绘制的国际精炼铜价格和内蒙古第二产业增加值指数平滑曲线来看,两者均小幅下降后迅速上升,达到峰值后在波动中下降。2020—2021年国际精炼铜价格平滑曲线有所上升,但内蒙古第二产业增加值指数平滑曲线未出现明显上升趋势。

从国际精炼铜价格与内蒙古地区生产总值相关关系来看,地区生产总值与国际精炼铜价格存在一定的正向关系(如图4-38所示)。结合前述内蒙古规模以上工业企业分行业主要经济指标中有色金属矿采选业和有色金属冶炼和压延加工业2018—2020年数值预测,短期内,在产量相对稳定的情况下,从商品相对价格的角度来看,铝、铜等内蒙古有色金属相关行业对经济的实际贡献为1900亿元左右。

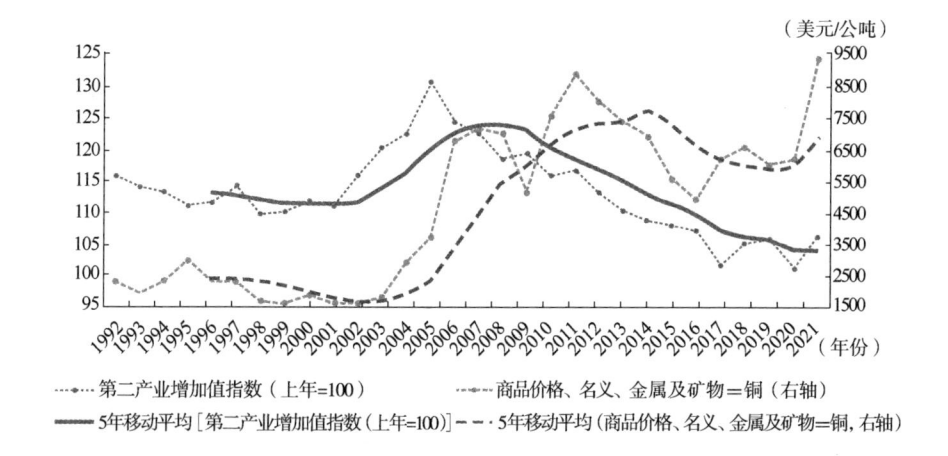

图 4-37 精炼铜价格与内蒙古第二产业增加值指数

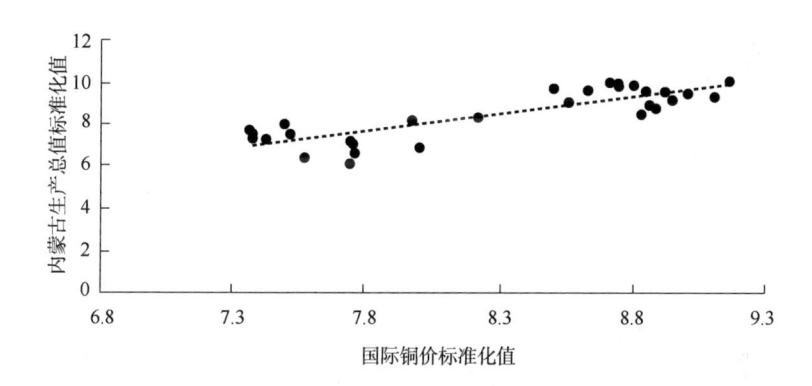

图 4-38 精炼铜价格与内蒙古地区生产总值相关性分析

注：$y = 5.05 + 1.61x$，$R^2 = 0.72$。

由于内蒙古金属产业在短期内的产量波动较小，因此实际价格趋于稳定，对经济整体贡献占比也相对稳定，因此可以用2018—2020年金属产业的平均数据反映未来一段时间内产业对经济的实际贡献。总体来看（见表4-9），近三年黑色金属和有色金属采选业、冶炼和压延加工业的工业总产值平均可达3809.39亿元，占规模以上工业企业总产值比重达26.64%，对经济的实际贡献较大。

表 4-9　　　　　　　　内蒙古金属行业工业总产值

规模以上工业企业分行业主要经济指标		黑色金属			有色金属			总计
		采选业	冶炼和压延加工业	采选业与冶炼和压延加工业	采选业	冶炼和压延加工业	采选业与冶炼和压延加工业	
2018年	工业总产值（万元）	1045311	14964247	16009558	2542217	14481185	17023402	33032960
	占规模以上工业企业总产值比重(%)	0.82	11.73	12.55	1.99	11.35	13.35	25.90
2019年	工业总产值（万元）	1384564	19004726	20389290	1822941	17027084	18850025	39239315
	占规模以上工业企业总产值比重(%)	0.95	13.01	13.96	1.25	11.66	12.90	26.86
2020年	工业总产值（万元）	1652816	19468251	21121067	1774719	19113774	20888493	42009560
	占规模以上工业企业总产值比重(%)	1.07	12.59	13.66	1.15	12.36	13.51	27.16
三年平均值	工业总产值（万元）	1360897	17812408	19173305	2046625.66	16874014.33	18920640	38093945
	占规模以上工业企业总产值比重(%)	0.95	12.44	13.39	1.46	11.79	13.25	26.64

从铁矿石等黑色金属近三年情况来看，2018—2020年规模以上工业企业黑色金属矿采选业工业总产值平均可达136.09亿元，占规模以上工业企业总产值比重达0.95%。2018—2020年规模以上工业企业黑色金属冶炼和压延加工业的工业总产值平均可达1781.24亿元，占规模以上工业企业总产值比重达12.44%。近三年来，采选业与冶炼和压延加工业的工业总产值总计可达1917.33亿元，占规模以上工业企业总产值比重达13.39%。

从铝、铜等有色金属近三年情况来看，2018—2020年规模以上工业企业有色金属矿采选业工业总产值平均可达204.66亿元，占规模以上工业企业总产值比重达1.46%。2018—2020年规模以上工业企业有色金属冶炼和压延加工业的工业总产值平均可达1687.40亿元，占规模以上工业企业总产值比重达11.79%。近三年来，采选业与冶炼和压延加工业工业总产值总计可达1892.06亿元，占规模以上工业企业总产值比重达13.25%。

总体上，黑色金属与有色金属产业对内蒙古的经济贡献较大，两者相关行业的工业总产值均超过了总体工业总产值的13%。

第五章 政策建议

国家宏观政策是中性的,因为资源禀赋和产业结构的不同,宏观政策实际影响效果不同,本章政策重点基于产业发展视角进行凝练。

第一节 强化顶层设计

一 政策的系统性协调

化解经济增长与"双碳"目标的矛盾。为保证"双碳"经济发展可以行稳致远,必须处理好"双碳"目标与稳增长目标之间的关系,达到二者有效平衡,其中一个重要路径就是通过实现绿色复苏来带动经济增长。一是加强"双碳"相关基础设施建设。二是技术进步能有效降低使用新能源成本,大力推动能源结构调整转型。三是支持"双碳"相关产业发展,并培育优势产业。

化解煤炭保供与"双碳"目标的矛盾。"十四五"时期,需要转变煤炭深加工产业的发展理念,加快能源终端消费产品从化石能源主体向清洁能源主体转变,在确保油品生产和供应安全的前提下,加快化石能源的发展趋势由燃料向化学品转变,寻求与可再生能源耦合发展的突破口,加快绿色低碳发展进程,降低碳排放强度。

化解经济增长与"煤炭保供"目标的矛盾。从供给侧来说，要在保障安全生产和符合环保政策的前提下，积极有序推进具备增产潜力的煤矿尽快释放产能，推动已核准且基本建成的露天煤矿投产达产；从需求侧来说，短期内以煤炭为主的能源资源禀赋难以改变，应严控"两高"项目盲目发展，加快提高煤炭利用效率。长期来看，要加快构建多能智慧高效协同的现代能源体系，借助大数据、人工智能、云计算技术，推动煤炭的清洁化利用、新能源多类型多路径供应，实现"煤炭、油气、新能源"等多能源互补，进而促进经济平稳增长。

二 优化产业布局

根据各盟市资源禀赋和产业基础，确定产业发展方向，避免不同地区在招商引资和市场份额间过度竞争。促进东部盟市放大和发挥绿色生态优势推动高质量发展，高质量建设农畜产品生产基地，以生态农牧业、生态旅游业为支柱构建绿色产业体系，以满洲里、二连浩特口岸为支撑发展泛口岸经济，形成绿色化、开放型经济发展特色优势。

促进中部盟市立足产业基础和产业集群优势推动高质量发展，以呼和浩特为龙头发展现代服务型经济，以包头、鄂尔多斯为重点建设能源和战略资源基地，以呼和浩特、乌兰察布（乌兰察布—二连浩特国家物流枢纽建设）为支点打造物流枢纽和口岸腹地，依托创建国家自主创新示范区，增强协同创新发展能力，形成强劲活跃的增长带动极。

促进西部盟市把加强黄河流域生态保护和荒漠化治理挺在前面，加快乌海资源枯竭型城市转型，推进河套灌区现代化改造，增加绿色有机高端农畜产品供给，联合发展特色旅游业，大力发展以沙漠、戈壁、荒漠地区为重点的大型风电光伏基地建设，增强区域发展整体竞争力。

促进园区集约集聚协同发展。建设生态型工业园区，实现企业在园区集中、协同和循环发展，打造良好的企业发展生态。

三 壮大地方企业主体

一是增加市场主体数量和规模，提升活跃度。第一，以风、光、土地等资源入股，让区属企业深度参与资源开发和企业经营。第二，内蒙古自治区政府发行专项债券专门用于支持区内的国企、各盟市政府与招商引资的重点项目投资参股，这样可以为自治区政府留下一笔股权性的资本财富，为将来国有资本运作留下空间，也为培养培育区内骨干企业提供机会。

二是需要壮大地方国有企业力量对接俄罗斯产业和贸易转移。俄乌冲突背景下，俄罗斯产业和贸易向东转向趋势更加明显，作为向北开放的桥头堡，内蒙古自治区需要壮大国有地方企业在粮食进口加工、木材进口加工以及钾肥进口、中俄跨境结算等方面做好产业承接和贸易对接工作。

三是要布局风能光伏装备制造业。统筹推进新能源开发与装备制造业发展，优先支持新能源开发与装备制造一体化建设。鼓励产业链主企业单独开展大型新能源"源网荷储"协同互动示范项目建设。鼓励产业链延伸，对已优先参与电力交易的光伏材料等上游电价敏感企业，可根据下游产品延伸情况，给予优惠电价支持。

四是要持续优化营商环境。应持续优化营商环境，进一步加快转变政府职能，推动各级政府从管理者向服务者转变，助力企业发展。各级政府应进一步整合政务资源，下放审批权限，简化办事流程，更好地实行"一窗办理、集成服务""不见面、马上办""指尖办""掌上查"等快捷政务方式；应积极落实国家减税降费政策，通过惠企政策实现"放水养鱼"；加强与企业的沟通，通过建立畅通的沟通机制，及时、准确地掌握企业发展的"痛点""难点""堵点"，对口部门或多部门联合快速解决企业面临的瓶颈问题。政府部门可选派人员作为"常驻企业服务官"入驻骨干企业,"服务官"们可根据企业发展需求提供量身定制服务,采取"一企一策",全力帮助企业解决发展中的困难。通过持续优化营商环境助力实体企业发展,不断涵养税源以增强地方政府财政实力。

四 推动高水平对外开放

推进基础设施互联互通。统筹口岸、通道和各类开放载体,着力贯通陆海空网联运主通道,推进重要枢纽节点城市、货物集疏中心和资源转化园区建设,改变口岸同质化竞争、孤立式运行状况,形成口岸带动、腹地支撑、边腹互动格局。延伸和丰富中欧班列运行线路,开辟直达欧洲班列线路。推动境外班列园区建设,提升海外仓储、集结和分拨能力。明确重点口岸功能定位,优化口岸资源整合配置,集中建设满洲里、二连浩特、呼和浩特等陆港空港口岸主阵地,提升满洲里、甘其毛都、策克等边境口岸服务支撑能力。

加快泛口岸经济发展。培育建立跨境电子商务综合试验区。内蒙古以跨境电商综试区发展定位为依托,面向蒙古、俄罗斯以及一带一路等各产业带的独特区位优势,夯实产业基础,整合资源要素,创新发展理念,以打造跨境出口服务生态为发展主线,建设联通中国以及向北开放的各个国家的区域性物流集散中心、商品与服务交易中心、人民币结算中心、产业技术创新中心。

五 增加大宗商品定价的话语权

尽快开展煤矿动态监测,提升市场话语权,由高校和超算中心联合建立煤矿动态监测实验室。我国能源结构富煤少气贫油,在新冠疫情、俄乌冲突等国际形势下,大宗商品价格波动较为激烈,印度尼西亚等国家煤炭出口具有不确定性。在一定时间内,作为国家重要能源基地,煤炭产量将保持高位,不可预期的煤炭价格波动是内蒙古经济波动的重要原因。建立煤矿动态实验室，利用北斗等航拍图片，建设煤矿动态监测数据库，可以从内蒙古煤矿监测扩展到全国乃至全球煤矿，利用公开数据建立预测模型，提前预判煤炭数量和价格走势，获得内蒙古自治区煤炭调控主动权，提升煤炭市场定价话语权。

第二节 发展现代能源经济

根据未来能源以及重要原材料需求趋势，内蒙古自治区能源产业每年增加产值4000亿—6000亿元，是自治区经济增长的压舱石。"双碳"背景下，绿色能源成为新的增长引擎，着力打造能源安全保障、清洁能源装备制造业生产和绿色制造新优势。

一 推动煤炭的清洁高效利用

一是滚动提升利用水平。对新建煤炭利用项目，应对照煤炭清洁高效利用重点领域标杆水平建设实施，推动清洁高效利用水平应提尽提，力争全面达到标杆水平。对清洁高效利用水平低于基准水平的存量项目，引导企业有序开展煤炭清洁高效利用改造，加快推动企业减污降碳，坚决依法依规淘汰落后产能、落后工艺。依据煤炭清洁高效利用重点领域标杆水平和基准水平，限期分批实施改造升级和淘汰。

二是加快推动转型升级。整合已有政策工具，加大煤炭清洁高效利用市场调节和督促落实力度。加大财政资金支持力度，重点向实施标杆水平改造的企业进行倾斜，培育煤炭清洁高效利用领军企业。加大金融支持力度，向煤炭清洁高效利用效应显著的重点项目提供高质量金融服务，落实煤炭清洁高效利用专用装备、技术改造、资源综合利用等税收优惠政策，加快企业煤炭清洁高效利用改造升级步伐，提升煤炭清洁高效利用整体水平。

三是合理确定指标。对标国内外同行业先进水平，以及国家现行政策、标准中先进能效指标值和最严格污染物排放要求，确定煤炭清洁高效利用重点领域标杆水平。坚持绿色低碳发展理念，统筹考虑实现碳达峰目标要求、促进煤炭消费转型升级、便于企业操作实施等因素，参考国家现行标准中的准入值或限定值，以及国家政策文件明确的相关指标，科学确定煤炭清洁高效利用重点领域基准水平。

二 统筹推进风光水火储一体化协同发展

一是因地制宜布局新能源发展。呼包鄂乌地区，重点配套内蒙古自治区优势产业项目，一体化建设风光新能源项目。发挥电网调峰能力杠杆作用，提升新能源开发消纳规模。阿拉善、巴彦淖尔地区，重点开发建设面向区外送电的大型风光基地；结合技术成本因素，适当安排光热项目建设。同时，按照就近平衡原则，在城镇乡村合理布局分布式风光项目。

二是适度发展保障性优质火电。在严控煤电项目的同时，必须重视煤电机组托底保供作用。加快建设国家已安排的 800 万千瓦火电项目，力争 2023 年全部并网发电。结合蒙西至京津冀及四大沙漠风光基地送电规划，"十四五"时期再向国家争取一定规模的优质火电项目。同时，争取将锡林郭勒盟已列入国家规划、未开工建设的东苏 2 台 66 万千瓦机组等"点对网"配套煤电项目改接至蒙西电网。

三是加快发展抽水蓄能电站。抽水蓄能电站既可蓄能调峰又可发电保供。积极创新建设模式，确保 2022 年上半年乌海抽水蓄能电站（容量 120 万千瓦）正式开工，力争 2025 年建成投运。"十四五"时期，建议统筹推动列入国家规划的 790 万千瓦抽水蓄能电站前期工作，力争开工建设包头美岱、乌兰察布丰镇、呼市抽水蓄能二期等六座抽水蓄能电站，到 2030 年抽水蓄能装机力争达到 1000 万千瓦。

四是全力推进大型风光基地新能源电力外送。以建设清洁低碳、安全高效的能源体系为根本目标,着力推动以沙漠、戈壁、荒漠地区为重点的大型风电光伏基地建设,统筹外送与区内自用,创新体制机制,加强配套电力基础设施建设力度,不断提高电力系统清洁电力比重、协调运行水平、安全保障能力和综合利用效率,为我国实现碳达峰碳中和目标任务提供坚实可靠的支撑。统筹风光开发与生态保护。以生态优先、绿色发展为导向,全面梳理沙漠基地开发潜力和周边支撑电源建设条件,明确风电光伏基地开发布局和建设重点,推进新能源规模化、集约化开发。基地建设与生态环境保护和修复相结合,避让草地、林地和生态保护红线。统筹基地建设与产业发展。以大型风电光伏基地为牵引,优化调整电力外送通道、煤电扩能改造等规划布局。紧抓风电光伏基地建设机遇,推动风光氢储等装备制造业高质量发展。统筹安全保障与清洁高效。充分发挥煤电的基础保障和系统调节作用,强化区域电网支撑,保障电力系统安全稳定运行。优化煤电和新能源组合,外送通道可再生能源电量比重不低于50%。统筹要素协同与有序建设。加快项目前期工作,加强土地、资金、科技等要素支撑,合理安排建设时序和工期,成熟一批、开工一批,确保基地、煤电调节能力、外送通道"三位一体",同步建成投产。

三 支持区内企业参与新能源经济建设

一是加大电网建设力度,加快智能配电网建设,开展柔性直流配电网应用试点,保障多种形态新能源灵活接入、协同互补。满足新能源就近消纳和外送需求,保障内蒙古自治区新能源全产业链电力供应。

二是借鉴山东、江苏等地区做法,新能源配套送出线路工程按照"只占不征"的原则,不办理土地预审和征地手续;草原占用办理手续中与乡镇政府签订统一补偿协议。

三是进一步明确储能独立市场主体地位,支持储能参与电力中长期交易、现货市场和辅助服务市场。

四 推动"零碳园区"等新型工业园区建设

积极拓展新能源应用场景,运用创新技术,发挥市场作用,实现重要园区、重点产业等终端用户绿能替代,提升新能源消纳能力。以科技创新引领全市绿色低碳发展,规划建设以零碳能源供给、零碳产业链、零碳功能性设施为主要建设内容的零碳产业园,构建零碳工业共生网络,实现园区内净零排放目标。未来,在欧盟等西方国家征收"碳税"不断逼近的情况下,零碳产业园已经成为工业领域脱碳的重要途径和应对气候变化的"中国方案"。

第三节 实现制造业强区

国家宏观政策旨在保持经济增长的稳定性,但因内蒙古产业结构倚重倚能,在经济增长换挡中享受的政策红利不足。"双碳"背景下,绿色能源成为新的增长引擎,着力打造清洁能源装备制造业生产和绿色制造新优势,推动原有特色优势产业转型升级。

一 全区统筹实现风能、光伏装备制造业一体化生产

一是调整优化产业布局,实现产业空间集聚。内蒙古风电整机企业主要集中在锡林郭勒、巴彦淖尔、赤峰、鄂尔多斯、乌兰察布、兴安盟,零部件企业集中在通辽、锡林郭勒、鄂尔多斯、包头、乌兰察布、兴安盟、巴盟,产业布局较为分散,没有形成规模。需要在自治区层面根据产业基础和市场运作合理布局。

二是配套上下游产业,形成良好风电装备制造产业生态。目前,内蒙古主要集中于风电整机装配以及叶片、塔筒等非核心零部件制造。需要在发电机、轮毂、齿轮箱、减速机、轴风机控制系统、储能设备制造等关键零部件制造方面加强招商引资以及生产能力。

三是补齐光伏产业链，改变只有上下游，没有中下游局面。内蒙古单晶硅、多晶硅生产企业主要分布在呼和浩特、包头、巴彦淖尔，但上游硅料产品99%销往区外，需要多晶硅、单晶硅生产企业从原材料向电池组件延伸发展，加强电池组件、光伏玻璃、背板、EVA、逆变器等关键零部件以及储能设备制造生产。

二 立足稀土资源优势，开辟新能源汽车赛道

我国2015年发布的《汽车动力蓄电池行业规范条件》要求，中国的新能源汽车发展将以中国的动力电池生产商为主，且对能量密度提出了更高要求。在这一政策驱动下，以三元锂电池为主要技术路线的宁德时代迅速崛起。2017年，宁德时代成为全球动力电池装机冠军，并于2018年6月登陆资本市场，当年市值约786亿元，不到3年，2021年5月31日，宁德时代市值就突破了万亿元大关。但是，《汽车动力蓄电池行业规范条件》的发布，不仅促进了我国新能源电池的发展，也打破了动力蓄电池平行竞争的格局，使能量密度较优的锂电池超过了较为稳定的以稀土镧铈为主要原料的镍氢电池，成为新能源汽车的发展主流。目前，我国90%以上的锂依赖进口，新能源汽车产业发展的资源瓶颈凸显；内蒙古白云鄂博的轻稀土储量和产量优势没有发挥出来。日本一直坚守以镍氢电池发展新能源汽车，并在储氢领域技术领先，目前，以日本为核心的全球轻稀土产业链和供应链已经形成。建议国家同时布局镍氢电池生产新能源汽车产业，缓解我国对锂的进口依赖，发挥稀土资源优势，压倒以日本为核心，由马来西亚、越南、澳大利亚、印度组成的"稀土联盟"。

发展新能源汽车充换电设备制造及设施布局。依托内蒙古的稀土资源优势发展镍氢电池新能源汽车电池产业，大力推动生产以镍氢电池为主的充换电设备及配件产业发展，同时积极推动镍氢电池充换电设施网点布局，打造集电池生产—充换电设备制造—充换电设施配套的一体化镍氢电池产业链。

三 立足金属冶炼优势，延长产业链条

一是调整钢铁产业结构，打造钢铁产业集群。在夯实钢铁产业基础上，紧盯钢结构、钢管，热轧、冷轧板材，高性能铸造件、锻造件，高性能特种钢等钢铁细分领域。提高企业研发创新，开发高附加值产品——培育发展"稀土钢"品牌，打造特种钢增长极，构筑硅钢产品新优势。实施超低排放改造，推进绿色低碳发展，推进矿渣循环再利用。

二是控制电解铝产能，推进产业链延伸。包头、通辽、鄂尔多斯初步形成了煤电铝一体化产业集群，但全区铝后加工产能利用率仅为56%，铝后加工产品附加值较低。依托电解铝产业优势，发展航空航天、兵器船舰、生物医用和交通运输用铝合金等高精尖产品。

三是延长铜产业链，开展循环利用。全国铜资源对外依存度高达70%以上，内蒙古铜资源保有储量居全国第二位，提供产品主要为原矿、精矿、坯锭类初级产品，精铜就地转化率仅为8.1%，且仅仅是铜杆、铜排等附加值低的产品。通过技术赋能，生产铜箔、铜板带、铜管棒等深加工产品；围绕区内风电、光伏整机装备生产项目，开发导电导热元器件生产项目，为装备制造业配套生产产品。发展废旧铜回收利用产业，缓解铜资源依赖进口问题。

第四节 打造绿色农畜产品生产加工集散基地

内蒙古是中国重要的绿色农畜产品生产基地，但规模和质量都有待

于提高，鉴于内蒙古自治区水资源短缺和与俄蒙接壤的实际，建设绿色农畜产品集散地，保障国家粮食安全。

一是树立发展大农业观念。传统农业发展的突出矛盾是种植业与水资源的矛盾，从大农业的观念出发发展农业，要根据当地水资源约束和分布状况，结合当地的农、牧、林、草等产业基础，坚守水资源红线，宜农则农、宜牧则牧、宜林则林、宜草则草，因地制宜地发展地区特色农业。避免单纯地从市场需求和农产品需求的角度出发，在一些不具备水资源条件的地区，采用高度机械化、自动化的新型堤水灌溉设备解决水资源约束，盲目发展规模化、高精尖、新奇特的高耗水种植业、养殖业和加工业。从大农业领域构建完整产业链的角度规划和统筹协调打造绿色农畜产品生产加工集散基地。

二是建设灌木、草原、沼泽碳汇标准核算体系。目前西方国家已经启动了针对草原碳汇交易的试点和实践，而我国在草原碳储量、固碳速率、固碳潜力以及碳汇计量等方面的基础研究和标准化实践中还存在较大的不确定性，严重制约了草原碳汇在助力"双碳"目标中的贡献。内蒙古是我国北方温性草原的主体，全区草原面积54.07万平方千米，约占土地总面积的45.7%，具有巨大的增汇潜力和碳汇交易价值。在内蒙古率先开展有关草原碳汇计量等标准体系的制定工作，不仅是草原碳汇计量科学性、严谨性和可操作性并稳步推动我国草原碳汇工作深入发展的重要保障，同时也是构建草原利用和保护制度体系、助力退化草原修复和促进牧区社会经济可持续发展的重要基础性工作。"十四五"时期，借鉴林业和国内外碳汇交易等标准，围绕草原碳储量、固碳速率、固碳潜力以及草原碳汇等参量，针对全区不同草原类型、不同利用方式以及不同退化草原的生态修复，制定一系列对接国际、适合本区特点的标准体系，进而对全国灌木、草原、沼泽碳汇计量标准起到引领与示范作用。

三是建设高水平农田，发展新型现代化农业。加强耕地质量保护和提升，持续推进土地整治，建成集中连片、旱涝保收、稳产高产、生态友好、适宜机械化智能化作业的高标准农田。重点加强农田节水灌溉基础设施建设，大力推广膜下滴灌等节水灌溉技术，不断提高节水灌溉的机械化、自动化、智能化水平和精准化水平。推动农业机械化、信息化、智能化融合，实现传统精耕细作、新一代信息技术与现代物质装备技术深度融合。加强农业信息监测预警和发布，提高农业信息综合服务水平。推进农田水利设施、农产品加工储运、农机装备等基础设施信息化改造，提高农业精准化水平。在手段上可以依靠大数据、物联网、移动互联、云计算、人工智能等技术手段，构建集信息、技术、生产、流通、金融、保险等服务于一体的现代农业社会化服务体系。大力推进智慧农业发展，在农业生产现场建设和部署各种传感节点（环境温湿度、土壤水分、二氧化碳、图像等）和无线通信网络，实现农业生产环境的智能感知、智能预警、智能决策、智能分析、专家在线指导，提供精准化生产、可视化管理、智能化决策。有效整合各类农业产业链，促进农业产业链延伸，推动上中下游各环节有机衔接，形成一批特色优势明显的全链条、高质量、高效益的现代农业产业体系。

四是加强特色品牌建设，"蒙字标"助推经济发展。内蒙古通过规模化带动标准化，建立层级递进的品牌培育与推广机制，鼓励各类企业加强质量管理、技术创新和服务体系建设，着力打造一批在国内外叫得响、立得住、价值高、信誉好的品牌产业、品牌企业和品牌产品，能够有效降低区域公用品牌的质量风险，保护高端产品。塑造内蒙古的品牌形象，增加内蒙古品牌的影响力、知名度。引导企业建立以质量为基础的品牌发展战略，丰富品牌内涵，提升品牌形象。通过建立标准和品牌提升农业效率。

五是发展进口农畜产品加工储存流转基地。依托二连和满洲里口岸，整合俄蒙农畜产品资源，以市场需求的力量驱动国内外资源为我所用。进口的主要是小麦、油菜籽、葵花籽、燕麦、大麦、乳制品及肉类等农畜产品，建立口岸农畜产品加工储存流转基地，引进进口加工企业从事粮食、饲料、乳肉产品、木材、油脂、食品等产品精深加工，这些农畜产品原料将直接落地加工，生产出来的食品、饲料、油脂、家具等产品经检验合格后再运到俄罗斯、蒙古国及中亚和欧洲等地区销售，综合换装、运输、仓储、保税、加工、销售、通关、交易等配套服务，构建集仓储、流通贸易、物流运输、保鲜冷链、精深加工、检验检疫、信息服务为一体的综合性、现代化农畜产品进出口贸易、加工、流通链；推动农畜产品落地加工规模化，带动特色产业集聚，逐步建成进境农畜产品落地精深加工流通产业聚集区。

第五节　稳步防范化解地方政府性债务风险

根据国务院办公厅《关于印发地方政府性债务风险应急处置预案的通知》（国办函〔2016〕88号）和财政部《地方全口径债务清查统计填报说明》（2018年10月）提出的六种存量债务化解方式，并结合已有经验对债务进行"控增化存"。化解政府性债务风险的最佳途径是地方经济健康稳定发展，创造充足的利润流和财政收入。

一　开源：促进地方经济发展，不断涵养税源

（一）加大招商引资力度

当前，我国正在构建以国内大循环为主体、国内国际双循环相互促进的新发展格局，这一新格局的构建意味着我国经济的产业链、供应链将会面向国内市场调整优化，更多东部产业会向中西部地区梯度

转移，这也给内蒙古自治区提供了更多招商引资的机会。各级政府应利用双循环的新格局构建契机，紧紧围绕新能源、装备制造进行招商引资，形成完整的产业链并不断补链、延链、强链，促进产业链上各企业充分发挥企业间的协同作用，形成具有核心竞争力的产业集群，壮大地方税基。

（二）不断优化消费环境

新格局的构建意味着我国正在由出口导向型经济转为内需驱动型经济，新格局更依赖国内大规模的消费市场。内蒙古自治区应顺应经济发展大势，着力改变以往投资拉动型增长方式，形成以消费为主的经济发展动力，不断优化消费环境，切实维护消费者权益，激发居民消费潜力，实现人民生活品质提升与地方经济发展的双赢。

二 节流：规范地方政府举债，不断降低风险

（一）加强地方政府债务管理与监督

政府要以财政绩效为导向，坚持"有所为有所不为"，对中央推行的重大改革发展任务资金需求、重要民生资金需求和地方政府硬性的、合理的融资需求，坚决确保资金到位。在地方政府债务安全区间内，通过发行地方政府债券解决、疏解地方政府筹资压力，规范地方政府债务管理。对不合理的融资需求要坚决禁止，严控地方政府债务增量。坚持"五不立项"原则，即对于未落实建设资金来源的项目、未完成化债任务的地区与部门的项目、负债率过高的融资平台公司项目、未制订资金平衡方案的项目、资金绩效不达标的项目一律不予立项。

严格落实中央有关债务管理的相关文件，把举借、管理、使用、偿还和风险管控纳入地方政府主要领导经济责任审计和离任审计范围。

落实"终身问责，倒查责任"的追责机制，花钱必问效，无效必问责。通过严格的债务监督方式要求各级地方政府领导"守土有

责、守土负责、守土尽责",避免各级政府把防风险的责任都推给上面,或是把防风险的责任都留给后面,或是在工作中不负责任地制造风险。

(二)依法依规利用新型融资模式

政府投资基金、政府购买服务、政府与社会资本合作等新型融资模式可以拓展地方政府的融资渠道,但须规范管理、合理使用。对政府投资引导基金,要突出市场导向,坚持市场化运作,重点支持创新型企业等实体经济,严禁向没有收益的项目投放,逐步提高资金使用效益与运营实力。对政府购买服务,必须在允许使用的范围内购买,并将规模严格控制在财政承受能力之内,不断提高购买服务质量和效率,减少财政支出责任或偿还责任。对政府和社会资本合作,应重点用于收益性、经营性项目,规范项目运营与管理,社会投资方可通过项目特许经营权、项目收益、使用者付费等方式逐步收回投资并盈利,禁止政府进行财政补贴或分期付款、回购等形成隐性债务。

(三)合理划分地方事权与财权

明确地方各级政府之间的财政支出责任,实现地方财力和支出责任相匹配,减少地方政府通过隐性负债进行融资的压力。一是科学界定事权。以公共产品受益范围为标准,科学合理划分自治区、市、县(区)、乡(镇)各级政府之间的事权。二是合理划分财权。依据事权合理分配各级地方政府财权,确保地方政府履职尽责、具备财力保障能力。

三 化债:采取多种有效措施,化解政府债务

(一)逐步化解隐性债务

一是全面调查。对隐性债务项目进行全面排查,核实隐性债务底数、结构分布、偿还期限、原因症结、具体责任,精准分析风险点,为

科学制订隐性债务化解方案做好基础工作。二是着力化解。在全面清理核查的基础上，针对不同类型债务情况分类施策。政府可通过一般公共预算收入、政府性基金收入、国有资本经营预算收入、政府产业基金收益、存量财政资金等多种渠道筹措资金，切实减少地方政府隐性债务存量，将综合债务风险控制在合理区间，确保实现隐性债务"只减不增、逐年化解"的目标。

（二）盘活财政存量资金和国有资产

地方政府要加大盘活财政存量资金的力度，提高存量资金的利用率，还要重视对国有资产的开发和管理，通过提高国有资产的经营收入来偿债。各级地方政府要全面摸清"家底"，对闲置的房产、土地、停车位、广告牌等国有资源进行统一改造、统一管理，采取市场化方式将其转变为可以带来效益的优质资产，提高国有资产的利用效率和盈利能力，增加国有资产的经营收入，增强地方政府偿债能力。

（三）推进融资平台公司转型

内蒙古自治区各级政府应按照党的十九大提出的"使市场在资源配置中起决定性作用"的要求，以及政府公共财政退出竞争性领域的要求，深化国有企业改革，加快地方政府融资平台公司实体化、市场化转型，将有经营能力的地方融资平台公司全部转型为经营性企业，剥离其政府融资功能，有效缓解公共领域投融资的"政企不分"现象，规范地方政府举债融资行为。

四 应用：提升债务使用效率，降低用债成本

（一）坚持"四个统筹"，提升政府债务结构优化的支撑能力

一是统筹财政与金融手段和资源，单靠一种手段，很难解决问题，尤其是在解决地方债务存量，只有两种手段相互配合，才能取得更好的效果；二是统筹各项财政资金、土地等国有经济资源；三是统筹财政

"四本账",使公共预算、政府性基金预算、国有资本经营预算和社会保障预算有机衔接,纳入统一的"大预算"。

(二)依据资产和资源的具体状况,分类治理地方债存量

由于内蒙古各地资源状况差异很大,各地债务形成的资产也并不相同,所以处理地方债存量必须坚持一地一策,灵活选择资产出售、资产置换、股权转换、资产证券化等方式消化存量债务。一是按照债务形成资产的性质,对于有现金流的、市场属性较强的项目,按照市场化原则,正常地削减资产和债务。二是对于投向交通运输设施和市政建设形成的显性债务和隐性债务,通过盘活城市资产、证券市场化等方式来化解。

(三)利用 REITs 等新工具,探索市场化削债新思路

以公募 REITs 为引,不仅可以盘活巨量优质资产,引导基础设施投融资结构变革优化,而且为市场化削减债务提供了新的思路。为此,需要加快完善相关政策,积极稳妥地推进制度建设。同时,通过税收等政策,在投资、交易等环节给予社会资本大力支持,增强金融工具的吸引力和效率,为市场化削减债务提供便利。

第六节 加强生产性服务业提质增效

一 围绕产业链建设研发创新中心

内蒙古需优化整合现有工程技术研究中心,要以重点实验室、技术创新中心等为重点,布局新的研发创新中心,充分发挥研发创新中心在集聚科技人才、汇聚创新资源、产出科技成果等方面的支撑作用。聚焦优质能源资源、生态环境保护、特色优势产业等重点领域,围绕产业链部署创新链,实施一批科技示范项目,特别是在大规模储能、

石墨烯、稀土、氢能、乳业、种业等领域持续发力。重点完善科技成果转化服务体系，解决好供需对接问题，实现聪明才智转变为现实生产力。加强创新平台建设，创建国家级重点实验室、技术创新中心，支持大众创业、万众创新，提升经济发展质量。鼓励驻区央企在内蒙古设立研发中心或协同创新联合体，对产学研结合紧密的创新平台优先给予政策支持。

二 建设灌木、草原、沼泽碳汇标准核算体系

目前西方国家已经启动了针对草原碳汇交易的试点和实践，而我国在草原碳储量、固碳速率、固碳潜力以及碳汇计量等方面的基础研究和标准化实践中还存在较大的不确定性，严重制约了草原碳汇在助力"双碳"目标中的贡献。内蒙古是我国北方温性草原的主体，全区草原面积54.07万平方千米，约占土地总面积的45.7%，具有巨大的增汇潜力和碳汇交易价值。在内蒙古率先开展有关草原碳汇计量等标准体系的制定工作，不仅是确保草原碳汇计量科学性、严谨性和可操作性并稳步推动我国草原碳汇工作深入发展的重要保障，同时也是构建草原利用和保护制度体系、助力退化草原修复和促进牧区社会经济可持续发展的重要基础性工作。"十四五"时期，借鉴林业和国内外碳汇交易等标准，围绕草原碳储量、固碳速率、固碳潜力以及草原碳汇等参量，针对全区不同草原类型、不同利用方式以及不同退化草原的生态修复，制定一系列对接国际、适合本区特点的标准体系，在全国灌木、草原、沼泽碳汇计量标准起到引领与示范作用。

三 打造新能源和通用航空装备一站式运维服务中心

目前，内蒙古具备新能源和通用航空装备部分零部件的加工制造技术，内蒙古新能源装机量全国第二，且是国产 ARJ21 飞机维修中心。俄

乌冲突后，美国等西方国家对俄罗斯新能源和通用航空装备部件实施贸易制裁。内蒙古应凭借向北开放地缘优势，构建大修定检、附件维修、器材贸易等一站式维修产业集群。

四 建设中蒙俄跨境金融中心

随着俄罗斯和乌克兰冲突升级，以美国为首的西方国家宣布将俄罗斯部分银行排除在环球同业银行金融电信协会（SWIFT）系统之外，俄罗斯是全球能源、金属制品、粮食的出口大国，这轮制裁致使俄罗斯出口受到冲击，进而导致全球能源价格上行和股票市场波动。内蒙古可依托中蒙俄经济走廊和"一带一路"建设，以满洲里、二连浩特国家重点开发开放试验区建设为契机，建设跨境人民币的清算与结算中心，为双方跨境贸易和投资提供更加高效全面的金融服务。充分利用中蒙央行圆桌峰会、中俄金融合作分委会等交流会晤机制，在鼓励蒙古国、俄罗斯商业银行在内蒙古地区设立分支机构的同时，推动地区商业银行在蒙古国、俄罗斯开设分支机构及机构资格升级等方面取得突破，加快推进蒙商银行、内蒙古银行等银行在俄罗斯、蒙古国设立经营性分支机构，引导双方金融机构通过跨境并购、兼并、重组等方式实现跨境经营。

第七节 积极争取国家政策

一 积极争取国家在内蒙古自治区布局高精装备制造业

一是加强财税支持。对符合西部大开发和高新技术企业条件的，享受相应税收减免政策。推动设立新能源装备制造业产业基金，对新能源装备制造项目，特别是延链补链、填补产业空白的关键零部件配套项目，给予投资补助或贷款贴息支持；对认定为"专精特新"中小企业的给予分类奖励；对区内新能源装备制造企业上市的分阶段给予奖补。

二是加强创新支持。鼓励企业建设研发中心、技术中心以及新创建国家级、自治区级制造业创新中心的；对区内新能源装备制造企业建设研发中心、技术中心以及新创建国家级、自治区级制造业创新中心的，对认定为自治区技术装备首台（套）、关键零部件首批（次）产品的，对主导或参与制定新能源装备行业国际标准、国家标准、行业标准的区内新能源装备制造企业，按照国家有关规定，给予奖励和补助。

三是探索财税横向协调转移机制。在资本流动方面，建立产业资本与金融资本、财政资本跨域流动机制。探索产业间的横向转移支付方式，以合理方式"抽肥补瘦"，抑制装备制造业间差距扩大。建立财税政策实施效果评价机制。对产业间的财政、税收政策的实施效果进行评价，及时发现不足，补齐政策短板。

二 建议国家在内蒙古布局镍氢电池生产研发基地

我国采取了锂电池生产新能源汽车的技术路线，目前，国家对锂的进口依赖度超过90%，新能源汽车产业链安全性受到影响。日本以镍氢电池为动力生产的新能源汽车处于领先地位，以日本为核心的轻稀土产业联盟已经初具雏形，我国轻稀土产业被排除在产业链之外。建议国家在包头布局镍氢电池生产研发基地，发挥我国稀土资源优势并摆脱对锂的进口依赖度。

三 积极争取"双碳"试点以及绿色金融创新改革试点

一是积极争取建设碳金融试点。碳市场是碳金融发展的载体，碳金融发展及发挥作用的程度，紧密依托碳市场的成熟程度。碳金融产品交易对法律制度、注册登记系统、监管和风控能力、市场诚信环境等都有较高要求。考虑到内蒙古自治区碳市场作为碳减排政策工具的基本定位，为有效防范风险、保障全国碳市场的健康稳定发展，在内蒙古碳市场运行初期开展除发电行业重点排放单位以外的配额现货交易，在条件成熟的情况下适时设立内蒙古碳排放权衍生金融产品的试点。

二是积极争取内蒙古自治区成为能耗"双控"向碳排放总量和强度"双控"转变试点区。内蒙古自治区正处于能源发展与转型的关键历史节点，实行碳市场、碳税、绿色溢价补贴、碳汇等一揽子碳定价政策，结合电力市场改革等辅助政策，疏通全价值链的碳价传导机制，有助于明确规则、调顺激励，引导内蒙古经济社会整体的零碳转型。我国采取的碳市场基准线配额方法，可以有效激励生产效率高的企业发挥好竞争优势，同时通过设定合理的时限来引导低效的粗放型企业退出，避免碳定价政策在短期内对经济和行业竞争力造成过大冲击。结合内蒙古实际，由于粗放企业多，又是煤炭供应大区，因此申请能耗"双控"向碳排放总量和强度"双控"转变试点区尤为重要。

三是建立生态建设与环境保护基金。可借鉴山西经验，开展煤炭工业可持续发展政策试点，进一步增加国家对重点煤田灭火和煤矿塌陷区治理的投入，并批准内蒙古适时开征矿山可持续发展基金和矿区环境治理恢复保证金。

四是建立绿色金融改革创新试点。加快绿色金融产品和服务方式创新。科学设计绿色信贷产品、创新绿色信贷抵质押担保模式，开展知识产权质押融资和应收账款质押融资业务。创新绿色惠农信贷产品，重点支持都市现代农业、有机生态农业、农村水利工程建设及农业生产排污处理等农业产业项目。综合运用多种金融工具，重点支持空气污染、土壤污染和流域水环境联防联治。推进信贷、信托、股票、债券等传统金融工具的绿色化转型。

拓宽绿色产业融资渠道。充分发挥金融市场支持的绿色融资功能，鼓励符合条件的银行业金融机构发行绿色金融债券，引导具备资质的大型绿色企业发行绿色债券。积极推动中小型绿色企业发行绿色集合债，探索发行绿色项目收益票据。探索建立试验区绿色企业上市培育和辅导机制，严格甄选、重点培育一批市场前景广阔、项目回报稳定、征信记录良好的优质绿色企业，充分利用资本市场平台拓宽融资渠道。推动大数据、高端装备制造、现代服务业等优势产业企业在主板和中小板上市。

夯实绿色金融基础设施。充分利用试验区大数据技术优势，加强金融管理部门与相关政府部门之间的信用信息共享，完善信息共享机制，将企业环保、安全生产、节能减排、违法违规情况等信息纳入全国信用信息共享平台和企业征信系统。科学设计金融评价指标，支持开展绿色企业征信、绿色信贷业务审批、投向监测和绩效评估。加强对关键指标的监测和评估，适时调整政策导向，引导金融机构优化信贷投向和产品组合，提高金融支持绿色产业的精准度。

四 积极争取煤炭运维费用补贴

积极争取应急储备煤的财政补贴。根据《国家煤炭应急储备管理暂行办法》的通知，国家煤炭应急储备所需资金，原则上由承储企业向银行申请贷款，对没有完成储备任务的，不给予财政补贴。在中央财政安排财政补贴之后，承储企业自负盈亏。内蒙古自治区应急保供储备量巨大，企业借款还息压力倍增，争取国家给予内蒙古煤炭应急储备补贴。

五 积极争取减免地方存量债务相关政策

用足用好国家西部大开发和东部振兴相关政策，积极争取减免由于棚户区改造、老旧小区改造、生态治理、生态修复等公共产品供给形成的地方存量债务。在内蒙古巴彦淖尔市乌梁素海山水林田湖草生态保护修复项目中，政府牵头联合多方成立专项基金，其中政府投资平台出资15.1亿元，其他主体出资30亿元，在中央财政生态保护修复工程中投入了一定资金，起到了重要的引导作用，但面对量大面广的生态问题，还存在不足，地方财政在此类公共品投入方面压力巨大，继续争取相关减免政策。

参考文献

安树伟、张双悦:《黄河"几"字弯区域高质量发展研究》,《山西大学学报》(哲学社会科学版) 2021 年第 2 期。

陈小亮、刘玲君、陈彦斌:《创新和完善宏观调控的整体逻辑:宏观政策"三策合一"的视角》,《改革》2022 年第 3 期。

陈彦斌、刘哲希、陈小亮:《稳增长与防风险权衡下的宏观政策——宏观政策评价报告 2022》,《经济学动态》2022 年第 1 期。

陈彦斌、谭涵予:《宏观政策"三策合一"加强政策协调着力推动中国经济高质量发展》,《政治经济学评论》2023 年第 1 期。

陈茜:《中国地方债务风险省际比较研究》,四川大学,博士学位论文,2021 年。

杜凤莲:《2035 的内蒙古》,内蒙古大学出版社 2022 年版。

刘伟、陈彦斌:《新时代宏观经济治理的发展脉络和鲜明特点》,《中国经济评论》2022 年第 Z1 期。

内蒙古政策研究室:《内蒙古深度融入"一带一路"全面提升对外开放水平研究》,中国发展出版社 2019 年版。

庞明川:《建党百年宏观经济政策的探索与创新》,《财经问题研究》2021 年第 7 期。

殷晓鹏、肖艺璇、王锋锋:《中国共产党对外贸易政策演进:成就与展望》,《财经科学》2021 年第 5 期。

后 记

值此书稿即将付梓之际，回首写作历程感慨良多。在写作过程中，课题组曾多次集中研讨、交流与修改，团队成员提出了许多宝贵修改意见，在此表示感谢。同时要感谢国内外理论工作者的辛勤劳动，才能使撰写本书的过程中开拓了眼界，增长了见识。

本书的研究和出版得到内蒙古大学时间利用调查与研究中心和内蒙古自治区人口战略研究智库联盟等平台的支持以及教育部霍英东基金会青年教师基金项目"草原确权颁证政策对牧民生产性行为影响评估研究"（编号：171108）、国家自然科学基金项目"产权激励还是围栏陷阱？草原确权颁证对牧户草地管护、投资及流转的影响评价研究"（编号：71863026）、内蒙古自治区"草原英才"工程青年创新人才计划的资助，在此一并表示感谢。我们将继续关注并深入研究宏观政策演进及其对地方经济的影响问题，以丰富该论题的相关研究，并为政府提供决策依据和抉择参考。由于随着对数据的熟悉和研究的深入，发现有很多重要话题以及闪光点都未能呈现在本书中，当然，因为笔者的研究水平有限，研究难免存在疏漏和不足之处，恳请学界同人及读者批评指正，共同推进该论题的研究向纵深发展。